LA VIE QUOTIDIENNE DES FEMMES AU GRAND SIÈCLE

DU MÊME AUTEUR

Anne d'Autriche, Hachette, 1980.

La Vie quotidienne à l'Élysée au temps de Charles de Gaulle, Hachette, 1974.

L'Amour au XVIIe siècle, Hachette, 1969.

Asie jaune, Asie rouge, Flammarion, 1958.

Trente Ans de Diplomatie française en Allemagne. Louis XIV et l'Électeur de Mayence (1648-1678), Éditions d'histoire et d'art, Plon, 1956.

Banquier du Roi, Barthélemy Hervart 1606-1676, Ségur, 1951.

En collaboration avec A. Fabre-Luce :

Un Amour déchiffré. La Rochefoucauld et Mme de La Fayette, Grasset, 1951.

CLAUDE DULONG

LA VIE QUOTIDIENNE DES FEMMES AU GRAND SIÈCLE

HACHETTE
littérature

Document de couverture : *Conversation de dames en l'absence de leurs maris*, tableau d'après la gravure d'Abraham Bosse, 1635. Château d'Écouen. Cl. Raymond Landin/Hachette.

CHAPITRE PREMIER

TOTA MULIER IN UTERO

On découvrit un jour à Paris, à l'orée du XVIIe siècle, que le commerce des beurres, fromages, fruits avait été colonisé par les femmes. La juridiction compétente accepta d'accorder le droit avec le fait : les fruitières-beurrières (ainsi disait-on) auraient accès à la maîtrise-jurée et pourraient être représentées dans les instances de la corporation – oh! non pas certes proportionnellement à leur nombre, mais tout de même à égalité avec les hommes. Une furieuse procédure s'ensuivit, au terme de laquelle le Parlement cassa cette décision, au motif que « véritablement c'est chose nouvelle de dire que les femmes soient jurées audit métier, et faudrait qu'il y eût une nécessité de ce faire fort évidente, car elles veulent ordinairement ce que les hommes ne veulent ».

Les fruitiers-beurriers, minoritaires, continuèrent donc à faire la loi dans leur corps de métier et notamment à réserver à leurs seuls représentants la « visite » des beurres, œufs, fromages, fruits. Tout rentrait dans l'ordre et le pire était évité. Animées de cet esprit de contradiction si pertinemment souligné par le Parlement, de quoi les femmes n'auraient-elles pas été capables si on leur avait donné pouvoir de décision sur une matière aussi grave!

Faut-il vraiment s'intéresser à la promotion sociale et professionnelle des fruitières-beurrières? Certes oui, s'agissant d'une époque qui excluait les femmes de toutes les carrières nobles pour les confiner aux métiers *mécaniques*. C'était bien le moins que dans ces vils métiers elles aspirent au statut légal qui leur permettait de s'établir en nom propre et d'obtenir voix au chapitre. Le succès ne couronna guère leurs efforts. A la fin du siècle, sur quelque cent vingt-cinq corporations, cinq seulement étaient mixtes et quatre exclusivement féminines (avec quelques variantes régionales). Encore ne faudrait-il pas croire que, même pour ces quatre corporations-là, qui regroupaient uniquement des métiers de la mode, toutes les restrictions « sexistes » fussent abolies. Lorsqu'en 1675, les couturières parisiennes, déjà au nombre de mille sept cents, obtinrent l'accès à la maîtrise-jurée, elles ne furent autorisées à confectionner que certaines parties du vêtement féminin, les tailleurs, des hommes, conservant le droit d'habiller les femmes. Ce qui est assez cocasse à une époque qui luttait si sévèrement contre la mixité des sexes.

Seules, les veuves de maîtres-jurés, et leurs filles (sous certaines conditions), étaient habilitées à reprendre en leur nom les commerces, quels qu'ils fussent, de leurs maris ou pères. Apprécièrent-elles leur chance, cette « veuve Camusat » et cette « veuve Trabouillet » qui purent ainsi éditer, entre autres œuvres, celles de Pierre Corneille? Mais attention! Si la veuve était convaincue d'inconduite pendant son veuvage, elle perdait le bénéfice de cette disposition.

Il faudra attendre Louis XVI (et Turgot) pour voir la fin de ce quasi-monopole masculin; le préambule du fameux édit de 1776 en soulignait non seulement l'injustice, mais les dangers; interdire aux femmes de s'établir dans des commerces licites, n'était-ce pas les condamner aux illicites, autrement dit à la prostitution? D'autant que ce commerce-là, on peut le supposer, était d'un meilleur rapport que les autres et avec une moindre mise de fond. Il ne s'agissait que d'en réchapper.

Entendons-nous : les femmes du XVIIe siècle qui avaient besoin de gagner leur vie (autant dire 90 % d'entre elles) n'étaient pas nécessairement réduites à la condition de prostituées! Ni même de main-d'œuvre sous-payée, ou de servantes. Mais pour y échapper, il leur fallait prendre beaucoup plus de risques, et de toutes sortes, qu'aux époques postérieures. On pouvait tourner les règlements, mais en s'exposant à des dénonciations et donc à des poursuites. Ainsi faisaient les ouvrières qui confectionnaient ou vendaient en chambre tels ou tels articles qu'on leur interdisait de confectionner et de vendre au grand jour; ainsi firent ces Montpelliéraines qui, lorsque les marchands juifs de leur ville furent exclus de certains commerces, leur servirent officieusement de prête-noms (intéressante solidarité de deux catégories d'opprimés qui dépassait les clivages traditionnels). Si les femmes avaient colonisé l'alimentation, c'est parce que aucune loi n'interdisait de venir sur un marché vendre ses produits et que « le nombre effréné », comme dit une ordonnance, des *détailleresses* rendait ces petits métiers difficilement contrôlables. Il arrivait d'ailleurs que le roi étendît sa protection sur ces humbles marchandes. Ainsi fit Louis XIV en réduisant à 30 sols le droit d'étal que devaient acquitter les *regrattières* (revendeuses) qui proposaient leurs marchandises « en boutique, échoppes ou étalages »; de celles qui « marchaient dans les rues ou vendaient debout dans les marchés, sur un panier qu'elles portaient sur elles, vulgairement appelé inventaire », aucun droit n'était exigé.

Paternalisme? Peut-être. Politique? Sûrement. Les marchandes ambulantes, et plus encore celles de la Halle, avaient le verbe haut, la tête près du bonnet, et ne craignaient pas d'ameuter la population quand quelque motif leur en donnait lieu.

Il serait bien injuste de ne pas décerner une mention particulière aux poissardes et harengères puisque leur nom, sémantiquement, a fait fortune. Non sans raison : depuis Charles V, des ordonnances leur interdisaient périodiquement « de dire aucunes injures »! D'où venait leur particulière agressivité? Peut-être fallait-il avoir plus de défense qu'en d'autres métiers pour s'approvisionner rapidement en poisson et le revendre de même, cette denrée périssable entre toutes étant soumise à des contrôles très stricts. On comprend, qu'avant Louis XIV, Mazarin, pendant la Fronde, ait jugé bon d'accorder une substantielle réduction du droit d'étal aux harengères, dans l'espoir de se les concilier. La sollicitude du pouvoir s'étendait à toutes les dames de la Halle, qui avaient le privilège d'aller en corps féliciter Leurs Majestés lors de la naissance d'un dauphin et se voyaient même à cette occasion retenues à souper au château royal.

Tout cela tendrait à prouver qu'il n'était pas besoin d'être une maîtresse-jurée pour être une maîtresse-femme. Et après tout, que veut ce livre sinon montrer tout ce qu'accomplirent, en dépit des lois, des préjugés et de l'obstruction masculine, les femmes du XVIIe siècle? Inutile de recourir aux cas extrêmes comme celui de ces deux paysannes du Nord qui, sous les sobriquets d'Antoine de l'Espérance et de Pierre La Jeunesse, firent la guerre pendant neuf ans, la première parvenant même au grade de lieutenant! N'est-ce pas l'humble servante du conseiller Broussel qui déclencha la Fronde parisienne en ameutant sans peur son quartier, à la barbe des argousins, lors de l'arrestation de son maître? Et les innombrables « émotions » populaires d'avant et d'après la Fronde révélèrent des dizaines de meneuses... qui parfois ne *menaient* que d'autres femmes, les hommes ayant prudemment choisi de rester chez eux. Réflexe biologique, a-t-on dit. Sans doute les femmes, en tant que femmes, devaient-elles être particulièrement sensibles à tout ce qui menaçait le pauvre niveau de vie du foyer dont elles se sentaient les gardiennes : le fisc, les accapareurs... Mais cela n'aurait pas suffi à leur donner tant d'audace. Pour modestes et rudes qu'aient été les emplois féminins – et combien plus rudes les travaux des champs auxquels était assujettie la masse des paysannes! – c'était tout de même un grand avantage que de pouvoir travailler; on acquérait par là, outre sa subsistance et parfois un peu d'instruction (à tout le moins savoir compter), une certaine liberté et une certaine autorité. Bien des femmes de la petite bourgeoisie artisanale et commerçante étaient patronnes sans le titre, et c'est elles, parfois, qui, grâce à leur esprit d'entreprise, faisaient bouillir la marmite. Ainsi cette Coiffier dont parle Tallemant des Réaux, « célèbre pâtissière qui fut la première qui s'avisa de traiter par tête ». Mais comprenons bien que la Coiffier n'aurait pu commercialiser son idée sans l'autorisation de son mari.

Pour les grandes bourgeoises et les aristocrates, il n'était même pas question de demander une telle autorisation. Elles se voyaient condamnées, sous peine de déconsidération pour les unes, de dérogeance pour les autres, à ne s'occuper que de leur foyer. Il fallait être princesse pour mépriser l'opinion et se mettre en vedette de quelque manière que ce fût; pour oser, comme les meneuses populaires, quoique avec de tout autres motifs, susciter des révoltes, voire en prendre la tête. A propos des Chevreuse, Longueville, Palatine, qui furent de ces femmes-là, il y a un mot de Mazarin assez instructif, en ceci qu'il montre que les Françaises, dans leur ensemble, passaient malgré tout pour plus évoluées et plus hardies que d'autres, Espagnoles surtout. En effet, devait dire un jour le cardinal à don Luis de Haro, son vis-à-vis lors des négociations de la paix des Pyrénées : « Vous autres, Espagnols, vous en parlez bien à votre aise : vos femmes ne se mêlent que de faire l'amour, mais en France ce n'est pas de même et nous en avons trois qui seraient capables de gouverner ou de bouleverser trois grands royaumes. » Il est vrai que, songeant aux folles galanteries de ces dames, une pointe d'antiféminisme lui revenait et il se consolait en songeant que « telle qui gouvernerait sagement un royaume aujourd'hui se fera demain un maître à qui on ne donnerait pas douze poules à gouverner ».

Il y avait de plus paisibles occupations que l'insurrection, et rien n'empêchait une femme de qualité, si elle avait des loisirs et de l'instruction, d'écrire et de publier. Mais, là encore, c'était au risque de sa réputation. « Écrire, c'est perdre la moitié de sa noblesse », constate Mlle de Scudéry dont la noblesse était pourtant si mince. Elle ne publia ses premiers romans que pressée par la nécessité et sous le nom de son frère. Quant à Mme de la Fayette, elle n'avoua qu'à la fin de sa vie, en privé et à mots couverts, être l'auteur d'un chef-d'œuvre, *La Princesse de Clèves.* Les autoresses, assez nombreuses, de la deuxième moitié du siècle, Mme de Villedieu, Mme d'Aulnoy, Mme de Murat, Mlle de la Force, etc., étaient presque toutes des aventurières, ou alors, comme Mlle de la Roche-Guilhem, des émigrées (pour crime de protestantisme) que leur soudaine pauvreté contraignait à gagner leur pain comme elles pouvaient.

Faut-il accabler le XVIIe siècle? Sur le plan juridique, la condition des Françaises n'a pour ainsi dire pas changé avant le XIXe, et c'est au XVIe que les juristes, sous l'influence de droit romain, les avaient réduites à une quasi-incapacité. Le XVIIe eut au contraire le mérite de prendre quelques mesures en leur faveur, notamment pour protéger leurs intérêts matériels. Mais enfin il serait aussi vain que fastidieux d'entrer dans le détail et de chercher à démêler dans le maquis des droits écrit et coutumiers le plus ou moins d'avantages (ou de désavantages) dont elles jouissaient selon les provinces. Le principe est partout le même : la femme, assimilée à un enfant mineur, n'échappe à la tutelle de son père que pour passer sous celle de son mari. Est-ce à dire qu'en restant célibataire (à supposer qu'elle le puisse) ou en devenant veuve, elle recouvre la plénitude de ses droits? Ce serait trop beau. Pour la maintenir sous contrôle masculin (à défaut d'un parent, des juges) toutes sortes de garde-fou sont prévus – et c'est bien le mot qui convient puisque *l'imbécillité* de sa nature la rendrait capable de toutes les folies si elle n'était justement réduite à cette incapacité qu'un juriste va jusqu'à qualifier de « salutaire ».

Au reste, la société étant ce qu'elle était, il n'aurait pas suffi à une femme du XVIIe siècle d'être juridiquement capable pour être effectivement libre. Et c'est sur ce plan-là peut-être, celui des mœurs et des idées, que le XVIIe siècle apparaît plus réactionnaire que ceux qui l'ont précédé et suivi.

Pourquoi? Parce qu'il émergeait de trente-cinq années de guerre civile. Dans les périodes de désordre et de violence, la femme est toujours la première victime de l'instinct débridé. Agressée, sa personne et, ce qui est presque plus grave, ravilie son image. Certes, il y avait toujours eu en France un courant « gaulois » qui alimentait l'antiféminisme, même aux époques les plus apparemment favorables à la femme et à l'idéalisme; au Moyen Age, l'esprit des fabliaux s'oppose à celui des romans courtois, sous la Renaissance, Rabelais au néo-platonisme. On sait les horreurs que cet esprit pourtant libre et novateur écrivit sur les femmes. Du moins eut-il le mérite de railler aussi les hommes et finalement de proposer à l'un et l'autre sexe « l'honnête liberté » de l'abbaye de Thélème. Et puis, chez Rabelais, le talent sublimait la verdeur. Il ne reste à peu près que l'obscénité dans les recueils de poésies gaillardes ou satiriques qui fleurissent au début du XVIIe (et qu'on ne peut plus se procurer aujourd'hui qu'à l'Enfer de la Bibliothèque nationale!). Il faudrait aussi parler des ballets de cour. Que l'esprit gaulois triomphe à la foire et à la comédie, cela se conçoit. Mais au Louvre!... On y représente en 1609 un *Ballet des Maquereaux*, où ces « ambassadeurs de l'amour », s'adressant aux dames présentes (la reine est du nombre), leur offrent leurs services. Quelques années plus tard, le jeune Louis XIII, malgré sa pudeur naturelle, ne voit pas de mal à danser dans un ballet dit *d'Apollon*, égayé d'intermèdes du même goût : on y entend un gentilhomme, déguisé en ramoneur, chanter à l'adresse des belles :

Recevez-moi chez vous,
J'y trouverai peut-être
Quelques trous à boucher.

Imagine-t-on semblables divertissements aujourd'hui à l'Élysée?

Moins graves pourtant, ce genre d'outrances, où la gaillardise était sans fiel, que, dans leur acharnement misogyne, les si nombreux pamphlets des polémistes du début du siècle : l'*Alphabet de l'imperfection et malice des femmes* (douze éditions en trente ans), *Les Singeries des femmes de ce temps, Le Purgatoire des hommes mariés*, etc. Dans son souci de rebâtir et de réinculquer aux chrétiens la morale en ruine, l'Église, elle aussi, alimente, d'une autre façon, l'antiféminisme; pour un saint François de Sales qui n'oublie pas l'égalité prônée par l'Évangile, combien d'ecclésiastiques qui retrouvent contre la femme, instrument du péché, les accents vengeurs des premiers théologiens! N'est-ce pas Ève qui, en induisant Adam en tentation, a fait perdre au genre humain le Paradis terrestre?

Les *Instructions aux confesseurs* de saint Charles Borromée, rééditées pendant tout l'Ancien Régime, illustrent cet état d'esprit. Les confesseurs ne doivent pas recevoir de femmes frisées, fardées, « plâtrées », parées de bijoux et qui n'auraient pas le visage dissimulé, non par un voile (qui serait transparent), mais par une étoffe opaque; les prêtres de moins de trente ans ne peuvent confesser les femmes sans autorisation de leurs supérieurs; encore ne le feront-ils que de jour, jamais de nuit, et dans des confessionnaux situés dans un endroit bien éclairé de l'église, etc., etc.

Cette extraordinaire méfiance peut se comprendre quand on sait quelles étaient les mœurs des ecclésiastiques avant la Contre-Réforme catholique. Mais on préférait accuser la perversité des femmes plutôt que la faiblesse des hommes.

Un orateur sacré, il est vrai qu'il s'agissait d'un panégyriste, en arrivait à faire d'Henri IV, le Vert-Galant si bien nommé, une innocente victime des ruses féminines. Le texte mérite d'être cité : « Déplorons ici, messieurs, le triste sort des rois à la vue des artifices funestes dont Henri IV fut la victime. Un sexe dangereux oublie les plus saintes lois de la retenue et de la modestie, joint à ses charmes naturels les ressources de son art diabolique, attaque sans pudeur, trafique de sa vertu et se dispute l'humiliant avantage d'amollir notre héros et de corrompre son cœur. »

Saint Paul et saint Augustin fournissent d'arguments polémistes et moralistes. Le dernier, pour tenter de concilier son antiféminisme avec l'enseignement évangélique, avait formulé un étonnant *distinguo*, découlant d'une non moins étonnante pétition de principes : tout être humain possède une âme asexuée et un corps sexué; chez l'homme le corps reflète l'âme, ce qui n'est pas le cas chez la femme; l'homme seul est donc pleinement image de Dieu; la femme ne l'est que par son âme, son corps constituant un obstacle permanent à l'exercice de sa raison.

Ce corps de la femme n'est chanté que par quelques poètes. Pour la majorité des penseurs, il reste un objet de mystère, voire de dégoût, bien qu'il donne la vie et peut-être parce qu'il la donne. *Excrément*, voilà comment on qualifie le sang menstruel; le médecin Varandée reconnaît cependant que, de tous les excréments « dont la femme est remplie », celui-là est le plus « bénin ». Au reste, s'il est vrai que, de toutes les femelles du règne animal la femme est la seule dont la matrice témoigne d'une avidité insatiable et permanente à recevoir le mâle, il n'est pas moins vrai que cette matrice ne joue dans la procréation qu'un rôle passif : elle est un simple réceptacle, un « champ », que fertilise la semence masculine, seul principe actif du processus. Comment s'étonner qu'en 1620 une thèse présentée à la Faculté de médecine pose sérieusement la question de savoir si la femme est un ouvrage imparfait de la nature?

Malgré les travaux des anatomistes, depuis le XVIe siècle, il faudra longtemps pour extirper cette vieille idée de l'imperfection physiologique, de l'inachèvement sexuel de la femme. Elle vient d'Aristote et de Galien. Pour le premier, la femelle n'est qu'un mâle mutilé; les formulations latines sont savoureuses : *defectus naturalis, animal occasionatum, aberratio naturae.* La théorie des humeurs de Galien, à laquelle tous les médecins de Molière se réfèrent avec tant de componction, accorde aux hommes des humeurs « chaudes et sèches », ce qui est bon et explique leurs aptitudes, tandis que les femmes n'ont que des humeurs « froides et humides », comme les enfants et les criminels.

Ainsi, les présupposés de la pensée scientifique (si l'on peut l'appeler ainsi) confortent-ils les conclusions des théologiens. Argument décisif : si Dieu avait voulu que la femme fût l'égale de l'homme, il ne l'aurait pas tirée de sa côte, mais d'une partie plus noble de son corps (on se demande laquelle...) A la fin du siècle, car la querelle n'avait pas cessé, Bossuet devait reprendre cette niaiserie et, par malheur pour son génie, l'immortaliser : « Les femmes devraient se souvenir de leur origine et, sans trop vanter leur délicatesse, songer après tout qu'elles viennent d'un os surnuméraire où il n'y avait de beauté que celle que Dieu y voulut mettre. »

Certaines femmes retournaient l'argument à leur avantage : ayant été créées après l'homme, nous sommes le dernier ouvrage de Dieu, donc le plus parfait. Quelques-uns de leurs défenseurs le disaient aussi, mais à quoi menaient ces joutes d'esprit?...

Ces défenseurs de la femme, même quand ils s'essaient à la réhabiliter, la jugent toujours par rapport à l'homme. S'il est vrai qu'elle n'a rien inventé, ni l'Amérique, ni l'horloge, ni l'imprimerie, du moins, en ne faisant rien, n'a-t-elle pu faire le mal; ce sont les hommes qui ont crucifié Jésus-Christ, réduit des peuples en esclavage, etc.

Aussi bien, les vertus que les moralistes proposent à la femme sont-elles toujours des vertus négatives ou, si l'on veut, complémentaires. C'est par la modestie, la patience, la douceur et la soumission, écrivent Grenaille, Goussault et tant d'autres, que les femmes regagnent ce que leur sexe paraît leur avoir ôté. Sans doute il arrive qu'elles fassent preuve de résolution, de courage, de fermeté, et même qu'elles acquièrent « des lumières » sur les choses de l'esprit, mais « l'honnête femme » véritablement chrétienne ne trouve sa voie et son bonheur qu'au sein de « son domestique », en tenant son ménage, en élevant ses enfants, en rendant sa maison agréable à son mari. Foin des plaisirs du monde! Les visites, les conversations, la comédie, le jeu, même les amitiés, bref, tout ce dont l'homme fait son divertissement est dangereux pour la femme et plus encore pour la jeune fille, qui ne recouvrera jamais sa réputation une fois qu'elle l'aura perdue. On ne leur accorde guère que la musique, parce que c'est là un plaisir qu'elles peuvent prendre sans sortir de chez elles. Bienheureuse, s'écrie même Goussault dans son *Honneste Femme*, celle qui paraît vieille avant l'âge : elle ne sera pas exposée à la tentation! Et, dans cet ouvrage où la douceur est continûment proposée aux femmes, l'auteur ne craint pas de donner en exemple une dame de sa connaissance qui, objet de l'attention galante d'un duc et pair (s'il vous plaît!), y mit fin par un vigoureux coup de poing.

La France a-t-elle été plus antiféministe que d'autres États d'Europe? Sur un seul plan, le plan politique. Les femmes étaient exclues chez nous de la succession au trône, elles et même leur descendance mâle. Cette dernière exclusion s'expliquait en fait par une raison tout à fait valable : il fallait éviter qu'un prince étranger, sous prétexte qu'il descendait d'un roi de France par les femmes, ne mît la main sur le royaume (la guerre de Cent Ans était née d'une telle prétention d'un souverain anglais). Mais cet argument d'intérêt national ne suffit pas à nos théoriciens : ils veulent aussi nous persuader que l'exclusion des descendants en ligne féminine est « conforme à la loi de la nature », la progéniture d'une fille, même de sang royal, étant nécessairement plus imparfaite que celle d'un mâle (à croire que les fils de rois se reproduisaient par génération spontanée, sans le secours du sexe opposé... [1]).

Il est étrange que, dans cette France du XVIIe siècle qui connut deux régentes et les célèbres frondeuses auxquelles Mazarin reconnaissait la capacité de gouverner, tous les théoriciens aient continûment approuvé le principe de masculinité et prétendu que le royaume n'avait perduré que pour avoir toujours été déféré « au plus proche mâle »; qu'ils aient continûment resservi au public dans leurs traités les arguments éculés et presque puérils des antiféministes : la femme ne sait pas combattre, elle ne peut donc défendre le royaume; à sa faiblesse physique, qui est un fait de nature, s'ajoute sa faiblesse intellectuelle et morale, qu'on ne met pas en doute : créature inconstante, légère, bavarde, comment la femme saurait-elle garder les secrets de l'État? Etc., etc.

Finalement, les plus nuancés sont les deux ministres que les circonstances obligèrent à gouverner avec des femmes. Richelieu, certes, refuse à celles-ci un destin national, comme on dirait aujourd'hui, mais c'est seulement parce que leurs passions « tiennent d'ordinaire lieu de raison en leur esprit ». Confidence voilée, plutôt que maxime, et qu'on peut pardonner à un homme qui avait subi pendant quinze ans l'humeur dominatrice et les débordements méridionaux d'une Marie de Médicis; on comprend même qu'il précise : « Rien n'est plus capable de nuire aux États que ce sexe, lorsque, prenant pied sur ceux qui les gouvernent, il les fait souvent mouvoir comme bon lui semble, et mal, par conséquent. » Marie de Médicis avait tout de même eu un mérite qu'oublie Richelieu et qu'il aurait dû être le dernier à oublier : c'est elle qui, discernant ses talents, l'avait appelé au gouvernement.

Les deux régences, et surtout celle d'Anne d'Au-

1. On trouvera le développement dans LE BRET, *De la souveraineté du roy...*, Paris, 1632, t. I, p. 4.

triche, suscitèrent, il est vrai, une floraison d'ouvrages qui remettaient à la mode les femmes « fortes » ou « héroïques » de l'histoire. Mais ne nous y trompons pas : cette littérature de circonstance, ces hommages presque rituels aux souveraines du moment ne changèrent rien aux faits, aux lois et aux convictions profondes. Dans la France du XVIIe siècle, le pouvoir est patriarcal, ou il n'est pas. « Le peuple de Dieu, écrit Bossuet, n'admettrait pas à la succession le sexe qui est né pour obéir et la dignité des maisons régnantes ne paraîtrait pas assez soutenue en la personne d'une femme. »

On peut se demander pourquoi, avec un tel état d'esprit, la France a accepté des régentes. Sans doute la fiction voulait qu'elles n'exerçassent le pouvoir que par délégation, tous les actes officiels étant dressés au nom du roi mineur, même s'il était au berceau. Tout de même n'eût-il pas été plus logique de faire assurer l'intérim par le mâle le plus proche? Assurément, mais celui-ci, pouvant prétendre au trône de par sa qualité de mâle, risquait d'être tenté d'assassiner le roi mineur pour s'ouvrir le chemin du pouvoir. C'est l'insuccessibilité de la mère, donc son infériorité, qui, paradoxalement, lui assurait la régence; mais aussi un instinct qu'on n'avait pas encore songé à lui dénier, l'instinct maternel. C'est à peu près ce que dit Louis XIII dans la déclaration testamentaire par laquelle il confie la régence à sa femme Anne d'Autriche dont il s'était toujours méfié. Mais il se méfiait encore plus de son propre frère, qui n'aurait pas été, comme la mère du futur Louis XIV, « intéressé à la conservation de la personne et de la couronne » du petit dauphin.

Tout à fait ignorant des sources où puisaient les penseurs pour justifier leur antiféminisme, le petit peuple n'en était pas moins, lui aussi, traditionnellement antiféministe. Ainsi admettait-il communément, malgré les faits, qu'un vieillard, qu'un malade ou qu'un débauché ne pouvaient engendrer que des filles, comprenons des êtres inférieurs. Aux couples qui souhaitaient un fils la sagesse populaire conseillait de se « conjoindre » de préférence le matin, quand l'homme avait restauré sa vigueur prolifique par une bonne nuit de sommeil. Exemple entre cent autres, que fourniraient les recueils de dictons et proverbes.

Le plus triste est que les femmes, malgré des révoltes « ponctuelles » contre l'autorité du mâle, étaient, elles aussi, imprégnées de cet état d'esprit et jugeaient, comme la Martine de Molière, que « la poule ne doit pas chanter devant le coq ».

Il revient à Mlle de Gournay, la fille d'adoption de Montaigne, d'avoir, la première au XVIIe siècle, levé l'étendard de la révolte, dans son *Égalité des hommes et des femmes* (1622) : « Bienheureux es-tu, lecteur, s'écrie-t-elle, si tu n'es point de ce sexe qu'on interdit de tous les biens, l'interdisant de liberté, afin de lui constituer pour seule félicité, pour vertus souveraines et seules : ignorer, faire le sot et servir. » Autrement dit, ce que les hommes reprochent aux femmes, c'est d'être ce qu'ils ont fait d'elles. Car enfin, si le beau sexe est *sot*, de même qu'étourdi, frivole, vaniteux, etc., la faute à qui, sinon à ceux qui l'ont réduit aux soins du ménage et au repos du guerrier? Mais on pourrait compter sur les doigts d'une main, en cette première moitié du siècle, les hommes à qui vient cette idée. Même plus tard, quand des voix masculines et autorisées se seront élevées pour reconnaître que la femme n'est pas un être inférieur, mais maintenu dans un état d'infériorité par l'absence d'instruction, il se trouvera de bons esprits pour nier cette vérité. Ainsi La Bruyère, si fin sur d'autres sujets, plaide-t-il non coupable : aucune loi, écrit-il, n'a jamais interdit aux femmes de s'instruire. Certes, mais aucune loi avait-elle jamais exigé qu'on les instruisît? D'ailleurs, ce que la loi n'interdisait pas, la coutume et l'opinion s'en chargeaient. N'est-ce pas encore La Bruyère qui écrit : « On regarde une femme savante comme on fait une belle arme [...] C'est une pièce de cabinet qu'on montre aux curieux, qui n'est pas d'usage »?

L'ignorance des filles atteint parfois aux limites de l'invraisemblance. La nièce de Richelieu, Mlle de Maillé-Brézé, quand elle épouse le duc d'Enghien en 1641, ne sait pas lire; elle a pourtant treize ans, ce qui est tôt pour le mariage, mais tard pour l'A B C. On profita d'une campagne de son mari pour l'expédier dans un couvent. Qu'y apprit-elle?

Une religieuse de Port-Royal a rédigé un *Règlement pour les enfants* où elle donne la liste des ouvrages utilisés pour l'instruction des pensionnaires. Ce sont l'*Imitation de Jésus-Christ,* l'*Introduction à la vie dévote,* les œuvres de saint Jean Climaque, les *Méditations* de sainte Thérèse et (j'en passe) « autres livres qui ont pour but de former une vie vraiment chrétienne ». Les quelques ouvrages donnés à lire aux élèves « après les vêpres », c'est-à-dire pendant leur récréation, sont tout aussi orthodoxes. Et pourtant – c'est là le plus intéressant – on les leur reprend une fois la récréation terminée, car même ces ouvrages-là prêtent à suspicion : « Les lectures les plus saintes ne leur servent de rien quand elles se font par curiosité; ce qui arrive presque toujours quand elles ont leurs livres en particulier et à leur disposition. » Pour la même raison, il n'est pas permis aux élèves de se prêter mutuellement des livres sans permission et cette permission « se donne rarement pour éviter beaucoup de petits désordres que causent ces emprunts ».

Ce texte ne prend toute sa valeur que si l'on en connaît l'auteur. C'est Jacqueline Pascal, oui, Jacqueline Pascal, la fille de l'érudit président Pascal, la sœur du génial Blaise Pascal, qui, dès l'enfance, avait connu Corneille, été par lui incitée à écrire, qui, plus tard, avait assisté aux entretiens de son frère avec Descartes, bref une de ces filles fortunées que sa famille n'avait pas exclue, bien au contraire, des bienfaits et des bonheurs de l'instruction.

Cela étant dit et souligné, l'historien doit aller

au-delà d'une critique trop facile et ne pas juger l'époque qu'il étudie selon les critères de celle où il vit. Il est vrai que le mot instruction, au XVIIe siècle, ne signifie généralement qu'instruction religieuse; il est vrai que tous les règlements des congrégations enseignantes ne mentionnent l'apprentissage de la lecture, éventuellement de l'écriture et du calcul, qu'après celui de la piété et des bonnes mœurs, voire des tâches ménagères et des arts d'agrément. Mais cet enseignement ne pouvait être que ce qu'il fut, puisqu'il avait été conçu comme une machine de guerre contre « l'hérésie ». Et peut-être même en aurait-on exclu les filles sans cette nécessité de lutter contre le protestantisme, qui, lui-même, ne voyait pas les choses autrement. Leur futur état de mères faisait des femmes les institutrices naturelles des petits catholiques, ou des petits protestants, leurs enfants. C'est pour cette raison avant toute autre qu'elles devaient acquérir la capacité de les initier à l'orthodoxie, aux bonnes mœurs et aux bons auteurs (ce que ne rendait pas moins nécessaire, rappelons-le, la dégradation morale qu'avaient entraînée en France les trente-cinq années de guerre civile). Et puis enfin, l'essentiel n'est-il pas d'apprendre à lire? Parce qu'une fois qu'on sait lire, on peut *tout* lire, même ces œuvres littéraires alors impitoyablement bannies des programmes.

D'autre part, parler en ce domaine du XVIIe comme d'un tout est presque une trahison, tant la situation évolua du début à la fin du siècle. Le cas de Mlle de Maillé-Brézé, illettrée à treize ans, en 1641, eût été inconcevable dans ce milieu-là, quarante ans plus tard. Et dans les autres milieux?

Le concile de Trente avait décidé la création d'une école gratuite dans chaque paroisse. La foi, l'énergie de quelques femmes et de quelques hommes voulurent faire de ce rêve une réalité.

Le coup d'envoi, qui eut valeur d'exemple, fut donné en Lorraine par deux grands précurseurs, Pierre Fourier et Alix Le Clerc, une de ses paroissiennes. C'est eux qui ouvrirent en 1598, à Mattaincourt, ce qu'on peut appeler le premier externat pour filles. Malgré des réactions souvent défavorables, ils en ouvrirent d'autres à un rythme assez rapide : Saint-Mihiel (1602), Nancy (1603), Pont-à-Mousson (1604), Verdun (1608), Châlons (1613)...

Certes, il existait des écoles pour les filles, et même gratuites, antérieurement au XVIIe siècle, mais la guerre civile les avait ruinées d'une façon ou d'une autre. A Nîmes, le triomphe du calvinisme, à la fin du XVIe siècle, aboutit à la suppression de tous les établissements catholiques, vouant ainsi à l'ignorance les filles pauvres de cette région et de cette religion, leurs parents n'ayant pas les moyens de les envoyer dans les couvents de Montpellier ou d'Avignon (les catholiques se vengeraient, et au-delà, dès avant la Révocation). En 1590, Henri IV constatait que « l'ignorance prenait cours dans le royaume par la longueur des guerres civiles ».

De toute façon, ces écoles n'avaient jamais été organisées ni structurées. N'importe qui, et cela dura longtemps, pouvait s'improviser maître ou maîtresse. C'était tantôt un notaire, ce qui se conçoit, ou, ce qui est plus surprenant, un charpentier, voire même, comme dans telle paroisse du diocèse d'Autun en 1667, un adolescent de quatorze ans, un peu plus instruit que les autres; ou encore un couple, le mari s'occupant des garçons, sa femme des petites filles. Avec le temps, l'Église se préoccupant de plus en plus de séparer les sexes, même à cet âge enfantin, on vit surgir un peu partout des « veuves (ou des filles) de piété » qui se consacrèrent particulièrement à l'instruction des petites filles : ainsi, dans les années 1660, ces « Catherine et Elisabeth Olivier, sœurs, tenant petites écoles, demeurant ensemble rue Jean Saint-Denis, paroisse Saint-Germain l'Auxerrois [1] ». Les dames de qualité faisaient

1. Arch. nat., Y 216, fol. 251 v°. Ou encore ces deux compagnes « Marie Petit et Elisabeth Henrion, maîtresses des petites écoles à Paris » qui, comme les précédentes, se font en 1668 une donation mutuelle de leurs modestes biens (*ibid.*, Y 215, fol. 418). Pas de retraite pour les maîtresses d'école...

rarement la classe elles-mêmes, sauf temporairement, au cours de missions dans les campagnes, mais il en fut un certain nombre qui, à l'instar de Mlle de Guise, de l'illustre famille du même nom, établirent des écoles dans leurs terres ou dans leur paroisse et aidèrent à former des enseignantes.

Aux enfants d'âges et de niveaux divers qu'ils réunissaient chez eux ou dans quelque local de fortune, avec ou sans l'aide de la communauté des habitants ou de quelque association charitable, ces maîtres et maîtresses (on dira bientôt régents et régentes) apprenaient individuellement ce qu'ils étaient capables de leur apprendre. Ce qui veut dire que, pendant qu'ils instruisaient un ou une élève, les autres s'amusaient, et c'est bien le mot qui convient, puisque, au XVIIe siècle, *s'amuser* veut dire : prendre du retard. Les gravures qu'Abraham Bosse a consacrées aux écoles de son temps illustrent joliment ce désordre, d'ailleurs aimable, qui évoque l'atmosphère de nos jardins d'enfants et pas du tout celle de nos classes. Les classes, c'est Pierre Fourier et Alix Le Clerc qui les inventèrent, comme tous les principes de pédagogie sur lesquels nous vivons encore : enseignement simultané et progressif, dispensé à des élèves de niveaux homogènes, classes réparties en divisions, chaque division devant avoir une maîtresse particulière et ne pas compter plus de dix-huit élèves. Après la garderie, pour les plus petites, venait la classe des « petites abécédaires » qui apprenaient les lettres et l'assemblage des syllabes; on s'élevait ensuite à la lecture des livres imprimés; au sommet, c'était la classe des grandes : elles lisaient « les registres et autres papiers et lettres écrites à la main » (beaucoup plus difficiles à cause des nombreuses abréviations alors usitées), elles s'exerçaient elles-mêmes à l'écriture et apprenaient à « jeter » (ainsi disait-on, car le calcul se faisait avec des jetons). Il est remarquable – cette proportion se retrouvera rarement ailleurs – que, sur une journée scolaire de cinq heures, deux heures et demie, donc la moitié du temps, aient été réservées à la lecture, à l'écriture et au calcul, le reste étant consacré à parts égales à l'instruction religieuse et aux travaux manuels. Pierre Fourier descendait dans tous les détails, recommandant à ses congrégantines de « préparer de bonnes plumes bien taillées, un bon canivet [1] et une règle à régler pour les exemples, et de la bonne encre [...] car cela donne du lustre à l'écriture ». Le système, nouveau lui aussi, de récompenses et de punitions (autrefois on se contentait des verges ou de la férule) était symbolisé par un banc de la victoire et un banc de la pénitence; celui-ci s'appelait *banc de Mélanie,* parce que surmonté de l'image d'une « fille laide, noire comme une Égyptienne, toute dolente et toute pénitente, qui cherche ses cheveux par-dessus sa tête pour se les tirer, du regret qu'elle a de n'avoir point étudié ».

L'ambition de Pierre Fourier et d'Alix Le Clerc était immense et admirable : ils voulaient que leur congrégation, partout où elle avait fondé des écoles, y accueillît gratuitement toutes les filles de quatre à dix-huit ans qui s'y présenteraient; ils voulaient susciter et former parmi elles des enseignantes qui pussent « par après aller ouvrir de petites écoles de villages et moindres lieux ». Mais ce rêve-là eut du mal à prendre corps et la campagne resta longtemps défavorisée. Au-delà des difficultés financières et pratiques que rencontrait l'implantation d'écoles en milieu rural (pas d'infrastructure, pas de transports, etc.), il faut bien comprendre que les petits paysans, garçons et filles, constituaient pour leurs parents une main-d'œuvre indispensable. La nécessité de les instruire était à peine perçue et, quand elle l'était, de quel poids pouvait-elle peser face à l'urgence des travaux des champs? Après Pâques, les écoles se vidaient jusqu'à la Toussaint.

Autre figure remarquable, celle du prêtre Charles Démia, fils d'apothicaire, qui, dans de véhémentes *Remontrances* de 1666 aux échevins de sa ville de

1. Grattoir.

Lyon, plaidait pour l'instruction des pauvres : c'est eux, écrivait-il, qui ont besoin d'écoles, parce qu'ils ne peuvent, à la différence des riches, se faire instruire à domicile; et pourquoi craindre que l'instruction ne les rende orgueilleux et indociles, alors que l'absence d'instruction les condamne à un mal bien plus dangereux pour eux et pour la société : la fainéantise et le vice? De 1677 à 1689, date de sa mort, Démia créa à Lyon et faubourgs seize écoles gratuites, dont huit pour les filles. Et l'impulsion ainsi donnée dans la région ne se ralentit pas, puisqu'on y comptait en 1697 soixante-seize écoles dont trente-trois pour les filles et dix-sept mixtes. Certes, Démia, comme Fourier, eut du mal à convaincre la hiérarchie et ses commanditaires de l'utilité de la scolarisation féminine; certes, la gratuité fut difficile à maintenir; mais, même payantes, ces « petites écoles » restaient abordables et, grâce à des aides diocésaines, municipales ou privées, les enfants les plus pauvres étaient dispensés des frais d'écolage. Il en coûtait 3 sols par mois pour apprendre à lire, 5 sols pour apprendre à lire *et* à écrire.

Il ne faut pourtant pas se dissimuler que les systèmes de bourses institués un peu partout ne suffisaient pas à amener toutes les petites filles pauvres, même citadines, dans les écoles. D'abord, ces bourses, il fallait les demander : combien de familles l'osaient ou même le savaient? Et puis, réalité inhérente à l'époque et plus triste encore, les enfants pauvres étaient tous pouilleux et on les séparait, dans les salles de classe, des enfants plus aisés, donc plus soignés, pour qu'ils ne les contaminent pas. Cette humiliation devait être ressentie et pouvait inciter même les plus studieux à déserter l'école.

Néanmoins, l'essentiel demeure, c'est-à-dire le combat mené par de courageux novateurs et novatrices pour l'externat et pour la gratuité. Relayé par les évêques, il porta ses fruits. Si le rêve caressé par le concile de Trente (une école par paroisse) ne fut nulle part réalisé, du moins à la fin du siècle ne restait-il en

France aucun diocèse qui ne comptât plusieurs dizaines d'écoles de filles (ou mixtes). La riche Normandie, la Lorraine, où les maîtres et maîtresses étaient régulièrement payés par un prélèvement sur les dîmes, atteignaient des taux de scolarisation, pour les deux sexes, proportionnellement aussi élevés que celui de la région parisienne, où l'on comptait cent soixante-sept écoles de filles dépendant du chantre de Notre-Dame, sans parler des autres que le même chantre appelait *buissonnières* [1]! Il revient à Louis XIV de s'être préoccupé, mais à l'extrême fin du siècle (et, bien sûr, pour parachever les effets de la Révocation), de la rétribution des maîtresses d'écoles, en obligeant les communes à leur verser 100 livres par an (les maîtres en recevaient 150).

Si ce combat pour l'externat et pour la gratuité était capital, c'est parce que les couvents, à cause de la clôture, n'admettaient que des pensionnaires, donc payantes, ce qui réduisait le recrutement aux classes sociales les plus favorisées. Il faut cependant souligner, dans cet enseignement-là, deux évolutions qui appartiennent en propre au XVIIe siècle : la création et l'implantation d'ordres nouveaux voués à l'instruction des filles (ursulines, visitandines...), l'ouverture des couvents vers l'extérieur.

Dans la seule région lyonnaise, deux établissements de visitandines et neuf d'ursulines s'étaient implantés avant 1650. Les pensionnaires de ces couvents se recrutaient en majorité, non pas, comme on pourrait le croire, dans la noblesse, mais dans la grande et moyenne bourgeoisie, dans la marchandise, et aussi dans l'artisanat supérieur (à Saint-Étienne, des filles d'armuriers); un tableau relatif à l'origine des ursulines

1. Si les chantres, dans les villes épiscopales, avaient la haute main sur l'instruction primaire des deux sexes, c'est parce que, à la suite de querelles qui débordent notre propos, ils avaient réussi à étendre leurs attributions, qui ne consistaient à l'origine qu'à régenter les écoles presbytérales où étaient scolarisés les enfants de chœur. Ils portaient parfois le titre d'*écolâtres*.

de Rouen fait apparaître une prédominance à 30 % de filles de marchands, suivies par les filles d'officiers (titulaires d'offices), le bas de l'échelle étant représenté par les filles de nobles militaires au service du roi (3,5 %) et de « maîtres de métiers » (2,5 %).

Beaucoup de ces couvents entretenaient aussi, hors clôture, des écoles de charité pour externes. Ainsi les ursulines instruisaient-elles dans les années 1680 vingt filles pauvres à Saint-Chamond, cent quarante à Saint-Étienne. Si, passant du niveau régional au niveau national, nous constatons qu'à la fin du siècle les ursulines faisaient fonctionner près de quatre cents de ces établissements couplés, si nous rappelons qu'elles n'étaient *qu'une* des quelque quinze congrégations enseignantes du royaume, si nous additionnons ces écoles de congrégations aux « petites écoles » évoquées plus haut, on mesurera l'effort de scolarisation et donc d'alphabétisation accompli pour la population féminine. Peut-on le traduire en résultats chiffrés? La seule enquête que nous ayons concerne, dans la période 1686-1690, les femmes capables de signer à leur acte de mariage, et elle n'est pas rigoureuse, n'ayant pas pris en compte tous les grands centres urbains. En apportant les correctifs et précautions nécessaires, on peut évaluer à une moyenne nationale d'un peu moins de 20 % les femmes capables de signer dans les dernières années du siècle, mais n'oublions pas qu'on pouvait alors savoir lire, au moins des imprimés, sans savoir signer. De toute façon, c'est déformer la réalité que de raisonner en termes de moyenne nationale. Les disparités régionales restaient considérables (plus de 33 % de signatures féminines dans le Calvados, moins de 10 % ailleurs) et s'expliquent par les variations du taux de scolarisation selon les provinces, qui tient lui-même à toutes les circonstances évoquées ci-dessus, parfois à de simples raisons climatiques : si dans le Sud, nettement moins scolarisé, donc alphabétisé, que le Nord, la région des Hautes-Alpes constitue une brillante exception, ce ne peut être qu'à cause de la longueur des hivers! Autre fait, qu'occultent les moyennes, ne fussent-elles que régionales : la concentration des *lettrées* dans les villes. Si, dans la Seine-Maritime (d'aujourd'hui) on comptait, dans les années 1686-1690, 17 % de signantes, cette proportion atteignait 38 % pour la ville de Rouen, 43 % pour Eu. Et il en va de même partout : à Angers, le nombre des femmes sachant signer est de fort peu inférieur à celui des hommes, alors que pour l'ensemble de l'Anjou il l'est nettement. L'alphabétisation des femmes est un privilège urbain et l'on ne pourrait expliquer autrement que, pour une moyenne nationale aussi faible, tant de citadines, jusque dans les provinces les plus reculées, aient pu jouer, directement ou indirectement, un rôle qu'il faut bien qualifier de « culturel » au sens large. Que les deux grands-mères et la mère de Molière, petites bourgeoises, aient su signer, et d'une fort belle écriture, cela ne peut avoir été sans influence sur la destinée de leur descendant.

Reste que, jusqu'à la fin du XIXe siècle, l'instruction des filles garda cent ans de retard sur celle des garçons. A l'époque qui nous occupe, pas de « secondaire » pour elles, rien qui ressemblât à ces collèges (jésuites, oratoriens) où les adolescents bourgeois se *ruaient* (le mot est du P. de Dainville, un spécialiste de la question). La raison en est facile à comprendre : la promotion sociale passait par l'enseignement des humanités et particulièrement du latin. Or ce motif ne jouait pas pour les filles puisqu'elles étaient exclues des métiers nobles. Même dans les couvents, où il fallait pourtant savoir dire l'office et chanter les psaumes, le latin était peu et mal enseigné. L'archevêque de Lyon, Mgr de Marquemont, approuvait que les visitandines d'Annecy fussent dispensées du « grand office avec toutes ses rubriques » et qu'elles s'en tinssent au petit office, car, écrivait-il, « de toutes les femmes du monde entier, il n'en est point qui prononcent le latin aussi défectueusement que les Françaises [...] C'est en effet une grande pitié que la prononciation que l'on entend dans la plupart des monastères de femmes, et dont l'étrangeté va jusqu'à exciter le rire chez les auditeurs d'ailleurs bien intentionnés, et la moquerie, sinon le scandale, chez les demi-savants et hérétiques ».

Mgr de Marquemont n'était pas un homme de nuances; il se peut qu'il exagère. Mais il est vrai qu'en ce début du siècle, bien peu de couvents de femmes maintenaient le haut degré de culture qu'ils avaient atteint sous la Renaissance et même au Moyen Age (rappelons-nous Héloïse). Et d'ailleurs pourquoi l'eussent-ils fait? Le savoir, déjà mal vu chez les filles en général, était considéré comme particulièrement néfaste pour celles qui se vouaient à Dieu. Une bénédictine, retraçant la biographie d'une religieuse de son ordre, nous dit que celle-ci traversa une période « d'absolu relâchement » à cause de sa « grande ardeur pour la science ». Et qu'étudiait donc cette religieuse? La géographie et l'histoire sainte!

Les progrès furent lents. Mais enfin l'on s'avisa peu à peu que les pensionnaires des couvents, et particulièrement celles qui se destinaient à la vie du monde, devaient élargir leurs connaissances, puisqu'elles étaient appelées, de par leur origine, à tenir une place dans la société, à gérer de grandes maisonnées. On leur apprit donc à lire « les cartes et les sphères », on leur inculqua l'orthographe, on leur donna des notions de grammaire et de rhétorique. Fénelon, dans son *Éducation des filles* (1687), insistait pour qu'on leur donnât aussi des notions de comptabilité et même de « justice », c'est-à-dire de droit privé.

Ce traité fit date et il le méritait. Mais il faut observer que les motivations de Fénelon restaient à peu près les mêmes que celles de ses devanciers. S'il est vrai qu'en proposant d'enseigner aux filles un peu de droit privé, il manifestait le louable souci de leur donner des armes pour se défendre, notamment en cas de veuvage, pour le reste, il ne cherchait nullement à réparer une iniquité en leur ouvrant le champ du savoir et de la culture. La contemplation de la peinture, par exemple, ne lui paraissait utile que parce qu'elle pouvait fournir aux jeunes personnes des thèmes intéressants pour leurs ouvrages de broderie; et nous savons qu'il écrivit un jour à l'une de ses dirigées : « Ne vous laissez pas ensorceler par les attraits diaboliques de la géométrie. » Diabolique, la géométrie? Oui, parce que inutile à tous points de vue dans l'optique utilitaire où se place Fénelon : pour faire des comptes, les « quatre règles » de l'arithmétique suffisent et, sur le plan moral, quel profit tirer d'une science abstraite? L'idée générale de tous les théoriciens de l'enseignement féminin est que le savoir rend orgueilleux, défaut inacceptable chez un sexe destiné à la soumission; mais, comme le remarque Fénelon, l'ignorance, outre qu'elle est choquante chez une femme de qualité, a aussi ses dangers parce qu'elle peut conduire au péché. Pour éviter d'y tomber, il faut connaître quelque chose des réalités de l'existence; pour aimer et pratiquer la vertu, il faut avoir devant les yeux les exemples de « femmes fortes » que proposent les Écritures et l'Antiquité. C'est pour cela que Fénelon autorise l'enseignement du latin, d'une certaine histoire, d'une certaine poésie et d'une certaine géographie qui met l'accent sur la beauté et la variété de la Création.

La vraie originalité de Fénelon, outre son style, infiniment plus séduisant et persuasif que celui de ses devanciers, fut de proposer aux éducatrices, et notamment aux mères, des méthodes d'enseignement fondées sur (et adaptées à) la psychologie infantile et féminine, et surtout de sublimer les fonctions traditionnelles de la femme au foyer. Une famille, écrit-il, est comme une « petite république ». Quelle responsabilité plus exaltante que d'en être le guide, l'âme et le ciment, et de contribuer ainsi au bonheur et au progrès de la République au sens large?

Mme de Maintenon s'inspirait des mêmes principes en fondant Saint-Cyr en 1686, quoique avec moins de largeur de vues. S'adressant à des filles, certes nobles, mais pauvres, qui ne devraient leur dot, donc la possibilité de se marier, qu'à la charité royale, elle voulait les convaincre (à défaut d'en être elle-même convaincue) de l'infériorité féminine. Sur le plan pédagogique, son mérite fut de perfectionner le système d'enseignement progressif et d'émulation inauguré par Pierre Fourier : classes rouges, vertes et bleues, rubans noirs et médailles d'argent qui conféraient aux plus zélées des pensionnaires des responsabilités de monitrices, associées à la gestion de la maison. Quant au contenu de l'enseignement, Mme de Maintenon introduisit effectivement à Saint-Cyr l'histoire et la géographie (qui seront enseignées un peu partout au début du XVIIIe); mais elle renonça à la poésie après l'effervescence suscitée chez ses pensionnaires par les représentations d'*Esther* et d'*Athalie*. On connaît son mot : elles ont trop bien joué, elles ne joueront plus. Racine n'était pas seul en cause, ni le poète, ni l'homme, encore qu'on eût vu celui-ci consoler trop tendrement une des petites actrices improvisées qui pleurait d'avoir eu un trou de mémoire. C'était surtout la présence de Louis XIV et de sa suite qui avait répandu dans la maison un esprit de frivolité fort préjudiciable aux jeunes personnes.

Il serait inéquitable de ne juger de l'enseignement féminin du XVIIe siècle que sur la modestie de ses programmes (si le mot lui-même n'est pas trop fort!). Il s'agissait avant tout d'éduquer et cette éducation avait le mérite d'intégrer des éléments civilisateurs qui ont été depuis évacués de nos écoles, parce qu'on les abandonne, à tort peut-être, aux familles. Or cela était fort important à une époque où les mœurs étaient si rudes, les manières si frustes, jusque dans l'aristocratie, que les familles n'étaient pas souvent capables de former leurs enfants. Il était important, alors que la fourchette ne figurait que dans les maisons richissimes, d'apprendre aux petites filles à manger proprement et à se bien tenir à table; il était important de leur apprendre à se comporter avec « bonne grâce », à parler distinctement et sans « remuer mal à propos la tête ou les mains ». Même au niveau populaire, ce souci éducatif, au sens large, n'était jamais dissocié de l'instruction proprement dite, comme en témoignent les titres de tant de manuels, du genre *La Civilité puérile et honneste pour l'instruction des enfants. En laquelle est mise au commencement la manière d'apprendre à bien lire, prononcer et escrire* (1649).

Très neuf aussi, l'accent mis sur l'hygiène. Les pensionnaires des ursulines du faubourg Saint-Jacques, à Paris, devaient changer de linge deux fois par semaine; elles devaient, extraordinaire innovation, se rincer la bouche après chaque repas et se laver fréquemment les mains, ce que leur permettaient les nombreuses fontaines et cuvettes disposées dans l'établissement. Diététiciennes avant la lettre, les ursulines examinaient avec soin la quantité et la qualité des « portions » de leurs pensionnaires; la qualité des viandes surtout, examen bien nécessaire en un temps où, la réfrigération étant inconnue, les viandes véhiculaient tant de germes. Résultat : en cinquante ans, les ursulines du faubourg Saint-Jacques n'eurent à déplorer que quatre à cinq décès de pensionnaires. Il est vrai qu'elles refusaient d'accepter les enfants trop malingres ou apparemment atteintes de quelque maladie, mais ce tri même servait à protéger les autres. Enfin, quelle qu'ait été la valeur des médications de l'époque, il n'est pas indifférent que ces futures ménagères et maîtresses de maison aient été initiées à l'usage des « remèdes faciles et domestiques » réunis en tant de recueils par des auteurs et précisément surtout des autoresses, telle Mme Fouquet, la mère du surintendant.

Si l'on prend en compte tous ces éléments, alors on peut dire que l'effort d'éducation accompli par le XVIIe siècle fut sans précédent. Mais il faut bien comprendre qu'il ne porta ses fruits que plus tard. Parce que le réseau d'écoles et de couvents fondés ou rénovés ne fut implanté dans tout le royaume que dans le dernier tiers du siècle, et que les enseignantes (encore un néologisme) qui s'y étaient formées n'exercèrent que lorsqu'elles furent en âge de le faire. Si bien, et le dix-septiémiste le constate avec quelque amertume, qu'en ce domaine comme en d'autres, c'est le XVIIIe siècle qui profitera des progrès accomplis.

CHAPITRE II

DU MARIAGE

Ces filles du XVIIe siècle, qui n'avaient ni le droit ni la possibilité de se « réaliser » professionnellement et que leurs familles pouvaient enfermer pour la vie dans des couvents, il semble qu'elles auraient dû accueillir avec des transports de joie la perspective du mariage. Oui, mais voilà... Comme Corneille le fait dire à l'héroïne d'une de ses comédies :

Il faut que mes désirs, toujours indifférents,
Aillent sans résistance au gré de mes parents,
Qui m'apprêtent peut-être un brutal, un sauvage :
Et puis cela s'appelle une fille bien sage.

Rien, au XVIIe siècle, n'est plus éloigné de l'idée d'amour que l'idée de mariage. Mme de Chantal, la future sainte Jeanne de Chantal, écrit en ces termes à sa fille pour lui annoncer la visite d'un M. de Toulongeon auquel on la destine : « Certes, je suis bien contente que ce soient vos parents et moi qui ayons fait ce mariage sans vous : c'est ainsi que se gouvernent les sages. » Il est vrai qu'elle ajoute : « Écrivez-moi, comme vous le promettez, tous les sentiments de votre cœur et si Dieu l'a lié, comme je l'espère, à M. de Toulongeon. »

En l'occurrence, l'espoir était permis : M. de Toulongeon ne comptait guère que quinze années de plus que sa fiancée; en outre, il avait « de l'honneur, de la franchise et de la probité », ce qui, pour la fille d'une sainte, tenait peut-être lieu de charme. Car Mme de Chantal était une sainte, ce qui ne l'empêchait pas, comme on voit, d'agir en autocrate, mais ce qui explique qu'elle ait attaché quelque importance aux vertus du futur.

D'autres n'avaient pas ces scrupules. Exemple entre cent que celui de la charmante Mlle de la Noue, livrée à treize ans à un quinquagénaire hideux et malsain qui ne rachetait par aucune qualité morale son âge et son physique, étant aussi méchant que malappris. Veuve à dix-huit ans et trop contente de l'être, la jeune femme se sacrifiera pourtant une fois encore à la fortune de sa famille en épousant... un octogénaire, mais qui aura le bon esprit de mourir au bout de cinq semaines.

Mœurs aristocratiques? Point du tout. L'aristocratie en ce domaine n'a d'autre originalité que d'abuser du droit reconnu aux parents de marier leurs filles à douze ans; parce qu'il fallait, dans ce milieu restreint, s'assurer le plus tôt possible du parti convenable. Ce qui explique d'ailleurs les allures de conspiration qu'y prenaient les négociations préalables : le 18 juin 1640, Henri Arnauld écrit : « M. d'Ormesson doit être marié dimanche à Mlle de Fourcy, laquelle M. le président de Bellièvre a fait ce qu'il a pu pour faire donner à M. Lamoignon, qui l'aurait eue s'il eût rendu réponse deux heures plus tôt [1]! »

Chez les bourgeois, le plus beau est peut-être ce contrat dressé entre deux juristes de Carpentras, l'un ne donnant sa fille à l'autre qu'à la condition que les enfants à naître seront docteurs en droit. Mais le plus triste est assurément le suicide de la fille du graveur Varin, garde de la Monnaie du Roi, s'empoisonnant après dix jours de mariage en murmurant : « Il faut mourir, puisque l'avarice de mon père l'a voulu » (Tallemant). Le mari était bossu, scrofuleux, et il avait

1. Lettres d'Henri Arnauld, Bibl. nat., ms. fr. 15610, fol. 690.

une jambe d'acier qu'il fallait quatre hommes pour démonter.

Dira-t-on que les humbles, du moins, avaient loisir de suivre leur inclination? Les jeunes paysannes mises en scène par Molière dans *Le Médecin malgré lui* se plaignent pourtant de la « maudite coutume » des parents de demander toujours : « Qu'a-t-il et qu'a-t-elle *(de fortune)*? » à propos d'un parti souhaité. Et quand bien même les paysannes auraient eu la liberté formelle de choisir, cette liberté eût été singulièrement restreinte par les contingences. Où, sinon dans le petit cercle de leur voisinage pouvaient-elles trouver mari? Le voyage, au XVIIe siècle, est une aventure coûteuse, et si dangereuse que bien des gens faisaient leur testament avant d'entreprendre le moindre déplacement. Toutes les études d'histoire locale le montrent : on n'allait pas chercher parti au-delà de dix kilomètres de sa résidence. Encore fallait-il souvent s'adresser à ces intermédiaires qu'étaient les apparieuses ou les colporteurs. Les pèlerinages constituaient à peu près la seule évasion permise aux campagnardes, le seul moyen de lier connaissance avec des jeunes gens venus d'ailleurs. Elles le savaient et elles en profitaient si bien que le clergé se faisait un devoir d'attirer l'attention des parents sur les dangers de ces pourtant pieuses expéditions.

Ce qu'on appelle l'endogamie était donc très forte. Dans les villages isolés, tels les villages de montagne, presque tous les mariages devaient se faire avec dispense de parenté. La pratique paysanne s'opposait d'ailleurs à l'exogamie. Une fille qui se mariait en dehors de son village amputait cruellement le patrimoine familial; car la dot d'une paysanne, c'était rarement de l'argent (on n'en avait pas), mais une vache, un cheval de labour, ou quelques « vergées » de terre, quelques « fauchées » de pré, quelques « journées » de vigne, toutes choses indispensables à la survie du groupe familial et qui s'en iraient avantager un étranger, lequel ne participerait même pas aux charges fiscales de la paroisse.

L'hostilité à l'égard de « l'étranger » n'était pas moindre de la part des groupements de jeunes gens qui constituaient dans les villages, comme dans les petites villes, des groupes de pression dont nos ethno-historiens, depuis quelques années, ont mis en lumière les activités. Ces « garçons de paroisse », ou « bachelleries de valets » prétendaient exercer une sorte de monopole sur les filles à marier et le traduisaient par des usages qui allaient du charmant à l'odieux. On plantait un mai devant les logis des jeunes filles, on leur offrait des banquets avec danse et musique (violons dans les classes supérieures, fifres et tambours dans les classes inférieures); mais à l'inverse, quand une fille prétendait épouser un *horsain,* on imposait au couple diverses vexations, parfois symboliques, parfois réelles, dont font état tous les manuels de folklore. Il arrivait même qu'on s'opposât au mariage en faisant subir assez d'avanies au prétendant, y compris des sévices corporels, pour l'empêcher de poursuivre sa cour; ou bien on s'attaquait à l'honneur de la jeune fille en prétendant qu'elle avait perdu sa virginité à fréquenter l'étranger. Racisme de clocher? Ou faut-il recourir encore à l'explication d'ordre socio-économique? Une fille mariable qui échappe à sa petite communauté, c'est, pour ses jeunes concitoyens, un risque supplémentaire de rester célibataires, c'est-à-dire de ne pouvoir s'établir à leur compte avec l'aide d'une épouse, donc de continuer à vivre en domestiques chez leur père ou chez autrui.

Le mariage romanesque, au XVIIe siècle, est un luxe rare qui, même dans les classes supérieures, exige un concours de circonstances exceptionnel. Si Mlle de Guilleragues put s'éprendre d'un séduisant lieutenant de vaisseau, c'est parce que son père était (outre l'auteur probable des *Lettres portugaises*) un diplomate et qu'il mourut à son poste d'ambassadeur auprès de la Sublime Porte. On envoya un vaisseau chercher la mère et la fille. D'où la rencontre avec le beau marin. Mais il faut voir comment Saint-Simon raconte l'histoire! « Avant de partir de Turquie et chemin faisant, Villers fit l'amour *(la cour)* à Mlle de Guilleragues et lui plut; et tant fut procédé que, sans bien de part et d'autre, la mère consentit à leur mariage. Les vaisseaux relâchèrent quelques jours aux bords de l'Asie mineure, vers les ruines de Troie. Le lieu était trop romanesque pour y résister : ils mirent pied à terre et s'épousèrent. »

Dans les bonnes villes du royaume l'aventure n'était pas au coin de la rue, mais la population y étant nécessairement plus dense et plus mobile, les jeunes citadines avaient, plus que les campagnardes, des occasions de rencontre. Toutes celles qui travaillaient côtoyaient quotidiennement des jeunes gens; pour les autres, même les plus surveillées, il y avait les innombrables fêtes carillonnées qui exigeaient leur présence à l'église, lieu de rencontre et de rendez-vous par excellence. A Paris, la messe de midi à l'église des Carmes de la place Maubert était, nous dit Furetière, « le centre de la galanterie bourgeoise » et les filles se disputaient le privilège d'y quêter, dans leurs plus beaux atours, pour se faire remarquer des muguets et galants. Quant au suisse, il arrondissait ses fins de mois en livrant aux jeunes gens le nom et l'adresse de telle ou telle jeune et jolie paroissienne. Comme d'autres le faisaient pour les pèlerinages, des auteurs bien pensants dénonçaient les manèges qui se déroulaient dans ces lieux sacrés. On s'y parle des yeux et des mains, dit le P. Jean Adam, on y manie l'éventail plus que le chapelet; bref, « les dames sont aujourd'hui obligées de se confesser d'avoir été à la messe », conclut Guez de Balzac dans une lettre relative à l'éducation de sa nièce. Et il ajoute que les Françaises ne sont pas excusables d'agir ainsi, parce qu'à la différence des Italiennes et des Espagnoles, elles ne sont pas « esclaves et prisonnières » et ont d'autres « intervalles de liberté » où elles peuvent rencontrer des hommes. Tout est relatif.

Ces intervalles de liberté, pour les jeunes filles,

c'étaient certains divertissements autorisés, telle la promenade où, si l'on ne pouvait parler aux jeunes hommes, on pouvait du moins se faire voir d'eux; c'était, plus généralement, tout ce que permettait la convivialité du temps, à commencer par la réunion de famille (d'où l'importance du « cousin » dans la littérature). Chez les citadins d'un certain niveau, il y avait les « assemblées », bals ou concerts, mondanités d'ailleurs fort critiquées par les bourgeois à l'ancienne mode, du style Arnolphe ou Mme Pernelle, à cause, précisément, de la liberté qu'elles impliquaient et permettaient. Invité chez Mme de Saintot, hôtesse parisienne, Benserade, alors tout jeune poète, s'asseyait à côté de la fille de la maison pour lui chuchoter des douceurs à l'oreille; la mère mit fin au manège en plaçant entre eux deux une chaise où était posée une bougie allumée.

Il fallait donc une bonne dose d'imagination aux galants pour, après avoir recueilli quelque encouragement, obtenir un tête-à-tête : on profitait d'une absence des parents, on se rencontrait « derrière le pignon » (ce côté de la maison qui n'avait pas de fenêtres); quand on en avait les moyens, on achetait une servante, on se déguisait en médecin ou en professeur pour s'introduire au logis de la bien-aimée. Et, de Roméo à l'Horace de *L'École des femmes,* que de services les balcons n'ont-ils pas rendus aux amoureux!

Catherine Meurdrac, jeune provinciale de l'Ile-de-France, nous conte, dans ses pittoresques mémoires, comment elle devint amoureuse du chevalier de la Guette, jeune et beau militaire rencontré chez sa sœur et son beau-frère. S'autorisant de l'amitié qui le liait à ceux-ci, le chevalier se fit présenter chez les parents de la jeune fille. On s'adressa d'éloquentes œillades, on s'écrivit quelque temps par l'intermédiaire d'une amie complaisante; puis La Guette, étant assuré des sentiments de sa bien-aimée, fit sa demande au père. Celui-ci avait d'autres vues pour sa fille; il refusa. Le chevalier ne se tint pas pour battu; il pénétra un jour par surprise, pistolet à la main, dans le cabinet de M. Meurdrac et, se jetant à ses pieds, s'écria : « Monsieur, il me faut mademoiselle votre fille ou la mort! »

Bien loin d'être touché par cette démarche, M. Meurdrac s'emporta : jamais il ne donnerait sa fille à un homme aussi impétueux! La jeune Catherine se résolut alors à épouser clandestinement son soupirant avec la complicité de sa mère. Mais chacun continua d'habiter chez soi et l'on ne se voyait, à la dérobée, que pour échanger des serments d'amour. « Si j'avais cru coucher auprès d'un homme, je ne me serais jamais mariée, écrit Mme de la Guette. L'on voit par là ma simplicité. » C'était celle de beaucoup de jeunes bourgeoises à l'époque, et Molière exagère à peine quand il dit qu'Agnès croyait que les enfants « se faisaient par l'oreille ».

Le chevalier de la Guette finit par enlever sa femme avec l'appui d'un grand seigneur du voisinage qui le protégeait. Les deux époux furent très heureux et eurent dix enfants. Mais des années s'écoulèrent avant que le courroux du père ne s'apaisât. Les entrevues dégénéraient en batailles; on se lançait les assiettes à la tête. Une fois, les deux hommes tirèrent l'épée l'un contre l'autre et ce fut le geste courageux de la jeune femme, s'interposant entre son mari et son père, qui fit enfin taire les ressentiments.

Le père de Mme de la Guette aurait pu faire pire : il aurait pu faire rompre l'union de sa fille, car – autre exemple de l'inégalité des sexes – le consentement d'une mère au mariage de son enfant mineur était sans valeur contre l'opposition du père, du moins devant les tribunaux civils.

L'Église, en effet, n'avait jamais considéré le consentement des parents comme nécessaire à la validité du mariage. Dans le souci de prévenir les rapts, qui représentaient un danger réel et fréquent (on enlevait des héritières de dix ou onze ans!), elle avait seulement accepté de lutter contre la clandestinité. C'est ainsi que le concile de Trente avait posé à la célébration des mariages certaines conditions qui ont subsisté jusqu'à nos jours : publication de bans, présence de deux témoins, assistance, non pas de n'importe quel prêtre, mais du *proprius parrochus,* c'est-à-dire du curé de la paroisse des (ou d'un des) conjoints, ou d'un prêtre autorisé par le curé ou par l'évêque du diocèse. Le pouvoir civil ne cessait de s'employer à préciser et amplifier les exigences de l'Église : présence de quatre témoins au lieu de deux, mariage célébré « en face d'église » et non à domicile, inscription obligatoire sur un registre par le curé, qui seule faisait preuve. En outre et surtout, l'âge de la majorité au mariage avait été différencié de l'âge légal de majorité et porté à vingt-cinq ans pour les filles et à trente ans pour les hommes.

Que toutes ces exigences fussent encore insuffisantes, les mémoires et procès du temps en fournissent maint exemple. N'ayant pas moins d'imagination que les juristes, les amoureux trouvaient le moyen de passer entre les mailles du filet, en vertu du principe que tout ce qui n'est pas expressément défendu est permis. On pourrait dire que les formes du mariage chrétien occidental, telles que nous les connaissons, sont le résultat d'une tragi-comédie plusieurs fois séculaire, jouée par trois protagonistes : l'Église, l'État et l'Amour. Si, par exemple, les bans ne peuvent être publiés que par le curé, c'est parce que d'aucuns avaient imaginé de les publier eux-mêmes ; si le rôle du curé est devenu celui d'un célébrant actif qui conjoint et bénit le couple, c'est parce que d'autres s'étaient avisés de contraindre, par force ou par ruse, un curé récalcitrant à entendre le consentement qu'ils échangeaient devant témoins. Pratique si fréquente que, lorsque les curés voyaient s'approcher d'eux à la fin de la messe un garçon et une fille qui s'écriaient « Je tiens... » ou « Je prends... », ils choisissaient la fuite pour ne pas entendre la suite de la formule (« un tel pour époux... »), qui, prononcée devant eux, aurait validé le mariage! Au reste, il suffisait d'un peu d'influence pour se faire dispenser de bans, d'un peu d'argent pour acheter des témoins et parfois même – hélas! – un curé [1].

Le pouvoir civil, quand il renchérissait sur les exigences de l'Église, cherchait-il seulement à empêcher de tels abus et à moraliser les mariages? Il cherchait surtout à les contrôler. Sinon, il n'aurait pas interdit aux jeunes gens de se marier librement, avant vingt-cinq ans pour les filles, trente pour les garçons, alors qu'il autorisait leurs parents à les vendre à douze et treize ans. L'autorité paternelle, reflet de l'autorité royale, ne pouvait être bafouée; et le mariage était un fait social; il était même, comme l'écrivait en 1670 un juriste de l'entourage de Colbert, « le premier fondement » de la société. C'est contre les mésalliances qu'on luttait, parce que, contrevenant à ces deux principes, elles troublaient l'ordre social.

L'argument principal des juristes français fut d'opposer la notion de contrat à celle de sacrement. Le juriste de Colbert en arrivait même à déclarer que l'essentiel du mariage était le contrat et que le mariage ne pouvait être élevé à la dignité de sacrement que lorsque le contrat était « parfait ». C'était aller, sans s'en rendre compte, vers le mariage civil. Une autre astuce du pouvoir fut d'assimiler au rapt le mariage clandestin dont usaient tant d'amoureux. Ceci permit aux parlements, quand ils étaient saisis par les familles d'un « appel comme d'abus », non seulement de punir les mésalliances, et de peines sévères qui pouvaient aller jusqu'à la mort, non seulement de les priver d'effets civils (droit à l'héritage, légitimité des enfants), mais encore de les annuler, s'attribuant ainsi un droit qui n'appartenait qu'à l'Église. On usa pour ce faire d'un hardi syllogisme : puisque les ordonnances royales

1. On notera que l'Église elle-même déconseillait cette forme de publicité qu'étaient les bans, lorsqu'il s'agissait d'un mariage trop mal assorti socialement.

qualifiaient de rapts les mariages de mineurs contractés sans autorisation parentale, puisque l'Église de son côté frappait de nullité les mariages résultant d'un rapt, il s'ensuivait que tout mariage de mineurs contracté sans autorisation était nul, même celui des veuves et des veufs quand ils avaient moins de vingt-cinq et de trente ans. Et la notion de ravisseur fut étendue aux femmes par Louis XIII, afin d'empêcher Cinq-Mars, son favori, d'épouser Marion de Lorme. Comme si le fougueux Cinq-Mars était homme à se laisser ravir, autrement qu'en extase!

Restait une difficulté : comment assimiler au rapt, acte de violence, un mariage par consentement mutuel? Nos juristes, qui étaient gens subtils, introduisirent une notion nouvelle : celle du rapt de séduction. Avec beaucoup de mauvaise foi, mais beaucoup de style, de ce style oratoire qui fait songer à Bossuet, avec de belles périodes bien balancées, le chancelier d'Aguesseau devait écrire plus tard : « Nulle distinction, nulle différence entre le rapt de violence et le rapt de séduction. Le rapt de séduction doit être puni encore plus sévèrement que celui de violence, parce que l'on peut résister à la force, mais qui peut être assuré de se défendre contre les enchantements de la séduction? Dans le rapt de violence, la personne qui en est l'objet n'a que le ravisseur à craindre; mais dans le rapt de séduction, elle trouve dans elle-même son plus dangereux et plus redoutable ennemi. Etc., etc. »

Pour les femmes et les enfants les conséquences d'une telle législation étaient tragiques. Car la possibilité de faire appel contre ces prétendus rapts était accordée non seulement aux pères et mères, mais aux collatéraux des conjoints, et elle était imprescriptible. Quand, par exemple, le parlement de Paris annula en 1687 le mariage de la demoiselle Delaistre avec le sieur de Berziou, celui-ci était mort depuis beau temps; il ne pouvait donc subvenir aux besoins de sa femme devenue concubine, ni procéder à la « réhabilitation » de l'enfant né de son mariage, devenu un bâtard privé de tous droits [1].

Face à l'intérêt de la société ainsi entendu et défendu par le pouvoir civil, le relatif libéralisme de l'Église s'expliquait au contraire par des considérations morales : mieux valait sacrement que concubinage; c'est l'institution qu'elle préservait en tolérant les mariages par consentement mutuel, c'est-à-dire les mariages d'amour. Car l'amour conjugal pouvait aider à la réussite du couple; au reste n'était-il pas une variété de l'amour du prochain, comme l'écrivait saint François de Sales avec peut-être un peu trop d'optimisme, cet optimisme qui le caractérisait, lui et ce qu'on a appelé l'humanisme dévot?

On a souligné, çà et là, que l'Église, en protégeant la liberté de choix des mineurs, n'oubliait pas son propre intérêt, c'est-à-dire les vocations religieuses et le recrutement des prêtres, auxquels nuisaient les mariages précoces imposés par les parents. Sans doute. N'empêche que Richelieu lui-même, qui n'a jamais passé pour un champion des libertés individuelles, a critiqué les mariages imposés par les parents sans égard aux sentiments de leurs enfants; n'empêche que Bourdaloue, à la fin du siècle, tonnait encore contre « ces criminels attachements sans mariage, nés des mariages contractés sans attachement ».

De quels moyens légaux disposaient les jeunes filles tyrannisées pour échapper à ces mariages forcés? Contre des parents ou des tuteurs abusifs, elles pouvaient invoquer *l'oppression* qu'ils avaient exercée sur elles pour les contraindre à donner leur parole (ou à entrer au couvent) et, si le fait était corroboré par d'autres membres de leur famille, il arrivait que les tribunaux prissent leur parti. La mauvaise foi ou l'indignité des parents était également prise en compte :

1. Il est juste de dire que, pour parer à des situations aussi tragiques, l'usage s'établit parmi les parlements de faire accorder aux annulées chargées d'enfants une pension alimentaire.

en 1606, le parlement de Paris rejeta l'opposition d'un père au mariage de sa fille, étant avéré que ledit père était un dissipateur qui n'avait trouvé ce biais que pour ne pas rendre de comptes de tutelle. D'autres considérations, plus inattendues, pouvaient jouer : ainsi, en 1667, le même parlement de Paris refusa d'annuler le mariage du fils d'un marchand de vin, le sieur André Meuble qui, étant encore mineur, avait épousé, au cours d'un voyage à la Martinique, une certaine Deschamps. Pourquoi ce refus? Parce que, disait l'arrêt, il importe d'assurer le peuplement des colonies.

On pourrait dire, et ce dernier exemple y incite, qu'après tout les jeunes hommes aussi souffraient de la tyrannie parentale. Certes, mais à une grande différence près : ils pouvaient connaître l'amour avant le mariage (et après) sans risquer le déshonneur; l'opinion leur était indulgente, et souvent même la justice. Il ne s'agissait pour eux que de bien choisir leurs partenaires. Car, en principe, la peine de mort était appliquée aux suborneurs qui avaient abusé d'une jeune fille sous promesse de mariage. Mais il était bien rare que le coupable ne s'en tirât pas avec des dommages et intérêts, ou plus simplement en prenant la fuite! Quand Sganarelle dit de son maître don Juan qu'il est un « épouseur du genre humain », c'est parce qu'il connaît toutes les astuces qu'utilise un « grand seigneur méchant homme » pour abuser sans risque des innocentes. On épouse, ou on promet d'épouser pour séduire, et on séduit ailleurs par la même opération en profitant des lacunes et des complexités d'une législation rien moins qu'unifiée [1].

1. S'il est vrai que le XVIIe siècle a précisé et fixé les formes du mariage, il faut bien comprendre que la pratique mit du temps à se conformer à la doctrine et d'autant plus que les décisions du concile de Trente ne furent que très lentement admises par une France gallicane. En 1708, l'évêque d'Angers en est encore à prendre une ordonnance pour rendre uniformes dans son diocèse les formules des actes de baptême, de mariage et de sépulture.

Henri de Guise, le fils du Balafré, à qui Molière a peut-être pensé en écrivant son *Dom Juan,* épouse en premières noces sa cousine Anne de Gonzague, puis, six ans plus tard, aux Pays-Bas où il est allé offrir ses services à l'ennemi espagnol, une certaine Mme de Bossut, en invoquant le fait qu'il n'a pas demandé, ni donc obtenu, de dispense de parenté lors du premier mariage. L'archevêque de Malines, trop heureux sans doute de jouer un tour à la France, confirme le mariage avec Mme de Bossut, qu'il a lui-même célébré. Ce qui n'empêche pas notre Guise d'abandonner sa seconde épouse comme il a abandonné la première et, malgré ses larmes, ses menaces d'assassinat et de suicide, de partir pour Rome afin d'y obtenir une annulation. Il voulait se remarier, une troisième fois, avec une jeune beauté qui avait pris son cœur... et qu'il oublia en cours de route. Heureusement pour le pape, qui soupirait que les mariages d'Henri de Guise lui donnaient plus de tracas que toutes les affaires de la chrétienté. Mais le plus beau est ailleurs : notre héros était archevêque de Reims au moment de son premier mariage!

La bigamie n'était pas exceptionnelle parmi ceux qui, comme les grands seigneurs, avaient la possibilité ou l'occasion de se déplacer : les militaires, les domestiques, les errants... Comment un curé de village aurait-il pu se procurer la preuve d'un mariage antérieur contracté à l'étranger ou simplement dans une autre province du royaume? Et quand bien même il se fût agi d'une paroisse proche, restait aux séducteurs la possibilité de détruire la preuve en allant arracher du registre paroissial le feuillet les concernant. Cet exploit qui nous paraît inconcevable aujourd'hui n'était pas rare. Molé de Champlâtreux, quoique fils de juriste et lui-même intendant de justice, s'en rendit coupable, voulant tenir secret son mariage avec une demoiselle Garnier à laquelle il avait pourtant donné quatre enfants. Mais il commit l'erreur de ne pas détruire le document qu'il avait ainsi volé. L'épouse le subtilisa; comme elle le portait toujours sur elle, caché dans ses vêtements, Molé de Champlâtreux, pour le récupérer, ne trouva d'autre solution que de la faire attaquer dans la rue par quatre malandrins stipendiés!

Néanmoins, les jeunes filles, de même qu'elles n'étaient pas tout à fait sans défense devant leurs parents, disposaient de quelques moyens de pression sur les séducteurs ou même sur les fiancés volages, à condition, bien sûr, qu'elles fussent soutenues par leurs familles. Une promesse de mariage est une chose sérieuse, et quand elle a été suivie, comme on dit, de « copule charnelle », le coupable a quelque mal à échapper à sa responsabilité. En 1598, une jeune personne de Morvillers, en Lorraine, accusa un jeune homme d'un bourg voisin de l'avoir connue charnellement sous promesse de mariage. L'autre fit valoir que la plaignante n'était restée au lit, auprès de lui, que « l'espace de trois heures ». Ces trois heures parurent suffisantes à la justice pour obliger le séducteur soit à épouser la jeune fille, soit à la doter, la dot, en ce cas, représentant le *pretium virginitatis,* une fille déflorée ayant moins de valeur marchande qu'une vierge.

Faut-il croire que la société du XVIIe siècle n'était mue que par l'intérêt? Non, mais le mariage, à ses yeux, était un *établissement* et elle n'éprouvait aucun scrupule à l'avouer, tant la chose lui paraissait naturelle et nécessaire. Saint-Simon raconte en toute ingénuité les tentatives qu'il fit de lui-même auprès du duc de Beauvilliers pour obtenir une de ses filles, n'importe laquelle (d'ailleurs il n'en connaissait aucune), son seul désir étant de s'allier à une famille aussi honorable et aussi bien en cour. « C'est vous qui m'avez charmé, dit-il au duc, et que je veux épouser avec Mme de Beauvilliers. » L'alliance ne put se faire, mais le duc, touché du procédé de Saint-Simon, lui voua une éternelle amitié. Plus surprenant encore, l'auteur d'un recueil d'*Entretiens spirituels* ne craint pas d'écrire que, dans le mariage comme dans tout contrat, on doit autant réfléchir au choix du partenaire que s'il s'agissait de « l'achat d'un cheval, d'une maison ou d'un fonds »!

Quelques médecins, soucieux d'eugénisme, attiraient l'attention des parents sur les dangers des mariages d'intérêt mal assortis; encore n'osaient-ils le faire qu'en invoquant précisément l'intérêt. Ainsi Charles de Saint-Germain, qui, dissertant en 1650 sur la procréation, reprend, pour s'en indigner, l'argument des *Entretiens spirituels :* comment des hommes « doués de raison » peuvent-ils négliger pour le mariage de leurs enfants les précautions qu'ils observent pour l'accouplement de leurs chevaux, chiens et oiseaux (de chasse)? Mais aussitôt il ajoute qu'en donnant sa fille à un vieillard ou à un « malsain » on ne commet pas seulement un « grand manquement », mais un mauvais calcul, et ce à quelque classe de la société qu'on appartienne. Les pauvres, en effet, n'ont d'autre richesse que leur « industrie, force et adresse », c'est-à-dire leur santé. Quant aux familles aisées, le mari vieillard ou malade sera « incapable d'augmenter et d'accroître le bien commun »; de plus il coûtera fort cher à soigner. S'il meurt prématurément, après avoir procréé, il laissera à sa femme la charge des enfants. Si, au contraire, c'est la femme qui meurt avant d'avoir pu engendrer, le mari devra rembourser à sa belle-famille les deniers dotaux, « lesquels il a souventes fois tout ou en partie dépensés » en comptant sur la longévité de son épouse.

N'est-il pas significatif que, dans le vocabulaire de l'époque, le mot *mariage* en soit arrivé à se réduire au sens de dot et avantages nuptiaux de l'épouse? A propos de l'union de Mlle de Châtillon avec un Écossais, Tallemant écrit : « En Écosse, les maris ne rendent point le mariage de leurs femmes, si elles viennent à mourir sans enfants. »

Après tout cela, on s'étonne moins du mot de Louis Racine, qui, pour montrer à la postérité que son père avait fait un mariage digne de ce nom, écrit :

« L'amour ni l'intérêt n'eurent aucune part à son choix. Il ne consulta que la raison pour une affaire si sérieuse. »

Ce qui était sérieux pour un Racine convolant à trente-sept ans, c'était de faire son salut au sein d'une famille chrétienne en se repentant des passions et des vanités de sa jeunesse. Catherine de Romanet, la jeune bourgeoise que choisit le poète, ignorait ce qu'étaient les rimes masculines et féminines. Après la mort de son mari, touchée d'on ne sait quelle curiosité posthume, elle le demanda un jour à son fils Louis. Celui-ci ne sut que répondre : « Vous avez vécu avec un meilleur maître que moi. »

Ce qui était sérieux pour d'autres, les plus humbles, c'était d'être deux pour affronter les rigueurs d'une époque si rigoureuse qu'elle laissait désarmés un, et surtout une célibataire. Au XVIIe siècle on tient tout de soi : pas d'assistance sociale, et toutes les charges, civiles et militaires, sont vénales. Le droit d'aînesse jouait aussi son rôle : les cadets de famille, s'ils ne se sentaient pas de vocation pour l'Église ou pour les armes, n'avaient guère d'autre moyen de s'établir que le mariage. Quant aux aînés, s'ils héritaient la fortune, grande ou petite, de leurs parents, ils devaient payer à chacun de leurs frères et sœurs des droits de *légitime*. Pour acquitter ces dettes de famille, mieux valait épouser une fille fortunée qu'emprunter ou qu'aliéner partie de son patrimoine.

Pour ceux qui avaient déjà un pied sur l'échelle de la réussite, ce qui était sérieux, c'était de ne pas redescendre les degrés de cette ascension sociale que leurs ancêtres avaient eu tant de mal à gravir. Comment parvenir, à une époque où les « grandes écoles » ne sont pas inventées? Le seul appui, c'était celui du puissant protecteur dont on se faisait la créature, et la seule solidarité, celle du lignage. Cousiner, même de très loin, avec un homme en place, c'était obtenir son patronage. Du haut en bas de la société, à une époque où les relations d'homme à homme, issues de la féodalité, conservaient tant de force, les *fidélités* (horizontales ou verticales) jouaient un rôle essentiel. Une mésalliance rompait ces chaînes d'assistance mutuelle; un « bon mariage », au contraire, les renforçait et les multipliait.

Signe visible de ces réussites matrimoniales : la solennité qui présidait à la signature du contrat. Rarement moins d'une dizaine de témoins, et choisis parmi les plus hautes relations que les parents pouvaient avoir. Au contrat de sa fille Louise, qui épousait un notaire au Châtelet, le musicien Mathieu Lallemant, de la Musique du Roi dans les années 1650, fit signer *quatre-vingts* témoins, parmi lesquels des présidents au Parlement, à la Cour des Aides, à la Chambre des Comptes... Non moins significatif que les artistes, dans ce genre d'actes, se soient désignés, non par leur qualité de musiciens, ou de peintres, ou de littérateurs, mais par les titres ou charges qu'ils avaient pu acquérir. Corneille, l'illustre Corneille qui ne pouvait entrer dans une salle de spectacle sans que l'assistance se levât pour l'applaudir, signa « sieur d'Houville » au mariage de sa fille!

C'est dans le même esprit que les parents attachaient tant d'importance au choix des parrains et marraines de leurs enfants (car le parrainage, à l'époque, créait un lien de parenté) et les recherchaient généralement dans des milieux supérieurs au leur, où ils trouvaient ainsi le moyen de pénétrer, ce que la différence de statut social ne leur eût pas permis par le biais du mariage.

Régie par l'esprit de classe, la société française du XVIIe siècle ne l'est pas par l'esprit de lucre; dans ses stratégies matrimoniales, l'argent n'est qu'un moyen, mais il est vrai que pour une classe intermédiaire, telle la bourgeoisie, l'argent peut devenir le principal facteur de promotion sociale. Furetière l'a montré dans son *Roman bourgeois*, en s'amusant à dresser un « tarif des partis sortables », c'est-à-dire des partis auxquels les filles pouvaient prétendre selon le chiffre de leur dot.

De deux mille à six mille livres, c'est le « marchand du Palais [...] petit commis, sergent ou solliciteur de procès »; de six à douze mille livres, c'est le « marchand de soie, drapier [...], procureur du Châtelet, maître d'hôtel et secrétaire de grand seigneur »; de trente à quarante-cinq mille livres, c'est « l'auditeur des Comptes, trésorier de France ou payeur des Rentes »; enfin de cent à deux cent mille écus, c'est le « président au mortier, vrai marquis, surintendant, duc et pair [1] ».

Ce tarif, dit Furetière, n'a pu être poussé plus loin, « parce que les filles qui ont au-delà de deux cents mil écus sont d'ordinaire des filles de financiers, ou de gens d'affaires qui sont venus de la lie du peuple, et de condition servile. Or elles ne sont pas vendues à l'enchère, comme les autres, mais délivrées au rabais; [...] et elles seront encore trop heureuses de trouver un homme de naissance et de condition qui en veuille ».

Belle indignation, qui prouve bien que le veau d'or n'était pas inconditionnellement adoré, mais qu'il faut tempérer par une réflexion, plus tardive, il est vrai, de La Bruyère : « Si le financier manque son coup, les courtisans disent de lui : " C'est un bourgeois, un homme de rien, un malotru. " S'il réussit, ils lui demandent sa fille. » C'est ainsi que la noblesse héréditaire, tout en protestant sans arrêt contre les prétentions et les empiétements des bourgeois, introduisait elle-même l'ennemi dans la place, afin de pouvoir tenir son rang, maintenir ses domaines et aller se faire tuer, en superbe équipage, sur les champs de bataille. On cite toujours l'exemple de Colbert, fils de marchand, qui de ses trois filles fit trois duchesses. Mais Colbert était déjà ministre. Beaucoup plus éclatante, la réussite matrimoniale des filles de François Catelan, un traitant qui était en effet « de condition servile » : elles épousèrent, l'une, le marquis de Jonzac, l'autre, le comte d'Estaing, la dernière, Louis de Maupeou, gouverneur d'Ath.

1. L'écu valait trois livres.

A l'inverse, les filles pauvres d'un certain rang étaient à peu près immariables. Le « Sans dot » de *L'Avare* est moins comique qu'on le pense. Orpheline sans fortune, Françoise d'Aubigné, malgré sa beauté et son intelligence, dut se contenter de l'affreux Scarron. L'existence, il est vrai, devait lui apporter une revanche inattendue. Mais ces choses-là n'arrivent qu'une fois par siècle. C'est d'ailleurs le souvenir de ses pénibles débuts qui incita Mme Scarron, une fois devenue Mme de Maintenon, à donner aux filles nobles et pauvres de Saint-Cyr une petite dot pour leur permettre de trouver mari. Bien avant Mme de Maintenon, des âmes charitables s'étaient préoccupées de cette question, léguant par testament à quelque fondation pieuse de quoi constituer chaque année une dot à une ou deux filles pauvres de leur paroisse. Les laissées pour compte s'entraidaient comme elles pouvaient, ainsi ces quatre sœurs : « Marie, une autre Marie, Catherine et Anne Moreau, demeurant ensemble à Paris, pourtour et paroisse Saint-Gervais », qui, en 1666, se font des donations mutuelles de leurs si modestes biens [1].

Le remariage des veuves (et à cause du taux de mortalité les femmes du XVIIe siècle encouraient beaucoup plus et beaucoup plus tôt que celles d'aujourd'hui le risque du veuvage) dépendait aussi, et presque uniquement, de leurs ressources financières. On peut dire que rien ne reflète plus cruellement l'injustice de la condition féminine dans la société du XVIIe siècle que la sort des veuves. Sans doute, sur le plan mondain, la position d'une veuve peut paraître enviable en ceci qu'elle jouit d'une liberté inconnue à la jeune fille, et même à la vieille fille, *mais à condition* qu'elle soit riche. Si elle est sans fortune et chargée d'enfants, c'est

1. Arch. nat., Y 209, fol. 104. Très frappant et mélancolique, dans les archives, le nombre de vieilles filles qui, « demeurant ensemble » pour partager le feu et le pain, essayent encore de s'entraider par-delà la mort au moyen de telles donations.

la misère qui la guette, comme en font foi les listes d'assistés des paroisses et des pensionnaires des hospices. Étudiant les conditions du logement dans les quartiers populaires de Lille, Alain Lottin, dans sa *Vie et mentalité d'un Lillois,* a fait une constatation qui en dit long : les locataires des caves étaient le plus souvent des veuves (ou des femmes abandonnées) avec leurs enfants.

Mais comment les veuves auraient-elles eu de quoi se loger (et se nourrir et se chauffer)? Le travail qu'elles avaient accompli aux côtés de leurs maris pendant la durée de leur vie conjugale n'était pas pris en compte et ne leur ouvrait aucun droit, sauf dispositions spéciales prévues au contrat de mariage (et, soyons juste, c'était assez souvent le cas). Elles ne pouvaient prétendre qu'à la restitution de leur dot, quand elles avaient reçu une dot et quand celle-ci n'avait pas été mangée (en ce cas procès infinis qui engloutissaient les dernières disponibilités). Des biens fonciers qui assuraient souvent le logement et la subsistance du ménage (cas des ruraux) la veuve était évincée dans la plupart des provinces. Encore une fois il ne s'agit pas ici d'un traité de droit privé et nous n'avons pas à entrer dans le détail; ce qui nous intéresse, c'est l'esprit des lois, et il était résolument discriminatoire. Même dans les pays de droit écrit (Midi), où la restitution de la dot s'accompagnait généralement d'un *augment* pour services rendus, cet augment était calculé au taux le plus bas du salaire domestique. Exemple : si une paysanne fortunée a apporté 1 000 livres de dot, elle recevra un augment de 500 livres, ce qui équivaut à peine à treize années de gages d'une servante à 40 livres l'an. Quand on songe à la somme de labeur que fournissait une paysanne, aux champs comme au foyer!... Mais ce n'est pas tout : la veuve perdait le bénéfice de cette disposition si elle « malversait » pendant l'année de son deuil ou si elle témoignait d'une « ardeur précipitée » à se remarier. Ne parlons pas de l'épouse qui désertait le foyer conjugal : elle était déchue de tous droits, y compris de ses droits successoraux.

Cette pauvreté des veuves est une réalité dans tous les milieux, puisque les nobles ne savent et ne peuvent travailler. Combien, notamment, à cette époque de guerres presque ininterrompues, de veuves d'officiers supérieurs et même généraux, qui n'ont plus que l'espoir d'un hypothétique et temporaire secours royal? Ce n'est pas sans raisons que le XVIIe siècle a inventé une dénomination, celle de « pauvres honteux », pour ces pauvres et ces pauvresses qui n'avaient pas le droit de le paraître et n'acceptaient qu'anonymement les aumônes qu'on leur donnait – parfois.

Les veuves sans fortune qui réussissaient à se remarier ne trouvaient pas de bons partis et se voyaient réduites à des hommes d'un milieu inférieur au leur (ce qui explique peut-être la fréquence des procès en séparation qu'elles intentaient). Une exception : les veuves de « maîtres » (en telle ou telle profession), qui n'avaient guère de peine à se faire épouser par leurs commis, car ceux-ci acquéraient ainsi la maîtrise, qui leur eût autrement coûté trois années de présence dans l'entreprise, sans parler des trois à quatre années d'apprentissage. A ces mariages les deux parties trouvaient donc leur compte, puisque la veuve, quant à elle, se voyait pourvue, sans avoir eu à le chercher, d'un jeune époux en pleine vigueur qui pouvait la satisfaire tant au déduit qu'à la boutique. Qu'il restât fidèle, c'était une autre affaire...

Autre exception, celle-là géographique. Dans les grands ports de mer, les veuves n'avaient point trop de mal à trouver mari : la population s'y renouvelait et s'y brassait plus qu'ailleurs, et les hommes, qui embarquaient périodiquement pour de longs séjours en mer, ne pouvaient se passer d'une épouse qui, en leur absence, s'occupât de leurs affaires et de leur ménage. Et aussi de leurs enfants, s'ils avaient déjà été mariés. Cette nécessité-là jouait partout, puisque tant de femmes mouraient en couches, et elle explique pourquoi les veufs, à l'inverse des veuves, se remariaient si vite, sans même respecter un décent intervalle de deuil : quelquefois tout juste trois semaines!

Il faut savoir que les remariages avaient été à l'origine condamnés par l'Église. Ils ne l'étaient plus, se célébraient néanmoins discrètement, sans les réjouissances habituelles (repas de noces où le village était convié). Est-ce pour cette seule raison que les groupements de jeunes gens dont nous avons parlé plus haut s'en prenaient aux couples de remariés et si vivement? Ils leur faisaient subir des *charivaris,* aubades burlesques à base de casseroles, de chaudrons, de tambourins, de sifflets, de huées, qui se déroulaient sous la fenêtre du couple pendant la nuit de noces; ils faisaient parfois irruption dans la chambre conjugale, ne repartant que lorsqu'on leur avait accordé un don en espèces ou en nature (boisson le plus souvent) et, en cas de refus, saccageant la maison avant de s'en aller. L'affaire pouvait se terminer plus mal encore : époux tirés de leur lit et amenés de force jusqu'au b... local. La brimade dans ce cas était d'ordre sexuel : il fallait que le veuf, homme d'un certain âge, fît la preuve de sa capacité virile dont, sans doute, ces jeunes gens ne le créditaient plus. Mais on se moquait bien davantage de la veuve âgée qui épousait un homme jeune : dans ce cas, le charivari pouvait durer huit jours! Il reste vrai que des considérations d'ordre moral sous-tendaient aussi ces brimades : si, dans le cortège du charivari figuraient parfois les effigies des premiers époux défunts, c'était pour faire honte aux remariés de leur infidélité posthume et manifester la crainte, souvent fondée (voir Cendrillon et sa méchante marâtre) qu'ils ne maltraitassent leurs enfants du premier lit pour le plus grand avantage des enfants à naître.

A remarquer tout de même que cette sorte de juridiction populaire et carnavalesque exercée par les groupements de jeunes gens trahissait une conception du mariage et de la société fortement teintée de « phallocratisme ». Si l'on ridiculisait la veuve âgée qui épousait un jeune homme, si, comme cela arrivait aussi, on faisait subir un charivari aux couples qui n'avaient pas procréé au bout d'un an, si l'on faisait « courir l'âne » aux maris trompés ou battus, les promenant ainsi tout nus et tête à queue sur leur monture à travers le village, c'est parce qu'un homme mérite toujours mieux qu'une vieille femme, c'est parce qu'il doit faire la preuve de sa virilité en engrossant au plus tôt son épouse, c'est parce qu'il ne doit être ni battu ni cocu. En vain l'Église condamnait ces usages comme attentatoires à la dignité du mariage : ils persistèrent jusqu'au XIXe siècle.

Le fiancé, une fois agréé, était autorisé à faire sa cour; il pouvait rendre visite à sa future, assister en partie à sa toilette, lui tenir son miroir, lui donner des aubades sous ses fenêtres; la jeune fille pouvait sortir à son bras, mais il n'était pas d'usage qu'elle pénétrât dans sa chambre, même s'il était malade (le tabou a persisté longtemps : dans mon enfance, on disait encore que des fiancés ne pouvaient décemment coucher sous un même toit, même en tout bien tout honneur!).

Ces usages étaient naturellement sujets à des variantes selon le degré de conformisme des milieux et des familles. Si, chez les bourgeois, les jeunes gens n'étaient autorisés à voir leurs fiancées qu'en présence de leurs futures belles-mères qui feignaient de s'absorber en quelque ouvrage de couture, chez les paysans les fiançailles n'étaient souvent que l'occasion de se mettre en ménage sans attendre. Aussi les évêques, dans leurs statuts synodaux, déconseillaient-ils les longues fiançailles.

Au soir des noces, la famille et les proches accompagnaient les nouveaux mariés dans leur chambre. Le lit conjugal avait généralement été apporté en dot par la jeune femme, qui en avait fait elle-même la garniture. Son importance se manifestait par la façon dont il était à la fois isolé par des rideaux et abordable aux visiteurs, et surtout par la bénédiction, qui marquait la sainteté du mariage.

Mais la France du XVIIe siècle mêlait sans gêne aux rites chrétiens des gauloiseries fort païennes. Une fois le lit béni et le curé parti, la famille et les amis « faisaient la guerre » au jeune couple en l'abreuvant de grasses plaisanteries, et ce n'est souvent qu'après avoir obtenu la jarretière de la mariée et vu les époux couchés dans leur lit qu'ils fermaient sur eux les rideaux de l'alcôve et les laissaient enfin seuls. Il en allait ainsi dans toutes les classes de la société. Louis XIII lui-même, homme chaste et pudique, alla en 1617 « faire la guerre » à sa demi-sœur Catherine-Henriette de Vendôme, quand elle fut couchée au Louvre auprès de son jeune époux, le duc d'Elbeuf. Et le spectacle, ce soir-là, fut particulièrement corsé, car on ne ferma pas les rideaux du lit et le roi put voir son beau-frère consommer non pas une, mais trois fois le mariage! Apparemment la présence du public n'avait pas gêné le marié, pas plus que la mariée, digne fille (adultérine) du Vert-Galant. Pour tout dire, il s'agissait d'un petit complot : Louis XIII, en ce début de son propre mariage, n'osait approcher sa femme, et l'on avait pensé que cette « leçon de choses » pourrait lui être utile. Scène qui reste tout de même significative d'une époque : pourrait-elle se reproduire aujourd'hui, surtout dans une résidence royale?

C'est encore sur son lit qu'au lendemain des noces, la mariée recevait en grande tenue. Cette publicité, qui nous paraît si surprenante, s'étendait à tous les événements de la vie conjugale : comme les princesses, les bourgeoises accouchaient en public, et la toilette de l'accouchée était faite devant les proches. Les visites à l'accouchée atteignaient une ampleur inconnue aujourd'hui. C'était auprès du lit de la jeune mère un défilé continu et très gai : on vidait le garde-manger et parfois même force pichets, comme en témoignent *Les Caquets de l'accouchée.* Les maris s'en plaignaient, mais en vain : les jeunes femmes n'allaient pas renoncer à un de ces « intervalles de liberté » dont parle Guez de Balzac.

A la fin du siècle, Mme de Sévigné constate que la toilette publique de l'accouchée n'est plus pratiquée que chez les paysans. La pudeur avait progressé avec le temps et les mœurs des classes supérieures s'étaient fortement différenciées de celles du reste de la population. Les Grands faisaient lit et chambre à part, habitant souvent des étages différents de leur demeure. Saint-Simon cite comme une exception les époux Ponchartrain qui toute leur vie gardèrent chambre commune.

Mais pour la grande masse des femmes, campagnardes, bourgeoises et nobles de province, la réalité du mariage, c'était la cohabitation de chaque instant, non seulement avec le mari, mais avec une belle-famille souvent plus autoritaire et soupçonneuse que celle qu'on venait de quitter. Le voyage de noces étant inconnu, c'est sans transition qu'on se trouvait plongée dans cette nouvelle vie. Certains contrats de mariage, d'ailleurs, prévoyaient le cas où le jeune ménage devrait quitter la maison familiale (les mots *incompatibilité d'humeur* ne sont pas prononcés, mais c'est bien de cela qu'il s'agit) et mentionnaient avec précision les ressources que le *pater familias* devrait alors lui fournir ou lui restituer. Et n'oublions pas les conditions matérielles du logement qui, même dans le cas d'un ménage indépendant, faisaient obstacle à l'intimité conjugale : dans les villes encore fortifiées du XVIIe siècle, on manque d'espace. Jean Destouches, « cornemuse et musette de la Chapelle royale », qui n'est pas un pauvre, n'a, pour se loger avec sa femme et ses deux enfants, qu'une chambre et un petit cabinet qui sert aussi de cuisine, et il en va de même chez bien des médecins parisiens. Ne parlons pas des maisons paysannes où toute la famille, si nombreuse soit-elle, s'entasse dans une seule pièce et où le lit conjugal accueille trop souvent, en sus des parents, deux ou trois enfants; encore est-il excessif de parler de lit, ces intérieurs-là ne comportant le plus souvent qu'une *couche* posée à même le sol et sans rideaux qui puissent l'isoler. L'étable, heureusement, n'est pas loin, elle est même attenante et peut offrir, avec la chaleur des bestiaux. une litière de paille point trop inconfortable aux dormeurs ou aux amoureux.

Si les demeures des riches n'étaient pas, comme celles des pauvres, exiguës et surpeuplées, elles étaient très incommodément distribuées, toutes les pièces se commandant. C'est le XVIIIe siècle qui inventera le couloir et les petits appartements.

La réalité du mariage, pour les femmes, c'était aussi l'accomplissement quotidien des tâches de nourrice, d'éducatrice, d'économe et de première servante. (Et mesure-t-on bien ce qu'étaient ces tâches à une époque qui ignorait l'électro-ménager, où l'eau se tirait au puits, le vin au tonneau, où le pain lui-même se faisait à la maison?...) A ne pas oublier non plus, le taux de mortalité qui, en faisant disparaître très tôt les grands-parents, privait les jeunes mères de ce *baby sitting* bénévole auquel ont tant recours les jeunes mères d'aujourd'hui. Certains usages de l'époque, et qui ont persisté longtemps, témoignent de la double subordination, matérielle et morale, qui était le lot de l'épouse. Si, dans le Morvan par exemple, les femmes ne s'asseyaient pas à table avec leurs maris, mais restaient debout pendant les repas, c'était à la fois pour les servir et pour témoigner du respect qu'elles leur devaient.

Même chez les bourgeoises d'un certain niveau, qui ne filaient plus elles-mêmes, le rouet resta tard dans le siècle à la place d'honneur. Et dans les festivités qui accompagnaient les mariages campagnards, la quenouille jouait un rôle important, soit que les amies de l'épousée allassent la déposer au pied de son lit dans sa future demeure, soit qu'elle figurât dans le cortège ou sur la table des noces. Le symbole était clair, et ce n'est pas sans raisons que s'est forgée l'expression « tomber en quenouille ».

Si la femme doit être l'économe du ménage et témoigner dans ces fonctions de cette qualité que, par extension de sens, nous appelons précisément l'économie, c'est le mari qui administre les ressources, y compris la dot, et c'est lui qui autorise et contrôle les dépenses. De Jean Coiffier, maître des requêtes, qui, pour faire figure de galant homme, accorda une grande liberté à sa jeune femme, « lui donnant même à faire la dépense », Tallemant écrit : « Notez que c'était un oison. » L'oison se reprit bien vite et chargea sa propre mère de surveiller en tout et partout son épouse.

Si, dans les ménages aisés, la subordination matérielle de la femme était allégée par la présence d'une servante (ou de plusieurs), elle persistait dans les formes et particulièrement dans le vocabulaire. « Votre très obéissante femme » ou « servante », c'est ainsi qu'on signait les lettres qu'on adressait à son mari. Il arrivait même qu'on lui parlât à la troisième personne. Le voussoiement, plus communément usité, n'était pas toujours réciproque : bien des jeunes femmes qui avaient tutoyé leurs maris avant de les épouser, leur donnaient du *vous* après la cérémonie; façon de reconnaître la dépendance dans laquelle elles étaient tombées.

Ce formalisme n'empêchait pas,bien sûr, les époux d'user avec leurs moitiés de termes d'affection, tels que *m'amour* ou *m'amie.* Nous savons que le président de Thou appelait sa femme *Dominé*, reconnaissant ainsi la place qu'elle occupait au foyer. Mais cela sentait son bourgeois et les gens élégants évitaient ces appellations en public.

Pour réagir contre les familiarités du temps d'Henri IV, les moralistes et puristes des années 1620-1630 étaient allés jusqu'à déconseiller aux époux l'emploi des diminutifs et des termes d'affection. Mlle de Gournay s'en indignait avec une véhémence assez touchante chez une vieille fille : « Quoi donc! le mari d'une belle jeune femme, à qui l'amour éveille les plus ardentes et les plus tendres pensées pour elle, ne l'oserait appeler *son cœur*, *son âme*, et *menon* et *menonette*? » A qui fera-t-on croire que la décence consiste « au rebut des tendresses »?

Malgré Mlle de Gournay, ce genre de décence gagna du terrain au cours du siècle. Le passage du *vous* au *tu*, entre époux comme d'ailleurs entre parents, ne se fit plus que dans l'emportement ou dans la tendresse. Antoine Brun, diplomate franc-comtois, écrivant à sa femme en 1641, lui donne du *vous* jusqu'en fin de lettre, et là : « Adieu, chère Madelon, montre-*toi* aussi vaillante à mettre au monde *ton* enfant que Thérèse à enfanter ses dents. » De ces ruptures de ton, où transparaît la fougue d'une société qui nous paraît parfois figée par l'étiquette, la tragédie classique a tiré d'admirables effets.

Molière, dont l'œuvre est une source si précieuse pour l'histoire des mœurs, nous donne d'amusantes précisions sur le vocabulaire conjugal en usage dans les différentes classes de la société. Un gentilhomme ne dit jamais *ma femme* pour désigner son épouse; de même, il ne doit pas dire ma *belle-mère* : cela fait bourgeois, comme l'explique Mme de Sotenville à George Dandin. En revanche, celui-ci ne saurait s'offusquer d'être appelé *mon gendre* par ses beaux-parents, puisqu'il est roturier. Dandin, croyant bien faire, donne alors du *Monsieur de Sotenville* à son beau-père. Autre erreur : à ceux qui sont au-dessus de nous, il faut dire *monsieur tout court*, même s'ils nous sont apparentés. « Ah! George Dandin, où t'es-tu fourré? s'exclame alors l'intéressé. J'aurais bien mieux fait, tout riche que je suis, de m'allier en bonne et franche paysannerie que de prendre une femme qui se tient au-dessus de moi, s'offense de porter mon nom et pense qu'avec tout mon bien je n'ai pas acheté la qualité de son mari. »

La femme de Dandin, comme la Dorimène que prétend épouser Sganarelle dans *Le Mariage forcé*, ne cherchent dans l'état conjugal qu'une raison sociale à l'abri de laquelle elles puissent agir à leur guise. Un époux est parfois moins gênant qu'un père.

Qu'il arrivât fréquemment, dans toutes les classes de la société, que la femme exerçât la suprématie dans le ménage, c'est évident. Mais son devoir était de n'en rien laisser paraître : une épouse qui se respecte n'affiche jamais des allures d'indépendance et de supériorité. Le P. Jean Adam écrit à l'adresse de ses pénitentes : « Ne soyez pas de ces prétendues savantes dont les discours étaient insupportables à saint Paul [...] et, quand la nature vous aurait rendues capables d'instruire vos maris, elle ne vous donne pas la liberté d'usurper une autorité sur eux. » Tel père écrit à sa fille : « Rendez-vous aux occasions facile et adroite à lui faire croire *(à votre mari)* que ses raisons, quoique vous les sachiez fausses, vous satisfont et que personne ne vous peut mettre autre pensée dans l'esprit que ce qu'il vous dit. »

Éternelle stratégie conjugale!

Si les époux d'aujourd'hui ont gardé le goût du despotisme, ils ne peuvent plus s'y livrer sans dommages. Au XVIIe siècle, la femme mariée, étant assimilée par la loi à l'enfant mineur, peut, comme celui-ci, être corrigée. Les brutalités ne justifient pas l'abandon du domicile conjugal. L'abus d'autorité maritale ne commence qu'à la blessure; encore faut-il que le tribunal en apprécie la gravité pour statuer. La Bourgogne était la seule province de France où le droit de correction fût refusé au mari.

Les procès en séparation sont un vrai répertoire de ces brutalités maritales (souvent liées à l'alcoolisme). On traînait sa femme par les cheveux, on la frappait à coups de poing, à coups de pied, de bâton, de corde à nœuds, de bûche, de pelle. Telle malheureuse avait accouché jusqu'à cinq fois avant terme « de douleur et de frayeur » (et il s'agissait d'un ménage noble!). Aux sévices s'ajoutaient les menaces de mort et les insultes : *diablesse, foutue, enragée, vieille sorcière, ribaude, chienne, bougressse, carogne...*

Les juridictions laïques aussi bien qu'ecclésiastiques admettaient que les insultes et sévices étaient plus répréhensibles, donc plus lourds de conséquences pour le mari, quand ils s'exerçaient sur des femmes de qualité. Un coup de poing, voire un soufflet, peut être une cause de séparation entre personnes de condition, mais pas entre gens du peuple, chez qui, sans doute, on estime que telles gentillesses sont habituelles.

Légalement battues, les femmes pouvaient impunément être assassinées. Un mari qui, surprenant son épouse en flagrant délit d'adultère, la tuait ainsi que son complice, n'était passible d'aucune peine; cet acte de vengeance restait impuni, même s'il ne s'exerçait pas ainsi « à la chaude ». Henri IV ayant fait honte au comte de Cheverny des débordements de son épouse, le comte, nouvel Othello, la fit étrangler dans son lit bien qu'elle fût enceinte de six mois. (On admirera au passage l'intransigeance du Vert-Galant.) Quant au comte de Vertus, « un fort bon homme qui ne manquait point d'esprit » (Tallemant), il fit assassiner l'amant de sa femme sous les yeux de celle-ci. Aucun de ces meurtriers ne fut poursuivi.

D'autres maris se bornaient, si l'on peut dire, à séquestrer leurs épouses. Non content d'avoir fait incarcérer son infidèle moitié dans un couvent, le robin auvergnat François de Villemontée la relégua ensuite dans une de ses terres et s'autorisa par-dessus le marché à enfermer, *motu proprio*, l'entremetteuse qu'il soupçonnait d'avoir favorisé les entrevues de la susdite avec son amant.

Cas extrêmes? Pas autant qu'on pourrait le croire. La réclusion de la femme adultère, non pas dans un château, mais dans une institution religieuse ou même dans une maison de force, est une peine légale et fréquemment prononcée. Les tribunaux peuvent aussi condamner l'épouse infidèle au carcan et au pilori, au bannissement à temps ou à perpétuité. Toutes ces peines s'accompagent d'une perte de la dot au profit de l'époux. Le crime d'adultère s'aggrave d'un abus de confiance quand il est commis avec un subalterne au service du mari; dans ce cas, il entraîne la peine capitale pour les deux coupables.

Les maris pouvaient faire enfermer leurs femmes sans passer par les tribunaux; il leur suffisait d'obtenir une lettre de cachet en adressant au roi un placet du genre de celui-ci : « Jean de Proust Du Plan, l'un des gardes de votre porte, supplie très humblement Votre Majesté de lui vouloir bien accorder une lettre de votre petit cachet pour faire renfermer damoiselle Marie Dupont, son épouse, dans un des lieux où l'on enferme les libertines et les débauchées. »

Ces requêtes ne recevaient pas toujours une réponse favorable. Si l'on mettait rarement en doute les motifs d'un père qui voulait faire enfermer son enfant, on se défiait avec raison de ceux qu'avançait un mari pour se débarrasser de son épouse. Ajoutons que les frais assez élevés réclamés au plaignant pour le transfert et la pension de sa femme dans l'établissement choisi le faisaient parfois renoncer à son projet.

Les lettres de cachet étant révocables à tout instant, l'époux, quand il jugeait que la pénitence avait assez duré, pouvait reprendre son épouse; mais il arrivait que celle-ci demandât à rester enfermée, préférant l'enfer de la maison de force à l'enfer conjugal!

Quant aux époux adultères, ils ne risquaient que des dommages matériels (perte de la dot et des avantages nuptiaux). « L'adultère se punit en la personne de la femme et non en celle du mari », écrit en 1670 encore, le juriste de Colbert, déjà cité. On remarquera que, là aussi, les tribunaux ecclésiastiques étaient moins discriminatoires : quand, par suite de circonstances particulières, ils avaient la compétence exclusive sur ces affaires, ils punissaient l'adultère du mari et l'acceptaient comme motif de séparation.

Il fallait un scandale public et de taille pour que les maris adultères fussent poursuivis au pénal. Mais, même dans ce cas, quelle différence de traitement!... En 1630, Jacques Chevallier, d'Épernon (près de

Dreux), homme marié accusé d'adultère et de concubinage avec sa servante Gillette de la Vigne, à qui il a donné « cinq ou six enfants » et qu'il a obligée à prendre des breuvages abortifs, est condamné (c'est bien le moins pour tant de crimes) au bannissement perpétuel et à une amende de 12 000 livres. Or, après appel, le Parlement réduit le bannissement à un an et l'amende à une *aumône* (c'est moins ignominieux) de 400 livres. Dans l'intervalle, Gillette de la Vigne a été, quant à elle, condamnée à mort et exécutée. Le Parlement, il est vrai, blâmera les juges locaux de n'avoir pas expliqué à « une servante de village, ignorante des formes » qu'elle pouvait, elle aussi, faire appel. Trop tard pour la pauvre Gillette...

Il ne faudrait pas présenter toutes les épouses du XVIIe siècle comme d'innocentes victimes. La mégère est un type permanent; Gui Patin, en 1660, nous parle d'un pauvre mari qui était « fort malade » d'avoir été battu et séquestré dans sa cave par son épouse. Le piquant est que ce mari battu et séquestré n'était autre que le lieutenant criminel. Les *Entretiens spirituels* cités plus haut décrivent l'affligeant spectacle de couples murés dans le silence, qui mangent à la même table et couchent dans le même lit tout en se souhaitant mutuellement la mort. Il y eut des criminelles qui ne se bornèrent pas à souhaiter la mort de leurs époux, mais la leur infligèrent. Le procès de la marquise de Brinvilliers et l'affaire des Poisons révélèrent aux Français les horreurs insoupçonnées qui se tramaient et se commettaient au sein des ménages les plus apparemment insoupçonnables. Mais la plupart de ces empoisonneuses conjugales avaient une excuse que celles d'aujourd'hui n'ont pas : la difficulté, pour ne pas dire l'impossibilité, de se défaire légalement d'un mari détesté. Et la peine capitale que la justice prononçait contre ces meurtrières était exécutoire sans égard pour leur sexe. Angélique Ticquet, femme d'un conseiller au parlement de Paris, pour avoir – peut-être – voulu faire assassiner son mari par son amant, fut décapitée en place de Grève, et le bourreau s'y reprit à trois fois pour trancher son beau col.

L'amant, complice de l'adultère, pouvait aussi être poursuivi en justice. Le roi d'Éthiopie lui-même, Zaga-Christ, qui, au cours d'un voyage en France, avait séduit, par la noirceur de sa peau et les avantages virils dont la rumeur le créditait, une certaine Mme Saulnier, fut, sur plainte du mari, arrêté et traîné devant le lieutenant civil au Châtelet. Mais le procès tourna court, Zaga-Christ ayant fièrement déclaré que les rois ne répondaient qu'à Dieu. Le menu fretin s'en tirait moins aisément. Pierre-Corneille Blessebois, dragon au régiment de Bretesche et auteur à ses heures (on lui doit *Le Rut ou la pudeur éteinte*!) fut condamné en 1678 à payer des dommages et intérêts à un perruquier dont il avait séduit la femme.

On peut dire que ce perruquier retardait sur son temps ou qu'il était bien cupide. Au fur et à mesure que le siècle progresse, les cas d'adultère vont de moins en moins souvent devant les tribunaux; ils sont considérés comme des affaires privées qui ne regardent que les intéressés. Tallemant traite de « fou » le Villemontée qui, dans les années 1630, avait ébruité son infortune conjugale en traînant son épouse infidèle devant les tribunaux. Dans les campagnes les châtiments publics se font plus rares. Si la fustigation reste pratiquée, le carcan et le pilori tombent en désuétude. Dès 1623, la population d'Avansac avait obtenu du parlement de Toulouse, au nom de la morale et de la bienséance, l'abolition de la coutume qui consistait à faire courir les adultères tout nus à travers le village.

L'aristocratie ne songe plus guère à venger dans le sang les outrages domestiques. Ses mœurs sont devenues moins violentes, son point d'honneur moins chatouilleux. De plus, la jalousie lui paraît une faute de goût; en effet, les mariages étant ce qu'ils sont, elle ne peut s'expliquer que par l'instinct de propriété, qui est un instinct bourgeois. Chez les gens de cour, le ton des rapports conjugaux est celui d'un cynisme élégant. La comtesse d'Olonne, voulant se réconcilier avec son mari après une liaison un peu trop éclatante avec le duc de Candale, lui conte par le menu son infidélité et, comme elle pousse la franchise jusqu'à lui détailler « le nombre et les particularités » des jouissances que son défunt amant lui faisait éprouver, M. d'Olonne répond : « Il ne vous aimait guère, madame, puisqu'il faisait si peu de choses pour une si belle femme que vous » (Bussy-Rabutin).

De quels moyens légaux disposaient les femmes du XVIIe siècle pour mettre fin au malheur conjugal?

La séparation de corps ne pouvait être prononcée que pour les motifs que nous avons vus. Le droit canon admettait la séparation, non seulement pour cause de *fornicatio carnalis* (adultère), mais, ce qui nous paraît plus surprenant, de *fornicatio spiritualis*, c'est-à-dire hérésie et sorcellerie. Il est vrai que les femmes étaient plus souvent réputées sorcières que les hommes.

Mais la séparation de corps ne permettait pas de refaire sa vie. Le bon ton exigeait même que les femmes séparées de leurs maris se retirassent dans un couvent, comme les veuves. Il est vrai que, parmi celles-là comme parmi celles-ci, beaucoup ne se faisaient pas scrupule de rester dans le siècle. Il est vrai aussi qu'il y avait des séparations de fait qui n'étaient pas sanctionnées par la loi et échappaient à toute répression. Mme de la Fayette vivait à Paris et son mari en Auvergne, d'une existence si discrète que bien des historiens l'ont cru mort avant son temps. « Il y a telle femme qui anéantit ou enterre son mari, au point qu'il n'en est fait dans le monde aucune mention. Vit-il encore? Ne vit-il plus? On en doute » (La Bruyère).

Pour obtenir la liberté de se remarier, il fallait d'abord obtenir l'annulation de son premier mariage et, quand celui-ci n'était entaché d'aucun des vices de forme ou empêchements dirimants évoqués plus haut (absence du curé ou des témoins, bigamie du mari, rapt de violence, etc.), ne restait que la non-consommation pour cause d'impuissance du conjoint. Sans doute, ce motif pouvait-il être aussi invoqué par le mari; mais enfin il est rare que les femmes aient, comme telle jeune « orfévresse » dont le chirurgien Guillemeau raconte l'histoire, « une membrane » qui bouche si complètement l'orifice de la matrice que les maris ne puissent les pénétrer ni du doigt ni du *pudendum*; au reste, même à l'époque, ces cas étaient curables; il suffisait d'une incision, et le mari, alors, n'était plus fondé à poursuivre son instance en annulation. L'impuissance masculine, au contraire, était beaucoup plus difficile à guérir. Encore fallait-il la prouver. Il arrivait que les juges se contentassent du rapport d'une sage-femme et d'un chirurgien qui, ayant « visité » l'épouse, l'avaient trouvée vierge. Sinon, on en arrivait au procès d'impuissance. Secrets à l'origine, ces procès devinrent publics, quand, au milieu du XVIe siècle, les officialités (tribunaux épiscopaux) adoptèrent une épreuve nommée *congrès*, qui n'était autre chose qu'un accouplement ordonné par arrêt de la cour et pendant lequel le mari devait faire la preuve de ses capacités... ou de son incapacité.

Le congrès avait lieu hors du domicile conjugal, généralement chez un baigneur-étuviste où se transportaient juges, experts, chirurgiens, médecins et matrones en nombre variable. Le couple, une fois couché, pouvait demander aux experts de se retirer, mais il fallait que médecins et matrones restassent dans la pièce. Puis on fermait sur les époux les rideaux du lit et on les y laissait une heure ou deux, qu'ils passaient généralement à se disputer. Ensuite les experts revenaient et visitaient la femme. Le résultat de cette épreuve, souvent incertain, était dans la plupart des cas défavorable au mari, auquel la publicité de l'épreuve ôtait, on le comprend, une partie de ses moyens! Aussi les juristes et les médecins s'élevaient-ils contre cette institution qui, disaient-ils, ne servait qu'aux femmes. La pudeur progressant avec le siècle, les congrès devinrent de plus en plus rares et ce fut un beau scandale quand, en 1659, le marquis de Langey s'imposa et imposa à sa femme une telle épreuve.

Ce jeune et beau gentilhomme s'était marié en 1653 et vivait dans ses terres d'une vie sans histoire, lorsque, au bout de quatre années d'un apparent bonheur, Mme de Langey, au cours d'un séjour qu'elle faisait à Paris, laissa entendre à sa famille que son mari n'avait jamais rempli son devoir conjugal. Mme de Langey étant orpheline, ce fut sa tante, Mme Le Cocq, qui l'incita à intenter une action devant le lieutenant civil au Châtelet. (Le couple, étant protestant, ne pouvait se pourvoir devant les tribunaux ecclésiastiques.) A cette nouvelle, le marquis de Langey accourut à Paris et chercha, mais en vain, à rencontrer son épouse.

Mme Le Cocq demanda que sa nièce fût « visitée » et, apparemment sûre du résultat, exigea douze experts au lieu des quatre que la loi prévoyait. Paris commençait à jaser. Le jour de la visite, il y avait foule devant le Châtelet. En voyant passer Langey, les harengères s'écrièrent : « Hélas! Plût à Dieu que j'eusse un mari fait comme cela! » Mmes de Sévigné et de Lavardin étaient en carrosse à deux pas de là et, nous dit Tallemant, on les entendait rire du bout de la rue.

La visite fut désavantageuse à la marquise, qu'on trouva déflorée. Elle prétendit que son état ne provenait que des travaux d'approche d'un mari impuissant, ce qui permit à un facétieux de s'exclamer : « On ne pourra pas dire que Langey, durant ces quatre ans, n'a pas fait œuvre de ses dix doigts! »

Pour en finir, ledit Langey réclama le congrès, que sa femme accepta après deux ans d'hésitations. Paris continuait à s'amuser. Le marquis de Langey, qu'on n'appelait plus que marquis du Congrès, faisait le fanfaron, courtisait les dames, mais, disaient les mauvaises langues, sans jamais pousser ses avantages. « Pour vous, votre procès est dans vos chausses », lui dit un jour Mme de Sévigné, le rencontrant dans un salon.

Le jour du congrès, tout Paris est aux fenêtres. Le petit peuple, décidément hostile à Mme de Langey, l'apostrophe et lui jette de la boue. Les archers contiennent la foule qui s'est rassemblée faubourg Saint-Antoine, devant la maison du baigneur chez lequel doit avoir lieu l'épreuve. Quinze experts ont été convoqués. Le marquis a demandé que sa femme fût baignée pour détruire l'effet des *restringents* qu'elle aurait pu employer, et qu'elle eût les cheveux dénoués, car il la soupçonne d'y cacher des talismans destinés à lui jeter le mauvais sort. Mais laissons la parole à Tallemant :

« En s'allant mettre au lit, il dit : “ Apportez-moi deux œufs frais, que je lui fasse un garçon tout du premier coup. ” Mais il n'eut pas la moindre émotion là où il fallait; il sua pourtant à changer deux fois de chemise : les drogues qu'il avait prises l'échauffaient [...] De rage, il se mit à prier : “ Vous n'êtes pas ici pour cela ”, lui dit-elle *(sa femme)*. Or il y avait là, entre les matrones, une vieille madame Pezé, âgée de quatre-vingts ans, nommée d'office, qui fit cent folies; elle allait de temps en temps voir en quel état il était, et revenait dire aux experts : “ C'est grand'pitié; il ne nature point. ” Enfin, le temps expiré, on le fit sortir du lit : “ Je suis ruiné ”, s'écria-t-il en se levant. Ses gens n'osaient lever les yeux, et la plupart s'en allèrent. »

On imagine le scandale. Jamais on n'avait dit « tant d'ordures le jour du mardi-gras ».

La sympathie revint à Mme de Langey. On allait la féliciter chez elle comme une jeune accouchée. Mme Le Cocq recevait les visites en excusant sa nièce : « Elle est si fatiguée qu'elle n'a pu descendre. » Langey, qui n'avait pas craint, après quelques jours, de reparaître dans les ruelles, prétendit avoir été ensorcelé. Les femmes qui avaient parié sur lui, déçues, lui firent grise mine; la canaille le conspua, les chansonniers le brocardèrent et le Parlement ne put qu'annuler le mariage le 8 février 1659.

Or voici l'admirable : Langey dont le nom, après cette aventure, était devenu synonyme d'impuissant, se remaria et eut six enfants de sa nouvelle épouse.

Les accusations d'impuissance formulées par les femmes n'étaient souvent, on l'aura compris, que prétexte à obtenir l'annulation et le résultat du procès dépendait trop souvent de l'influence et de la fortune de la plaignante. Il arrivait aussi que les deux conjoints fussent d'accord pour « faire semblant », afin d'obtenir une annulation souhaitée par l'un et l'autre. Prenant en compte toutes ces considérations, et surtout les six enfants de « l'impuissant » M. de Langey, le Parlement finit d'ailleurs par interdire les congrès.

Ce chapitre semble donner raison à Mme de Maintenon, qui écrivait, après un hymen pourtant inespéré : « Le mariage est un état qui fait le malheur des trois quarts du genre humain. » Mais l'autre quart? Comment connaître son bonheur? On dit que les gens heureux n'ont pas d'histoire et cela est encore plus vrai à l'époque qui nous occupe. Le XVIIe siècle ne portait pas son cœur en écharpe et ne se confessait qu'à Dieu. Parfois, au détour d'un contrat, on découvre que tel avantage consenti par un mari à sa femme l'a été à cause de « la grande affection » qu'il lui portait. Certes, des individus évolués nous ont laissé leurs mémoires, mais eux, qui auraient su nous raconter leur bonheur, si bonheur il y avait, n'ont pas osé le faire parce que, dans leur milieu précisément, l'amour conjugal était si peu de mise qu'il en devenait presque inavouable. Nous savons que la duchesse de Montmorency adora, à la lettre, son volage époux et que Mme de Sévigné pleura longtemps le sien, qui n'avait cessé de la tromper, mais nous le savons par d'autres qu'elles-mêmes.

Le mari amoureux est un phénomène encore plus surprenant. Dans *La Princesse de Clèves*, le prince n'avoue à sa femme la passion qu'il a pour elle qu'à l'article de la mort et en ces termes significatifs : « Elle *(cette passion)* a été au-delà de ce que vous en avez vu [...] Je vous en ai caché la plus grande partie par la crainte de vous déplaire ou de perdre quelque chose de votre estime par des manières qui ne convenaient pas à un mari. » Phrase de roman, mais qui reflète une réalité qu'explicite l'abbé Arnauld : « Je n'ai jamais pu comprendre qu'on prît la résolution de se marier sans aimer la personne qu'on épouse. *Je sais bien que c'est un sentiment particulier en ce temps-ci et qui peut être traité de ridicule...* »

Le trait de génie de Mme de la Fayette, c'est d'avoir découvert qu'on pouvait avoir un mari aimable et ne pas l'aimer. Ceci dut consoler beaucoup de mal-mariées, à commencer par elle-même.

« Il y a de bons mariages, il n'y en a point de délicieux », écrivit un jour son ami La Rochefoucauld. Et de fait, l'amour conjugal, quand il transparaît dans les textes, est rarement l'amour-passion du prince de Clèves. Les « bons » mariages semblent avoir reposé – mais n'en va-t-il pas ainsi aujourd'hui encore? – sur la compréhension et l'estime réciproques, sur l'affection renforcée par l'habitude. Isaac Dumont de Bostaquet, après avoir expliqué dans ses mémoires qu'il n'avait épousé Mlle de Rive et sa fortune « considérable » que sur les instances de sa famille, remarque philosophiquement : « Bien que l'amour n'eût pas eu de part au commencement de cet hymen, mille qualités engageantes que je trouvais en sa personne et en son humeur me donnèrent toute la véritable tendresse qu'il faut pour se rendre heureux les uns les autres dans cet état rempli de dégoûts et de chagrins. »

Quand on s'attend au pire, la surprise, évidemment, ne peut être qu'heureuse. Mais comme il est raisonnable, notre Isaac!... J'aime mieux la ligne de larmes que trace Saint-Simon sur son manuscrit, après avoir pudiquement évoqué la mort de sa femme. J'aime mieux le désespoir si simplement avoué du comte de Souvigny, après le décès de la sienne. C'est peut-être parce que, malgré son titre et son grade de maréchal de camp, il était fils de boucher, que Souvigny avait osé, bravant le ridicule dont parle l'abbé Arnauld, se marier par amour; et c'est pour la même raison sans doute qu'il osa ensuite dans ses mémoires évoquer son bonheur conjugal. Mme de Souvigny était morte après dix-huit ans de mariage pour avoir absorbé une drogue destinée à la rendre féconde. Car en dix-huit années de mariage, elle n'avait pu donner d'héritier à son époux. Or écoutez ce que dit M. de Souvigny :

« Je trouvais en sa personne tout ce que je pouvais souhaiter au monde, ne croyant pas y pouvoir être plus heureux et plus content, quand bien nous eussions eu des enfants et, pour lui ôter tout soupçon d'en avoir la pensée, lorsque j'en rencontrais quelqu'un en sa présence, je m'en détournais la vue... » Et il ajoute : « Il est souventes fois arrivé qu'après nous être promenés trois ou quatre heures dans la salle de Souvigny et qu'on venait nous dire qu'on avait servi, que la soupe était froide, nous disions : “ Faisons encore un tour ”, et en après, passions quelques heures sans s'en apercevoir, ne pouvant finir nos discours qui n'étaient pas d'affaires domestiques [...] ni des nouvelles du grand monde, ni de notre voisinage [...] Semblables entretiens ne sauraient être imaginés que par des personnes qui aiment fidèlement et sincèrement comme nous faisions. »

CHAPITRE III

LORSQUE L'ENFANT PARAÎT

Que Mme de Souvigny ait pris le risque d'exposer sa vie pour donner une descendance à un époux qui n'exprimait en aucune façon le souhait d'en avoir, n'a rien qui doive nous étonner. Quand bien même l'amour conjugal ne l'aurait pas portée à désirer des enfants, tout, la religion, l'exemple, sa propre réputation, devait lui faire ressentir comme une honte sa stérilité. Saint François de Sales n'avait-il pas écrit (et n'oublions pas que *l'Introduction à la vie dévote* s'adressait aux femmes) que le mariage devait être la « pépinière » du christianisme? Antoine Arnauld, à propos de la publicité des couches, ne disait-il pas que la raison profonde de cet usage était le légitime orgueil qu'éprouvaient les épouses de leurs maternités? Et dans les cortèges des noces campagnardes, une poule portée au haut d'une perche ne rappelait-elle pas, symboliquement mais crûment, la fin première de l'hyménée?

La femme *brehaigne* est montrée du doigt et ne sait plus, à la lettre, à quel saint se vouer. Il y en a tant qui passent pour guérir la stérilité! Anne d'Autriche, qui fut vingt-deux ans sans procréer (pour une reine, c'était non seulement l'humiliation, mais la crainte d'une répudiation), multiplia les dévotions pour obtenir du Ciel le dauphin tant désiré, qui allait devenir Louis XIV. Nous savons qu'elle invoquait particulièrement saint Norbert et saint Léonard. Le premier, un contemporain et ami de saint Bernard, passait pour avoir été, avant sa conversion, des plus virils et prolifiques; frappé par le feu du Ciel, il ne disparut pas dans une trappe, comme don Juan, mais se trouva « roidi » quant à certaine partie de son individu et resta ainsi, toute sa vie « à la redresse »! Quant à saint Léonard, c'était un des patrons des femmes en couches depuis qu'aux temps mérovingiens il avait aidé la reine Deutérie, surprise dans une forêt par les premières douleurs, à mettre au monde son enfant.

Elles avaient bien besoin de saint Léonard, les femmes du XVIIe siècle. Les extraordinaires progrès de la médecine et de la chirurgie n'ont pas réussi à épargner à celles d'aujourd'hui tous les accidents et les malaises de la grossesse, tous les risques et les douleurs de l'enfantement. Alors imagine-t-on ce que pouvaient être les uns et les autres il y a trois cents ans?

En fait, on l'imagine difficilement et il n'est peut-être pas inutile de donner la liste des « indispositions extraordinaires et ordinaires » de la grossesse, telles que les énumère le médecin Charles de Saint-Germain en 1650. Pour les premières : fièvre intermittente ou continue, péripneumonie, pleurésie, hydropisie, paralysie, peste, étouffements, ulcères, choléra morbus, squinancie, frénésie [1]. Ce qui veut dire que la femme enceinte, affaiblie et mal soignée, était la première victime de toutes les maladies qui passaient à portée. Quant aux indispositions ordinaires, les plus fréquentes étaient, sans parler des nausées et vomissements, les flux de sang, rétention d'urine, enflure des veines, hémorroïdes, tranchées, battements de cœur, vertiges, défaillances et syncopes, crampes, sciatiques, douleurs de ventre et de dents.

Quels remèdes? Hélas! Le *Clysterium donare, postea seignare, ensuita purgare* du *Malade imaginaire* s'appliquait aussi aux femmes enceintes, à quel-

1. Choléra morbus signifiait dysenterie. La squinancie ou esquinancie était une forme aiguë d'amygdalite, compliquée de malaises généraux et qui pouvait devenir chronique; la frénésie, ou délire violent, était provoquée par toute affection cérébrale aiguë, telle la méningite.

ques réserves près, soyons juste. Ainsi les médecins déconseillaient-ils les purgatifs violents, et, si la saignée leur paraissait propre à guérir... même les saignements, l'excluaient-ils pendant les trois premiers et les deux derniers mois de la gestation. Ce qui n'empêcha pas le chirurgien Jamot de saigner sa propre épouse quarante-huit fois pendant une de ses grossesses!

Le jaune d'œuf figure aussi en bonne place dans la thérapeutique de la grossesse; on peut même dire que c'est la panacée. Une femme enceinte fait une chute? Un jaune d'œuf. Elle a une perte de sang? Un jaune d'œuf. Elle tombe en faiblesse ou en syncope? Un jaune d'œuf, un jaune d'œuf, vous dis-je! On peut, il est vrai, l'agrémenter d'un verre de vin et y incorporer des graines d'écarlate ou de la soie cramoisie hachée menu... Pour tout ce qui était algie, même les cruelles sciatiques, l'application d'huile de camphre était un remède souverain et suffisant, affirme le chirurgien Guillemeau, qui paraît plus crédible quand il nous dit que le laudanum et la thériaque pouvaient calmer les effets douloureux de toutes les indispositions ci-dessus (sans, bien sûr, en guérir les causes). Reste à savoir si ces opiacés n'entraînaient pas de suites néfastes pour les femmes enceintes et les enfants qu'elles portaient.

Mais à quelles femmes en administrait-on? Il faut bien comprendre que la grande masse d'entre elles n'avaient jamais recours aux médecins et à leurs médications, pour aléatoires qu'elles fussent. Elles se contentaient des recettes ou « secrets » transmis par la tradition orale et que de nombreux auteurs n'ont pas dédaigné de recueillir, nous donnant ainsi à connaître le degré de crédulité de leurs lectrices... et d'eux-mêmes. N'est-ce pas le chevalier Digby, chancelier de la reine d'Angleterre, qui donne pour infaillible le remède suivant destiné à guérir les flux de sang? Je cite : « Prenez du crâne humain bien net, râpez-en une dragme que mettrez infuser à froid dans un verre de vin blanc pendant une nuit, et le prendrez matin à jeun de deux en deux jours et dans deux ou trois fois vous serez guérie. »

Quant à l'accouchement proprement dit, pas d'antisepsie, pas d'anesthésie. D'ailleurs, aurait-on su le rendre moins pénible qu'on ne l'aurait pas fait, puisque la femme doit enfanter dans la douleur, comme il est écrit, pour expier le péché originel dont elle fut la cause, les médecins eux-mêmes le rappellent avec force. Il y a cependant, disent-ils, des raisons « naturelles » aux douleurs de l'enfantement : ainsi la tête d'un nouveau-né est-elle bien grosse pour les « passages » de la femme. Mais l'essentiel est ailleurs, comme nous l'explique Charles Guillemeau. Et notons que Guillemeau n'est pas n'importe qui, puisque fils d'un obstétricien réputé et lui-même chirurgien ordinaire du roi; de plus, il n'apparaît pas trop misogyne dans ses écrits [1]. Et pourtant!... Si la femme redoute l'accouchement, dit-il, « c'est, premièrement, qu'elle est fort délicate et fluette, plus craintive et moins endurante que toutes les femelles des autres animaux [...] Or, pour accoucher, il faut un grand courage et grande force, comme dit Hippocrate. Secondement, c'est que les femmes grosses se mignardent beaucoup; et pour ce, lors qu'il est question d'accoucher, elles trouvent fort étrange et ne sont ni propres et idoines à souffrir la peine et le travail, n'y étant point accoutumées ». À quoi l'on voit que Guillemeau était un praticien « chic », qui n'avait point de femmes du peuple dans sa clientèle; il aurait su que celles-là n'avaient pas coutume de se « mignarder » pendant leurs grossesses. À l'autre extrémité de la société, les dames de la cour de Louis XIV, obligées, en quelque état qu'elles se trouvassent, d'assister aux fêtes et aux cérémonies, de

1. En fait, le traité *De la grossesse et de l'accouchement des femmes*, paru en 1621 et auquel nous empruntons ces citations, n'était qu'une édition remaniée par Charles Guillemeau de l'œuvre de son père Jacques, élève d'Ambroise Paré. Charles eut l'insigne honneur, pour un chirurgien, d'être admis dans le corps des médecins.

suivre les chasses et les expéditions, dans des carrosses qui n'étaient, pour dorés et surdorés qu'ils fussent, que des caisses de bois montées sur des roues de bois, ne se mignardaient pas beaucoup non plus, et le résultat en était d'innombrables fausses couches (on disait : « se blesser »).

Comment accouchait-on? Assise sur une chaise, ou à genoux, ou debout, s'appuyant des mains à quelque meuble bas. Les plus fortunées étaient installées sur un siège *ad hoc*, percé d'un trou, ou sur une « couchette » surélevée, près du feu, les pieds calés contre une bûche, les bras et les épaules solidement tenus par deux aides – il en fallait deux, les chirurgiens insistent – pour éviter les mouvements désordonnés que la douleur aurait provoqués. L'important, disent tous les auteurs, est de laisser faire la nature qui est le meilleur des médecins. Il est bon toutefois que, pendant le travail, les assistants exhortent la parturiente à « prendre patience » et l'admonestent pour qu'elle s'efforce de « pousser contrebas ».

Ici intervient, quand elle intervient, la matrone, ou sage-femme, dont le nom indique assez qu'elle n'a pour elle que son expérience. En principe, elle aurait dû recevoir un enseignement d'un collège de chirurgiens, mais ce n'était vrai que dans les grandes villes; le plus souvent, elle n'a subi d'autre examen que de moralité, le curé s'étant assuré qu'elle était assez bonne chrétienne pour ne pas monnayer ses talents à des fins abortives et ne pas négliger d'ondoyer les nouveau-nés en danger.

Il y eut des sages-femmes capables, même au début du siècle, telle Louise Bourgeois qui, ayant suivi les cours d'Ambroise Paré, assista heureusement la reine Marie de Médicis et fut assez instruite pour consigner par écrit le résultat de son expérience. Mais dans l'ensemble, ce qu'on apprend des sages-femmes à travers les témoignages et procès, ou les traités rédigés à leur intention par les médecins et chirurgiens, donne de leur moralité et de leurs capacités une idée qui correspond sans doute – malheureusement – à la réalité. (Faisons tout de même la part d'une jalousie masculine, qui transparaît dans tous les traités, à l'encontre de femmes indélogeables de leur profession, les parturientes, par pudeur et parce que l'Église le déconseillait, répugnant à se confier à des hommes.)

La sage-femme doit avant tout être sobre : pas de liqueurs, ni pour elle ni pour sa cliente; elle doit être propre : mains bien lavées et ongles coupés ras. Si les médecins insistent sur ce dernier point, c'est parce que les sages-femmes « déchiraient » fréquemment avec leurs ongles la membrane retenant les eaux, soit par accident, soit pour hâter la délivrance de la femme et gagner elles-mêmes du temps, pressées qu'elles étaient de courir au chevet d'une autre parturiente, autrement dit par appât du gain. Quand l'enfant se présente (enfin!) la sage-femme doit le tirer *doucement* (car il arrivait qu'on rompît le cou du nouveau-né par des tractions trop brutales) et tirer ensuite non moins doucement, l'arrière-faix; après quoi, elle « bouchera » l'accouchée avec une éponge ou une compresse faite d'un linge plié et, si possible, « bien blanc », et elle lui entourera le bassin de la peau d'un mouton fraîchement écorché, pour « conforter et raffermir ces parties-là ». (À défaut de mouton, on pourra se contenter de la dépouille d'un lièvre.) Il est étrange de voir les médecins mettre au nombre des premiers soins à l'accouchée l'ingestion d'un sirop adoucissant pour la gorge : c'est que celle-ci a été « échauffée et élargie » à force de crier.

Tel est le processus quand les choses se passent bien. Que survienne une complication, c'est le désarroi. Une seule ressource : appeler le chirurgien. Car le médecin, même s'il est présent, consent rarement à s'abaisser au rang des *opérateurs* en pratiquant de ses mains une intervention.

Dans les villages, les chirurgiens n'étaient encore que des barbiers, qui en savaient beaucoup moins qu'un secouriste d'aujourd'hui. Mais les chirurgiens des grandes villes pratiquaient la dissection dans des collèges; ils possédaient donc des notions d'anatomie et pouvaient, comme ils s'en flattent, arrêter les pertes de sang et retourner dans la matrice un enfant qui se présentait mal. Quant à en extraire un enfant mort, à pratiquer ce que nous appelons un curetage, c'était une autre affaire. Dans ce cas, la main préalablement huilée ou beurrée ne suffit pas toujours; il faut le ou les crochets qu'on « fichera » dans la tête de l'enfant. Ces instruments (non stérilisés, bien sûr) peuvent blesser les chairs et les organes de la mère, mais on est sensible aux souffrances de la « pauvre femme » et on lui donnera, pour la soutenir pendant l'intervention, une cuillerée de vin, ou bien on lui fera sucer une croûte ou une rôtie de pain trempée dans du vin. Certes, les crochets risquent d'achever l'enfant, s'il n'est pas tout à fait mort; mais dans le cas où la mère elle-même se trouve en danger de mort, ne faut-il pas intervenir néanmoins? Choix cruel, « point de théologie », dit Guillemeau.

C'était là, en effet, un grand débat. Le 31 décembre 1672, le chirurgien parisien Mauriceau, appelé en hâte à Chambly auprès d'une Mme de Saint-Ju, fille du seigneur du lieu, la trouve morte. Elle avait été saisie de convulsions au deuxième jour de son travail et les trois chirurgiens locaux réunis à son chevet avaient trop tardé à intervenir avec leurs crochets pour la délivrer de son fardeau. Pourquoi? Parce que le curé de Chambly soutenait qu'on ne devait pas « hasarder » la vie d'un enfant pour sauver celle de la mère, le baptême ne pouvant être administré qu'à un enfant issu vivant du ventre maternel. Un religieux, qui faisait office de prédicateur dans ce même bourg de Chambly, soutenait le contraire : on pouvait baptiser un enfant sans le voir, donc avant sa naissance; il suffisait qu'on pût le toucher à l'intérieur de l'utérus et verser de l'eau, même pas nécessairement bénite, sur n'importe quelle partie de son corps; après quoi on ne devait plus s'occuper qu'à sauver la mère. Mais un jour et une nuit s'étaient passés « à vider la contestation du curé et du prédicateur ». D'où le retard de l'intervention, et comme, de plus, les trois chirurgiens de campagne étaient fort inexperts, ils n'avaient réussi qu'à extraire l'enfant « par morceaux » (la tête, un bras, une jambe, etc.), laissant une partie de l'arrière-faix dans l'utérus de la mère, qui, non seulement était morte, mais dans d'atroces souffrances.

Disons, à l'honneur de l'Église du XVIIe siècle, que bon nombre de théologiens réagissaient non comme le curé, mais comme le prédicateur de cette affreuse et macabre histoire. Quant aux médecins et chirurgiens, ils semblent tous répugner, s'ils ne le disent pas tous clairement, à sacrifier la mère en faveur de l'enfant; certains se tirent de la difficulté en observant que, faute d'intervenir avec les crochets dans des cas semblables, on laissera mourir à coup sûr et l'enfant et la mère.

La césarienne aurait pu être une solution, mais dans les conditions où elle se pratiquait, elle avait généralement des conséquences fatales. Guillemeau père l'avait tentée deux fois sur des femmes vivantes en présence d'Ambroise Paré et l'avait vue pratiquer trois autres fois; or, des cinq femmes opérées, « il n'en était réchappé aucune »!

On conçoit la légitime fierté du chirurgien Ruleau, quand, en février 1689, il sauva par une césarienne et la femme et l'enfant d'un marchand de Saintes. Cependant, la relation qu'il publia en 1703 de cette césarienne est précédée d'une « approbation » d'un membre de l'Académie royale de médecine qui ressemble fort à un avertissement : expérience « qui ne doit pas servir de règle aux autres chirurgiens [...] Opération très périlleuse et même condamnée dans tous les cas... » En fait, la césarienne n'était jugée utile que sur des mortes, afin de tenter de sauver l'enfant et surtout de le baptiser. Il faudra attendre la fin du XIXe siècle pour qu'elle devienne de pratique courante et réussisse à sauver les mères, aussi bien que les enfants.

Les accidents consécutifs à l'accouchement n'étaient pas moins fréquents que ceux qui le précédaient ou l'accompagnaient et ils n'étaient pas mieux soignés. L'énumération en serait d'une monotone tristesse. Un mot tout de même sur la « chute de matrice » (nous dirions prolapsus utérin) parce que les descriptions quasi grand-guignolesques qu'en donnent les auteurs permettent mieux qu'un long discours de mesurer les souffrances encourues et les risques courus par les femmes. La chute de matrice se produisait quand la parturiente avait fait trop d'efforts, ou quand on lui avait extrait trop violemment l'arrière-faix, ou encore quand elle se levait trop tôt après ses couches, trois éventualités habituelles.

Une cliente de Guillemeau, ayant voulu « aller à ses affaires » deux heures après son accouchement et ayant fait quelques efforts pour se soulager l'intestin, « fut étonnée que sa matrice lui tomba entre les cuisses ». Elle appela sa garde et quelques femmes qui se trouvaient sur place. Toutes lui dirent : c'est un faux germe qu'il faut enlever « et tirèrent par diverses fois ladite matrice ». La patiente recourut alors à une sage-femme, qui confirma le diagnostic et voulut « tirer » à son tour. Mais, excédée de souffrir, la malheureuse refusa, fit appeler un chirurgien et une autre sage-femme qui lui remirent la matrice en place, après l'avoir sans doute – c'était l'usage – lavée avec quelque décoction et ointe d'un produit lubrifiant, tel huile de lis blancs ou graisse de poule. Le jaune d'œuf était, là encore, un bon adjuvant. Plus sérieux, le pessaire, en liège ou en toile et enduit de substances astringentes, aidait à remonter et à réduire l'utérus.

En 1701, dans la paroisse de Rioux-Martin, en Saintonge, Perrine Guéneau, épouse de laboureur, victime elle aussi d'une chute de matrice, eut moins de chance avec le chirurgien qu'elle appela [1] : au milieu de

1. D'une simple paysanne l'idée pourrait surprendre, mais n'oublions pas que le mot *laboureur* désignait un petit propriétaire, celui qui possédait de quoi labourer.

l'intervention, il fut frappé d'une crise d'apoplexie! La matrice s'étant infectée, un autre chirurgien vint couper « plus gros que le poing » de la partie gangrenée. L'infection s'étendit néanmoins et Perrine Guéneau elle-même, « avec un courage sans exemple, coupa encore une grosse portion » de sa matrice. L'extraordinaire est qu'elle survécut.

Combien d'autres mouraient?... Que, dans la tranche d'âge 20-35 ans, la mortalité féminine fût nettement supérieure à la mortalité masculine, on comprend bien pourquoi. La mère de Molière eut six maternités en six ans et mourut après la sixième; au bout d'un an de veuvage, le père se remarie, et il a, en trois ans, trois enfants de sa nouvelle épouse, qui meurt du troisième accouchement.

Dans les années 1620, à Vézelize, en Lorraine, le serrurier, le tailleur, le boulanger et le drapier du bourg perdirent chacun trois épouses! Dans tous les milieux, c'est la même hécatombe : les deux femmes successives du gentilhomme protestant Isaac Dumont de Bostaquet eurent chacune sept enfants et, si elles n'en eurent pas davantage, c'est qu'elles moururent toutes les deux de leur septième accouchement. Remarié une troisième fois, Isaac Dumont de Bostaquet infligera cinq enfants à sa troisième épouse, ce qui lui fait dix-neuf paternités en tout. Mais ces dix-neuf paternités ne lui auront coûté, à lui, que quelques moments de plaisir.

Ce n'est pas sans raisons que Mme de Sévigné écrivait à son gendre : « Ah! mon cher comte, songez pourtant que la jeunesse, la beauté et la gaieté d'une femme que vous aimez, toutes ces choses sont détruites par les rechutes fréquentes du mal que vous faites souffrir. »

Et de fait, lorsqu'elles ne perdaient pas la vie, les mères étaient sûres de perdre au moins leur beauté. Car nous n'avons évoqué que les accidents graves, mais il y avait tout le reste. Un exemple : les auteurs qui traitent de la grossesse soulignent tous, sans pouvoir l'expliquer, que les femmes enceintes souffrent de vives douleurs dentaires. Nous savons aujourd'hui par quels mécanismes la grossesse provoque des caries et des gingivites aiguës, facteurs de déchaussements. Ces caries, ces déchaussements, nul n'était alors capable de les soigner. Ce qui veut dire qu'après plusieurs maternités une femme devenait tout simplement une édentée, plus rapidement encore que ses contemporains.

Toutes ces souffrances physiques et morales, comment y échappait-on? Et d'abord tentait-on d'y échapper?

On sait aujourd'hui, par le dépouillement systématique des registres paroissiaux auquel se sont livrés les historiens démographes, que les familles françaises du XVIIe siècle ont été dans l'ensemble un peu moins prolifiques qu'on l'a cru longtemps [1]. Les records d'une Mme Arnauld (vingt-deux maternités), de la présidente Perrot (dix-huit), de telle bourgeoise de Saint-Malo (vingt-trois) sont des exceptions sociologiques. Pourquoi? D'abord parce que les classes riches ne connaissaient pas la dénutrition qui sévissait de façon chronique parmi les pauvres, créant des cas d'impuissance chez les hommes et de stérilité chez les femmes, par « rétention des mois » (ce que nous appelons aujourd'hui aménorrhée de famine). Plusieurs médecins du temps signalent que les paysannes y étaient sujettes, de même que les « grandes danseuses » et « Américaines » (Indiennes) et ils l'attribuent aux veilles excessives et exercices trop violents qu'elles pratiquaient. Charles de Saint-Germain, en 1650, établit, quoique indirectement, un lien plus précis avec la sous-alimentation : les couples, écrit-il, ne doivent pas se conjoindre « quand leur corps est atténué de faim [...] comme pendant un temps de famine, de siège ou de nécessité », parce qu'alors leur accouplement ne serait

1. Nous ne pouvons ici que résumer et circonscrire au champ de notre étude un phénomène qui déborde les frontières de la France et du XVIIe siècle et qu'on trouvera exposé dans les ouvrages de Chaunu, Flandrin, Lebrun et autres (voir Bibliographie).

pas fécond. De nos jours, le professeur Charles Richet a constaté les mêmes syndromes génitaux chez les déportés, hommes et femmes, retour des camps de concentration.

Autre raison qui tient, celle-là, à l'état de la société. S'il est vrai que dans les classes supérieures on se mariait souvent dès l'adolescence, voire dès la puberté, il n'est pas moins vrai que tous les pauvres, c'est-à-dire la grande majorité des Français, se mariaient tard. A la ville comme à la campagne, les filles sans dot devaient travailler plusieurs années, généralement comme servantes, pour amasser le petit pécule nécessaire à leur établissement [1]. Résultat : l'âge moyen des filles au mariage était de 24-25 ans, soit près de dix ans postérieur à l'âge à partir duquel elles pouvaient physiologiquement procréer.

A ce *prémalthusianisme* il faut ajouter les *temps morts* des périodes d'abstinence religieuse (Avent, Carême, pénitences individuelles) et aussi, dans une certaine mesure, des périodes d'allaitement dont on sait qu'elles peuvent créer chez la mère une stérilité temporaire et pendant lesquelles, d'ailleurs, les rapports conjugaux étaient déconseillés, nous verrons pourquoi.

Dès lors, si une fille se marie à vingt-cinq ans et que les intervalles entre ses maternités, dits *intergénésiques,* sont en moyenne, comme les démographes l'ont calculé, de deux à trois ans, il va de soi que dans le meilleur des cas, c'est-à-dire dans le cas rarissime où elle survit et reste féconde jusqu'à sa ménopause (plus précoce qu'aujourd'hui), elle ne peut engendrer que sept à huit enfants, dont au reste la mortalité infantile supprime un bon tiers.

1. Et n'oublions pas les filles sans dot de bonne famille condamnées au célibat ou au couvent, ce qui, dans les deux cas, avait pour effet de les retirer du circuit matrimonial : autre facteur, annexe sans doute, mais non négligeable, de dénatalité. Car les femmes, au XVIIe siècle, étaient moins nombreuses que les hommes.

Ce prémalthusianisme et ces temps morts auraient été les principaux moyens de limitation des naissances d'une société confrontée au défi d'un « monde plein » qui ne pouvait nourrir plus de population qu'il n'en avait. Cas de l'Europe occidentale et particulièrement de la France qui, avec ses quelque dix-huit millions d'habitants, était à peu près aussi peuplée que l'ensemble de l'Europe [1].

Mais faut-il vraiment parler de *moyens,* puisqu'il s'agissait en fait de *contraintes* et dont la finalité n'était pas consciemment anticonceptionnelle? Il reste que ces contraintes ont été acceptées et qu'elles ont donc été efficaces. Les courbes saisonnières des naissances témoignent que les périodes d'abstinence religieuse ont été dans l'ensemble bien respectées (ne serait-ce que parce que les mariages se célébraient en dehors de ces périodes). Il faut bien aussi que les jeunes filles (ne parlons pas des jeunes hommes, qui avaient toujours la ressource de s'adresser aux professionnelles ou aux femmes mariées) aient dans leur majorité été « vertueuses » avant leur tardif mariage, sinon ce prémalthusianisme n'aurait pas contribué à réduire le taux de natalité. La même remarque vaut pour les veuves et les célibataires, et les médecins attribuent d'ailleurs à leur continence forcée les cas de « fureur de matrice » auxquels elles étaient sujettes.

Cette vertu peut paraître surprenante à notre siècle déchristianisé et sexuellement « libéré »; elle ne l'était pas à une époque rien moins que permissive, où l'on croyait au péché, où les tabous de la société relayaient ceux de la morale; les filles devaient arriver vierges au mariage, les veuves et les non-mariées devaient s'accommoder de la chasteté, sous peine, les unes et les autres, de perdre leur « honneur ». La mère célibataire, sur laquelle s'est penchée notre sollicitude

1. *Mutatis mutandis,* c'est aujourd'hui le cas de la Chine, où le mariage tardif n'est plus seulement une coutume, comme dans l'Europe du XVIIe siècle, mais une obligation.

moderne, était alors une mère honteuse et elle l'est restée jusqu'au début de notre siècle.

Ce sont là des faits de civilisation, auxquels n'est pas étrangère l'influence de la Contre-Réforme catholique, mise en œuvre à la fin du XVIe siècle par le concile de Trente et qui pénétra progressivement en France au cours du XVIIe. C'est pourquoi Pierre Chaunu a pu écrire : « Aucun système n'a poussé aussi loin et avec tant de succès le contrôle des pulsions sexuelles. »

Cela posé, il reste à savoir comment, à l'intérieur de ce système, se comportaient les individus, quelle était, si l'on me passe l'expression, leur contribution personnelle à l'œuvre de *non*-procréation.

Une objection vient tout de suite à l'esprit. Les registres paroissiaux qui sont parvenus jusqu'à nous (nous ne disposons de séries continues et fiables que pour la fin du siècle) ne comptabilisent que les enfants *baptisés,* c'est-à-dire les enfants avoués et venus au monde, sinon à terme [1]. Pour mesurer la fécondité des femmes du XVIIe siècle, autrement dit leurs souffrances – car c'est là notre propos – il faudrait connaître, non pas le nombre de leurs maternités, mais celui de leurs conceptions; il faudrait savoir dans quelle proportion leurs grossesses s'interrompaient par des fausses couches accidentelles ou provoquées; dans quelle proportion, enfin, elles se débarrassaient d'enfants non désirés par l'infanticide et l'abandon. Les fameux intervalles intergénésiques de deux à trois ans ne s'expliquent peut-être pas seulement par l'allaitement, mais par des drames ignorés.

L'historien des mœurs est ici en situation de désavantage. A la différence de l'historien démographe, il n'a pas et il n'aura jamais de statistiques : l'avortement, l'infanticide et l'abandon étant condamnés par la loi et par l'Église, restaient bien évidemment

1. Sans oublier, certes, qu'on baptisait des prématurés à peine issus du ventre de leurs mères et parfois à demi morts, comme nous l'avons dit. Mais, on verra plus loin toutes les ruses utilisées par les filles mères pour ne pas déclarer le baptême de leurs enfants.

secrets. Quant aux fausses couches, qui les aurait comptabilisées? Nous n'avons que des indications, mais elles sont concordantes : aucun accident, dit le médecin Varandée, n'est plus « ordinaire » chez les femmes grosses; ses confrères, de même que tous les chirurgiens cités, font état de fausses couches, et souvent à répétition, chez leurs clientes. Le seul Mauriceau dit en avoir rencontré *une centaine* dans sa carrière (et cette carrière n'était pas terminée au moment où il écrit). Anne d'Autriche en eut au moins trois avant de réussir à porter Louis XIV jusqu'à terme. Le fait ne mérite pas de longues explications quand on a vu comment étaient soignées, ou plutôt comment n'étaient pas soignées, les femmes enceintes. Et, là encore, la différence de statut social jouait peu. Sans doute, les paysannes étaient-elles plus que d'autres victimes de la sous-alimentation, de la dureté des conditions d'existence et, dans les régions frontières, des traumatismes consécutifs aux invasions. En revanche, on craignait moins de pratiquer une intervention, d'expérimenter un médicament sur ces femmes-là que sur des femmes de qualité. Ainsi pour les accouchements avant terme, ainsi pour les maladies vénériennes, si fréquentes à l'époque et responsables de tant de fausses couches. Les chirurgiens, nous dit Mauriceau, refusaient de soigner celles de leurs clientes qui en étaient atteintes, lorsqu'elles se trouvaient enceintes. Et il cite l'exemple d'une jeune prostituée qui, ayant perdu avant terme un premier enfant « tout pourri de vérole » et voulant garder celui qu'elle portait, dut cacher sa grossesse à un chirurgien pour qu'il acceptât de la traiter. Après quoi, n'ayant plus d'argent, elle vint accoucher à l'Hôtel-Dieu, où Mauriceau, qui y pratiquait, la délivra d'un très beau bébé, dit-il, et apprit son histoire [1].

1. Mauriceau est un des rares chirurgiens du XVIIe siècle qui aient laissé un nom dans l'histoire de l'obstétrique. En 1660, au début de sa carrière, il avait pendant un an pratiqué les accouchements à l'Hôtel-Dieu. Rude école, qui devait d'ailleurs, au siècle suivant, acquérir une grande réputation en Europe.

A cause de toutes ces raisons, ou plutôt de toutes ces fatalités, il n'est pas hasardeux de supposer qu'une femme qui mettait au monde cinq ou six enfants (c'est le chiffre moyen qu'on peut retenir par famille *complète,* c'est-à-dire non dissoute par la mort prématurée d'un des conjoints) en avait conçu et, pendant des périodes plus ou moins longues, porté près du double.

Et comment aurait-il pu en être autrement à une époque où les mâles ne disposaient d'autres moyens de contraception que volontaires? Le *condom,* ou capote anglaise, ne sera perfectionné et répandu qu'au siècle suivant et ne deviendra vraiment fiable que dans les dernières années du XIXe avec l'invention du caoutchouc galvanisé. Restaient donc la continence, le coït interrompu et ce que l'Église appelait « l'étreinte réservée [1] ». Quand on voit ce qui se passe aujourd'hui encore dans nos campagnes, on a du mal à croire que les paysans du XVIIe siècle se soient mieux contrôlés que les paysans du XXe. L'exemple du père de Molière, qui infligeait un enfant par an à ses épouses, montre que les petits bourgeois ne se contrôlaient pas mieux que les paysans. Au reste pourquoi les uns et les autres eussent-ils jugé nécessaire de se contrôler (en dehors des périodes d'abstinence religieuse)? La virilité se prouvait par la procréation; rien n'était plus redouté par les jeunes maris (et pas seulement dans les campagnes) que le « nouement d'aiguillette », ce maléfice attentatoire à leur capacité sexuelle. De plus les rapports sexuels n'étant pas toujours féconds, les hommes pouvaient croire, comme l'a bien expliqué Flandrin dans ses remarquables travaux, que toute conception était un présent de Dieu. Dans le mariage, s'entend. Pour le reste... Prend-on le temps de réfléchir à quoi que ce soit quand on obéit à sa « pulsion »? Bien

1. On parlait de coït interrompu quand l'éjaculation suivait le retrait, d'étreinte réservée quand il y avait retrait sans éjaculation.

tristement monotones, les récits des filles mères, que nous ont conservés leurs déclarations de grossesse ou les procès qu'elles intentaient parfois à leurs séducteurs. Une grange où l'on décharge du foin, un champ à l'écart où l'on sarcle des haricots, une cave obscure où l'on descend tirer du vin, et le maître ou le valet de ferme profite brutalement de l'occasion, après avoir souvent et longtemps « obsédé » sa victime.

Il arrivait, mais dans les villes, que les séducteurs bourgeois, avant de passer à l'acte, s'engagent à ne pas provoquer de grossesses. Reste à savoir dans quelle mesure ils y réussissaient, puisque c'est encore par les déclarations de grossesse des filles mères que nous connaissons ces promesses! S'il y a un cliché de l'Ancien Régime et particulièrement du Grand Siècle qui reste valable, c'est bien celui de la pauvre servante engrossée par son maître ou par le fils de son maître, ce que nos sociologues appelleraient le rapport dominant-dominée.

Il faut aussi évoquer, parce qu'il est significatif, le comportement sexuel de deux autres catégories d'hommes : les rois et les ecclésiastiques. Nous n'allons pas refaire le tableau cent fois tracé de la cour d'Henri IV. Suffit de rappeler ce que l'ambassadeur du grand-duc de Toscane écrivait à son maître : « Rien ne ressemble plus à un b... que cette cour. » Mais il faut ajouter : d'un b... fécond. Quand le Vert-Galant se remarie avec Marie de Médicis, il a déjà trois enfants de Gabrielle d'Estrées. Un mois après la naissance du dauphin (notre Louis XIII), Henriette d'Entragues, qui a remplacé Gabrielle morte, donne un fils au roi. En 1603 naissent une fille de la reine, une fille d'Henriette. Les accouchements de ces dames alternent, parfois coïncident : en 1607 un fils de la reine, trois semaines plus tard un fils de la comtesse de Moret; en 1608 une fille de Charlotte des Essars, un fils de la reine... Après les intervalles « chastes » du règne de Louis XIII et de la régence d'Anne d'Autriche (faut-il ne les attribuer qu'au refoulement de l'un, au veuvage de l'autre?),

Louis XIV, digne petit-fils de son grand-père, reprendra la tradition et engendrera de sa femme et de ses maîtresses dix-sept enfants (avoués).

On dira que ces deux Bourbons étaient « des cas », que les princes ne représentent qu'une minorité qui se croyait tout permis, etc. Sans doute, mais il ne faut pas croire que ces progénitures illégitimes n'attiraient pas à nos souverains beaucoup de difficultés dont ils se fussent bien passé, à commencer par les scènes conjugales, à continuer par la réprobation de l'Église et des cours étrangères. S'agissant de rois dits *très-chrétiens* et qui descendaient de Saint Louis, le scandale était grand. Ils auraient donc pu se satisfaire d'avoir des maîtresses sans avoir des bâtards, et s'ils n'y ont pas réussi, c'est parce qu'eux non plus n'ont pas trouvé la volonté nécessaire pour se contrôler.

Pour les ecclésiastiques, la statistique est plus difficile, les coupables s'efforçant de cacher leurs fautes et la hiérarchie n'ayant pas intérêt à les rendre publiques. Mais enfin il nous reste des procès-verbaux de visites pastorales. Nous savons ainsi que, pour le seul diocèse de Chartres, dans les années 1630-1640, une proportion de prêtres, qui pouvait atteindre selon les régions jusqu'à 8 % des effectifs, vivaient en concubinage ou cédaient occasionnellement à la fornication; ces liaisons étaient majoritairement fécondes, certains ecclésiastiques ayant même plus d'un enfant vivant. Comme il n'y a aucune raison de supposer que le clergé chartrain ait été plus ou moins débauché que celui des autres diocèses, on arrive, en extrapolant à partir de cet échantillon, à une assez jolie proportion d'ecclésiastiques pères de famille pour l'ensemble du royaume. Et pourtant, si, plus encore que les rois, il est une catégorie d'hommes qui aurait dû savoir résister à ses pulsions, c'est bien celle-là. (Loin de nous l'idée de vouloir dénigrer un clergé qui, s'il n'était pas encore guéri de ses relâchements passés, allait, sous l'influence de la Contre-Réforme, produire plus de saints peut-être qu'en aucun autre siècle, mais le comportement de cette minorité de « mauvais prêtres » est trop significatif pour être passé sous silence.)

Cela étant dit, il reste vrai que dans certains milieux évolués, ou plus exactement entre partenaires évolués, des femmes obtenaient de leurs amants, et même de leurs maris, qu'ils se contrôlassent. Apprenant la troisième grossesse de sa fille (l'une des précédentes s'était soldée par une fausse couche), Mme de Sévigné lui écrit : « Quoi! ce n'est donc rien que de ne faire qu'un enfant; une fille n'oserait s'en plaindre, et les dames en font ordinairement deux ou trois. » Il faut donc supposer que les maris de ces « dames », ou bien profitaient de leurs périodes de stérilité (encore qu'on connût mal ces périodes), ou bien qu'ils pratiquaient le coït interrompu, ou encore (mais c'était exceptionnel) qu'ils recouraient aux potions anaphrodisiaques. Tallemant raconte que son beau-frère Antoine Rambouillet, sieur de la Sablière, se divertissait « à la chardonnette » avec une Mme Le Tanneur, sa maîtresse, et l'expression s'éclaire quand on sait que la chardonnette désignait une sorte d'artichaut sauvage recommandé aux femmes stériles. Mais un jour « il échappa quelque chose » à l'amant, et Mme Le Tanneur, se découvrant enceinte, se réconcilia bien vite avec son mari. Non sans scrupules d'ailleurs; cet enfant adultérin, disait-elle, « volerait le bien des autres », c'est-à-dire des enfants légitimes qu'elle avait eus précédemment de son époux.

Il arrivait aussi que, d'un commun accord, des couples mariés observassent une relative continence, tels les époux Audebert, de Poitiers, qui, pour bien marier leur première-née, résolurent de ne pas lui donner de frères et sœurs jusqu'à ce qu'elle fût en âge de convoler, « en restant quinze ans sans coucher ensemble, ou du moins sans travailler à la propagation du genre humain » (Tallemant). Dans le ménage de Pierre Viole, sieur d'Atis-sur-Orge, c'est l'épouse qui, après la naissance d'un fils, prit la décision de faire lit à part, parce que, disait-elle, « M. d'Atis était de trop bonne maison pour faire des gueux ».

On remarquera que ce dernier et caricatural exemple n'était peut-être pas de nature à faire baisser les statistiques, car M. Viole d'Atis se défoulait en engrossant les servantes (encore un!).

Tallemant n'indique pas clairement si les femmes évoluées dont il parle recouraient aux recettes contraceptives proprement féminines [1]. Ces recettes étant condamnées par l'Église, comme toutes les pratiques antinatales, comment les connaissons-nous? D'abord par les interdits mêmes dont elles étaient frappées; ensuite par quelques sources narratives : outre Sévigné, il y a les allusions de certains chroniqueurs et romanciers « scandaleux » qui osent parler de ce dont on ne parlait pas. J'y ajouterai les traités médicaux, généralement négligés à ce point de vue et qui pourtant, lorsqu'on sait les interroger, fournissent des indications précieuses. En bref, je ne crois pas qu'il faille conclure de la rareté des sources à la rareté des pratiques, comme d'aucuns l'ont fait, obnubilés par l'immoralité affichée du XVIIIe siècle, qui contraste si fort avec la réserve du XVIIe.

On dit généralement que la pose d'un tampon vaginal n'était pratiquée que par les prostituées. Voire... Le médecin Varandée ne fait pas allusion aux seules professionnelles quand il parle des « infâmes », des « débauchées » et des « malheureuses » qui trouvent le moyen de « boucher l'orifice intérieur ». Mais il est vrai que d'autres recettes étaient beaucoup plus répandues et utilisées. Ainsi les ablutions et mouvements violents après le coït, puisque tous les théologiens les dénoncent.

1. Pour les favorites, il ne semble pas, nous l'avons vu, qu'à la différence des courtisanes, elles aient eu recours à ces recettes. Il est vrai que, pour d'évidentes raisons d'intérêt, elles devaient souhaiter plutôt que craindre d'être enceintes (sauf, peut-être, la pauvre La Vallière, qui ne pécha qu'en tremblant et alla pendant trente ans expier ses péchés au couvent).

Il y a aussi les *astringents* ou *restringents.* Nous avons vu au chapitre précédent que M. de Langey accusait sa femme d'en faire usage. Ils sont mentionnés treize ans plus tard dans une lettre de Mme de Sévigné à sa fille, lors de la troisième grossesse de celle-ci : « Quoi! On ne connaît point les restringents en Provence? »

La propriété des restringents, d'après les dictionnaires et traités du temps, était de resserrer les tissus, « conduits » et toutes parties « relâchées » de l'organisme. D'où, parfois, leur utilisation – légitime – en gynécologie : sous forme d'onguents pour réduire les matrices descendues (nous en avons parlé), en lotions dans les bains de siège pour resserrer les chairs et les « orifices » des accouchées, en breuvages pour empêcher les fausses couches. On pouvait aussi injecter des solutions astringentes dans le vagin à l'aide de seringues ou « clystères utérins » (c'est pourquoi M. de Langey, avant l'accouplement légal du congrès, avait demandé que sa femme fût baignée afin de détruire l'effet des restringents qu'elle aurait pu employer [1]).

De quoi étaient composés ces restringents ou astringents? Une petite nouvelle, publiée en 1671 et qui se déroule dans les milieux de la prostitution (*L'Assemblée des filoux et des filles de joie,* de Préfontaine, alias César-François Oudin) met en scène une vieille « couratière d'amour » qui vendait des filles plusieurs fois pour pucelles, ayant le talent de les « raccommoder avec l'alun de roche, le sel de Saturne, la *consolida major* et autres ingrédients dont elle composait de subtils astringents ».

Le sel ou sucre de Saturne était de l'acétate neutre de plomb; l'alun de roche, ou de chrome (sulfate double d'alumine et de potasse) était aussi, est encore une substance astringente. Quant à la *consolida major,* au nom significatif, c'est une plante de la famille des

1. Il s'agissait sans doute d'un de ces bains *émollients* dont divers traités donnent la composition.

bourraches, en français grande consoude ou consoude officinale, dont la racine était alors fréquemment employée comme astringent en diverses préparations. Le médecin Charles de Saint-Germain la dit particulièrement efficace pour resserrer les orifices des accouchées. Mais de là à croire que la *consolida* pût consolider au point de faire passer pour pucelle qui ne l'était plus!... Pourtant Préfontaine n'est pas seul à le dire. Le médecin Nicolas Venette, dans son *Tableau de l'amour considéré dans l'état de mariage,* est plus nuancé. La virginité, dit-il, ne peut jamais être recréée artificiellement; néanmoins diverses recettes à base d'astringents permettent aux filles qui auraient fauté avant leur mariage de « masquer » leur état en resserrant suffisamment leurs orifices et « conduits de la pudeur » pour qu'elles puissent apparaître comme de demi-vierges à leurs époux! Et Venette rapporte à ce propos la mésaventure d'une femme qui, après un bain à la consoude, se trouva « presque tout fermée », ce qui causa beaucoup de difficultés à son mari. Il ajoute que, pour éviter cet inconvénient, il ne faut pas user de la consoude plus de sept à huit jours de suite. Témoignage à rapprocher de celui de Guillemeau, qui écrit que « l'usage immodéré » des astringents par les femmes peut provoquer la fermeture du col de l'utérus. Dès 1599, le médecin hollandais Forestus, alias Van Foreest, indiquait les soins à donner pour guérir les stérilités temporaires créées par le resserrement de l'utérus dû aux astringents.

On retiendra de ces textes qu'un certain nombre de femmes (et ici encore il ne s'agit nullement de prostituées) abusaient des restringents dans l'espoir d'éviter les grossesses. Ceci me paraît fort nouveau et intéressant. Faut-il pourtant s'en étonner, quand, une fois lancé sur cette piste, l'historien découvre dans les traités de botanique et de pharmacopée tant de recettes d'astringents?

Le sirop de coing arrêtait le « flux immodéré des mois »; l'ivraie sauvage, prise en breuvage dans « un vin austère et noir », tarissait le sang matriciel et restreignait aussi les urines. La racine et les feuilles du pied-de-lion *(stellaria)* pouvaient être utilisées en potion pour les plaies internes et en décoction pour dessécher « les parties honteuses » de la femme. La racine de tormentille « astreignait et glutinait » les plaies par l'usage externe, et prévenait les fausses couches par l'usage interne. Quant au safran de Mars (on donnait ce nom à toutes les préparations du fer), c'était un puissant astringent qui supprimait toutes les « évacuations immodérées », qu'il s'agisse de menstrues, de fleurs (ou flueurs) blanches, c'est-à-dire leucorrhées, blennorrhées, etc.

On voit que le nom de restringents recouvrait une gamme assez variée de substances : cicatrisants, coagulants, vaso-constricteurs. On pouvait associer entre elles ces substances pour en concocter des potions ou onguents plus complexes, tel le célèbre « onguent de la comtesse », inventé par Guillaume de Varignane pour une certaine comtesse de Vadre qui avait des « menstrues démesurées », Bauderon *dixit* dans sa *Pharmacopée.* A propos de l'*unguentum stypticum,* composition assez semblable à la précédente, dissoute dans de l'eau alumineuse, le même auteur nous apprend qu'on pouvait la renforcer par « du suc de poires sauvages », pour arrêter « toute sorte d'évacuations démesurées, soit du ventre supérieur ou inférieur, des hémorroïdes, menstrues, sueurs et autres ».

Mathurin Régnier, dans sa satire XI *(Le Mauvais Giste)* où il dresse l'inventaire d'une chambre de prostituée, énumère l'alun, l'éponge, tampon contraceptif de ces demoiselles, et ajoute :

Trois fioles d'eau bleue, autrement d'eau seconde.

Il s'agit là d'un produit spermicide; c'est une lessive de potasse ou de soude [1] qui, sous le nom d'eau des savonniers, fut utilisée aux mêmes fins par les

1. On ne différenciera les deux substances qu'au XVIIIe siècle.

femmes jusqu'au milieu de notre siècle. (Le professeur Mondor en parle dans sa thèse sur *Les Avortements mortels*, de 1936.) Le médecin Van Foreest, déjà cité, distinguait bien d'ailleurs entre les médicaments de stérilité qui agissent par astriction, en empêchant la semence masculine de pénétrer dans l'utérus, et ceux qui, une fois qu'elle s'y trouve, la « lavent », c'est-à-dire la diluent pour lui faire perdre son pouvoir [1].

Comprenons-nous : les traités de botanique et de pharmacopée qui donnent des recettes d'astringents (ou de spermicides), ne les donnent pas à des fins contre-nature, comme disent les théologiens; mais enfin ils les donnent, ce qui veut dire que les femmes n'avaient pas grand mal à se les procurer pour les utiliser ensuite à d'autres fins que thérapeutiques. Quant aux illettrées, point besoin de livres : elles connaissaient par tradition les vertus des simples. La question est donc plutôt de savoir si ces recettes étaient efficaces et si elles étaient sans danger.

En ce qui concerne l'efficacité, on observera que les courtisanes, qui recouraient en permanence à toutes les pratiques contraceptives connues, n'échappaient pas aux grossesses : ainsi Marion de Lorme qui mourut d'un avortement. Ninon de Lenclos elle-même, fort prudente au dire de tous les contemporains, eut au moins un enfant. Pour les « pauvres misérables femmes » qui n'avaient pas l'expérience de ces médicaments de stérilité, qui les utilisaient à la sauvette, sur la foi d'un renseignement chuchoté par des gens qui ne craignaient pas de les leur « enseigner » (toujours selon Varandée), les échecs devaient être beaucoup plus fréquents. Savaient-elles par exemple que certaines des plantes mentionnées ci-dessus pouvaient avoir des effets opposés (astringents ou émollients) selon la façon dont on les employait ou les parties qu'on en prélevait

1. Il faut sans doute ranger dans cette dernière catégorie les « médicaments cathartiques ou altératifs trop forts » dont parle Varandée.

(racine, feuilles, fleurs)? La confusion provenait parfois des auteurs eux-mêmes. Ainsi Linocier, dans son *Histoire des Plantes,* dit-il de la noix muscade qu'elle est astringente (ce qui doit être vrai, puisqu'elle contient du tanin), mais aussi qu'elle provoque l'urine et chasse les ventosités. D'autres confondent le safran de Mars (préparation du fer), qui est un astringent, avec le safran officinal (crocus) qui est un abortif. Du moins, s'agit-il là de confusions sans gravité, puisqu'un produit astringent ou abortif aboutissait, quand il y aboutissait, au même résultat : empêcher une maternité non désirée.

Sans gravité, sauf pour la santé. J'ai consulté des gynécologues, voici leur point de vue : certaines substances astringentes peuvent provoquer un resserrement momentané du col de l'utérus, mais pas au point d'empêcher un spermatozoïde d'aller féconder l'ovule (le XVIIe siècle ignorait les spermatozoïdes comme l'ovulation). En revanche, l'utilisation sans contrôle de telles substances par les femmes du XVIIe siècle devait nécessairement provoquer des ulcérations, infections et lésions qui pouvaient aboutir à une occlusion temporaire ou définitive du col de l'utérus, rendant impossible le trajet du spermatozoïde. L'effet contraceptif, voire stérilisateur, de ces substances n'aurait donc été qu'un effet secondaire, résultant en réalité des accidents qu'elles provoquaient. Ces accidents, les médecins du XVIIe siècle, sans bien en comprendre le mécanisme, en avaient néanmoins souligné la fréquence et la nocivité. Les femmes qui « ont persévéré assez longtemps » dans l'usage des astringents et autres médicaments de stérilité ne peuvent plus être guéries, indique Van Foreest. Pour Venette, c'est en « lavements » (injections) que les astringents sont le plus pernicieux, car ils risquent de stagner dans l'utérus, y provoquant des « douleurs et tranchées insupportables ». Et de fait, quand on sait que l'absorption de plomb, par quelque voie et sous quelque forme que ce soit, peut provoquer des troubles mortels, on imagine à quels dangers s'exposaient les femmes qui s'injectaient du « sel de Saturne » ou acétate de plomb. Toutes ces remarques s'appliquent également aux spermicides alors en usage : la soude et la potasse sont des substances caustiques, la seconde plus corrosive encore que la première, qui attaquent les étoffes, le verre et même les métaux...

Mais il y a pire. Quelques théologiens, quand ils parlent de « blessures de matrice », font allusion, non pas à des lésions provoquées par l'abus d'injections ou d'applications de produits contraceptifs (ou prétendus tels), mais à des mutilations volontaires, destinées à créer chez la femme ce qu'ils appellent une « impuissance artificielle ». Il faut donc admettre que des malheureuses en arrivaient à se « charcuter » (qu'on me passe le mot, il n'y en a pas d'autre), seules ou avec l'aide d'une complice, pour éviter les grossesses [1].

On conçoit que, plutôt que d'en venir à de telles extrémités, certaines femmes aient fait le choix cruel d'une relative ou totale abstinence.

Reste le problème moral, et il n'est pas moins complexe. Pour l'Église, le péché le plus grave était celui qui consistait à supprimer la vie, ou seulement à refuser de la donner. Même les jeunes filles, malgré le risque de déshonneur, ne devaient rien tenter pour prévenir ou supprimer les conséquences de leurs fautes. Et tous ceux qui se faisaient les complices de ce crime étaient également coupables, même les intermédiaires de bonne foi, tel l'apothicaire qui aurait fourni une

1. Les *ulcères* que Venette dit avoir constatés chez les prostituées, si nombreux et si fréquents qu'à partir d'un certain âge, leurs « conduits de la pudeur » (vagins) étaient « presque tout fermés par des cicatrices », peuvent provenir de toutes ces causes, mais aussi d'interventions abortives. Quoi qu'il en soit, les cas d'occlusion du col de l'utérus et même de l'orifice vaginal, exceptionnels aujourd'hui, devaient être beaucoup plus fréquents au XVIIe pour des raisons évidentes : absence d'hygiène et de médications appropriées, difficulté des accouchements, maladresse des chirurgiens, etc.

drogue sans savoir à quoi et à qui elle était destinée. Car la sexualité n'a d'autre finalité et légitimité que la procréation. Ce que saint François de Sales disait au début du siècle, tous les théologiens sans exception le rappellent avec force, certains allant jusqu'à comparer à des « sépulcres » les lits où l'on s'accouple sans procréer. Le « libéralisme » de l'Église, dont nous avons parlé au chapitre du mariage, s'arrêtait au seuil de la chambre conjugale. Mais on pourrait s'y tromper à constater l'intransigeance des théologiens sur le « devoir » ou la « dette » conjugale que les époux ne peuvent se refuser l'un à l'autre, sauf cas graves, ou plutôt gravissimes, puisque même l'étreinte d'un mari lépreux devait être acceptée par sa femme. Un jour qu'à Saint-Eustache, le P. Desmarets, prédicateur fameux, rappelait cette obligation aux fidèles, ajoutant « qu'une femme devait aimer son mari, de quelque façon qu'il pût être », la jeune Mme Bautru, qui ne trouvait aucun attrait au mari qu'on lui avait imposé, s'exclama à voix assez haute : « Vraiment, il est aisé à voir que M. de Bautru a du crédit dans la paroisse ! » (Tallemant).

L'intransigeance de l'Église sur le devoir conjugal n'était paradoxale qu'en apparence; elle répondait à des fins morales : le mariage seul permettait d'éviter le péché. Mais il ne s'ensuivait pas que les couples mariés fussent autorisés à pécher sous couvert de sacrement. L'amour conjugal est un amour chrétien, non pas un amour « de concupiscence », fondé sur le seul égoïsme, ni même un « amour d'amitié », pourtant moins mal jugé que le précédent, en ceci qu'il signifie : aimer quelqu'un pour son bien. C'est en Dieu qu'on doit aimer son conjoint, parce qu'à trop aimer une créature, même légitimement, on court le risque de ne plus aimer Dieu. Là-dessus catholiques et protestants sont d'accord [1].

1. Les protestants, néanmoins, rejettent l'idée, réaffirmée par le concile de Trente, que le célibat et la chasteté virginale sont des états supérieurs à l'état de mariage, et ils donnent la primauté au couple, lieu d'accomplissement de l'être humain, sur la procréation,

Sont donc condamnés tous attouchements et postures qui n'ont pour fin que le plaisir, qui permettent de jouir sans concevoir. Mais si la femme doit s'étendre sous son mari et non sur lui, ce n'est pas seulement pour que la semence masculine se fraye plus aisément chemin, c'est parce que la subordination de la femme doit se traduire jusque dans le rapport sexuel.

Les médecins ne sont guère plus libéraux, mais ils sont un peu plus explicites et nous permettent de comprendre comment les couples les plus pieux pouvaient tourner la loi. Ainsi Charles de Saint-Germain indique-t-il que le clitoris n'a d'autre usage que « pour, étant un peu frotté, d'éveiller la faculté endormie », et il ajoute que « les mouvements naturels », c'est-à-dire le désir, sont nécessaires à ce qu'il appelle la conjonction conjugale et qu'ils doivent être « secondés et accompagnés par des caresses de la bienséance et de la raison ». Pour bienséantes et raisonnables qu'elles soient, des caresses restent des caresses, et pour utilitaire qu'on le décrive, le « frottement » de clitoris peut procurer un plaisir suffisant...

Il y eut des nuances dans l'attitude des confesseurs et théologiens. Si tous condamnent les couples qui s'abstiennent de procréer pour de seules raisons d'intérêt (cas des bourgeois de Tallemant évoqués plus haut : il ne fallait pas morceler l'héritage), lorsque entrent en jeu des considérations touchant à la santé ou à l'extrême pauvreté, l'unanimité ne se fait plus. La question du conjoint lépreux, par exemple, ne reçoit pas toujours la même réponse, certains théologiens distinguant entre

qui n'est donc plus la fin, mais la conséquence du lien matrimonial. Si l'on ajoute à cela que le protestantisme accorde et reconnaît plus de responsabilité à l'individu, on peut s'expliquer que la limitation des naissances se soit répandue plus tôt chez les réformés que chez les catholiques. Du moins est-ce un fait qu'on constate sans pouvoir en expliquer avec précision les raisons et les modalités, puisque les pasteurs, à la différence des prêtres, n'ont pas laissé de manuels de confession qui puissent nous renseigner sur la vie sexuelle de leurs ouailles.

les formes de lèpre contagieuses et celles qui, croyaient-ils, ne l'étaient pas. Ces nuances tenaient bien évidemment au nombre de cas de conscience auxquels leur expérience pastorale avait confronté les prêtres, mais aussi à l'ordre ou à l'école de pensée auxquels ils appartenaient. Les jésuites, confesseurs traditionnels des Grands, étaient plus laxistes ou, si l'on veut, plus réalistes que d'autres, et ce sont eux qui inventèrent la casuistique, cette science admirable qui permet de minimiser et d'absoudre tant de péchés, notamment de péchés d'amour [1]. On sait comment Pascal, janséniste, l'a fustigée et ridiculisée dans *Les Provinciales.*

Ce sont aussi les excès de la casuistique que vise Molière dans *Tartuffe,* quand il fait expliquer par son héros à Elmire, pour entraîner celle-ci sur la pente de l'adultère, qu'il existe une science

D'étendre les liens de notre conscience
Et de rectifier le mal de l'action
Avec la pureté de notre intention.

Et ne craignons pas de trop entendre quand Tartuffe précise que seuls les dévots peuvent donner aux femmes

De l'amour sans scandale et du plaisir sans peur.

Cette peur, c'est celle des conséquences de la faute, c'est-à-dire la grossesse, que le dévot (entendons le faux dévot) saura épargner à sa maîtresse, parce qu'il est plus prudent que les jeunes blondins, ayant, lui aussi, comme les femmes, une réputation à conserver.

Pour autoriser les épouses à accepter de leurs maris le coït interrompu (péché mortel), le jésuite Thomas Sanchez, dans *Du saint sacrement du mariage* (1602), utilise exactement le même principe que Tar-

1. Voir notre ouvrage, *L'Amour au* XVIIe *siècle,* Hachette, 1969, pp. 290-292.

tuffe : la pureté de l'intention. Les femmes, écrit-il, ne peuvent savoir à l'avance si leurs maris pousseront la conjonction conjugale jusqu'à son terme. Mais il y a des maris récidivistes, si l'on peut dire, et leurs épouses, le sachant, ne sont plus en droit de justifier leur consentement par l'incertitude. A celles-ci, on offre alors une autre excuse : la restriction mentale; c'est-à-dire que la femme acceptera dans les faits le coït interrompu, mais n'y consentira pas « en conscience ». Ces arguties, qui nous paraissent assez risibles, partaient, je le répète, d'une intention louable : permettre à des couples malsains ou trop pauvres d'éviter une surcharge d'enfants, à des femmes épuisées d'échapper aux conséquences fatales d'une énième grossesse.

Les rares théologiens laxistes dans le domaine de la sexualité conjugale ne firent pas école, du moins pas tout de suite. Comment donc, dans cette France de la Contre-Réforme, les femmes qui refusaient ou conseillaient de refuser les maternités s'arrangeaient-elles avec leurs consciences? On ne sache pas que Mme de Sévigné, Mme de Grignan ou les bourgeoises de Tallemant se soient jamais écartées des sacrements. Et il est difficile de croire qu'elles aient toutes trouvé des confesseurs laxistes (surtout Mme de Sévigné dont les sympathies allaient aux jansénistes). Sans doute retardaient-elles jusqu'à l'article de la mort la confession de ces péchés dont elles ne pouvaient ignorer la gravité. Ou peut-être adoptaient-elles de bonne foi le point de vue d'une Montespan disant au vicaire de Versailles, qui prétendait lui interdire de faire ses pâques : « Quoi, mon père! Parce que je viole quelques commandements, dois-je les violer tous? » Encore, pour Mme de Montespan, ne s'agissait-il que de renoncer au plaisir et aux avantages de sa position de favorite; mais pour les femmes qui tâchaient à éviter les grossesses, il s'agissait d'échapper à la mort. Alors, bien que le salut restât la grande affaire, Dieu attendrait, et en attendant, peut-être vous saurait-il gré de l'honorer et le servir par d'autres voies : l'observance des rites, l'aumône, les fondations pieuses... Tout le XVIIe siècle est fait de ces contradictions.

Il est sûr que, quand les lois sont trop rigoureuses, on se trouve des justifications pour n'y point obéir. Certains confesseurs observaient que les couples qui avaient déjà de nombreux enfants ne croyaient pas pécher mortellement en s'empêchant d'augmenter leur progéniture. Pour Mme de Sévigné, il apparaît que l'avortement seul était criminel. C'est sans le moindre scrupule qu'elle demande à son gendre de contrôler ses ardeurs et indique à sa fille des recettes contraceptives; mais qu'une de leurs servantes, une certaine Cathau, tente de se faire avorter, elle l'accuse « d'avoir voulu tuer son enfant » et blâme ce geste, d'autant plus « malhonnête et scandaleux » à ses yeux qu'il s'agissait d'un enfant légitime (encore une distinction que l'Église n'eût pas ratifiée).

Les femmes du peuple, sans doute, ne pensaient pas si loin et c'est peut-être seulement par ignorance de leurs devoirs de chrétienne (des confesseurs le disent) qu'elles péchaient lorsqu'elles s'efforçaient de ne pas donner la vie. Car il semble que chez les paysans aussi, surtout vers la fin du siècle, on a commencé à dissocier l'acte sexuel de la procréation. La suppression, en 1683, de certaines exemptions fiscales accordées aux familles nombreuses a pu accélérer le mouvement et contribuer à répandre jusque dans les campagnes les « funestes secrets » que stigmatisera Moheau en 1778 et qui étaient alors indéniablement mis en pratique dans les classes supérieures. Une dynastie de peintres, telle celle des Hallé, à cheval sur les XVIIe et XVIIIe siècles, offre un exemple frappant de fécondité décroissante avec le temps et l'ascension sociale. Daniel Hallé (1614-1675), fils d'un marchand de drap et « monté » de Rouen à Paris : quinze enfants (dont, il est vrai, quatre jumeaux); son fils, Claude-Guy (1652-1736), professeur puis recteur de l'Académie de peinture : huit enfants; le petit-fils, Noël, également recteur de l'Académie, très belle carrière et anobli : deux enfants.

Certes, des éléments nous manquent, notamment sur la santé des mères; mais sachant qu'elles ont toutes les trois vécu jusqu'à l'âge de la ménopause, il est bien difficile de ne pas conclure pour les deux derniers couples à une limitation volontaire des naissances.

Si, malgré les risques que la mise en nourrice faisait courir aux nouveau-nés, les théologiens l'ont acceptée, c'est encore pour des considérations morales; il ne fallait pas que la femme se trouvât empêchée d'accorder le « devoir » à son mari. On croyait en effet que les relations sexuelles pendant l'allaitement nuisaient à la qualité du lait et que la conception d'un nouvel enfant pendant cette même période nuisait au nourrisson (les nourrices elles-mêmes étaient priées de s'abstenir quand elles allaitaient un enfant confié à leurs soins). Or, l'allaitement durant deux à trois années, comment exiger du mari une aussi longue continence? L'infirmité de la nature humaine l'aurait conduit à pécher en dehors du foyer, ou pire, dans son foyer, avec ses servantes, comme M. d'Atis et tant d'autres.

Ce n'est pas sans scrupules que l'Église a préféré la santé de l'âme du père de famille à la santé tout court de l'enfant. Car elle n'ignorait pas les dangers de l'allaitement mercenaire (les nourrices ne seront quelque peu contrôlées qu'au XVIIIe siècle). D'où, là encore, les contradictions qu'on relève chez les théologiens, certains fustigeant l'égoïsme et la frivolité des mères qui se déchargeaient sur des nourrices de la corvée de l'allaitement. Dans un ouvrage publié à la fin du XVIe siècle, mais qui devait connaître plusieurs rééditions au XVIIe, le franciscain lyonnais Benedicti écrivait, parlant des femmes : « Pourquoi est-ce que Nature leur a baillé deux mamelles comme deux petites bouteilles, sinon pour cet effet *(l'allaitement)*? Mais, cruelles marâtres qu'elles sont, ce leur est assez d'avoir tiré leurs enfants hors de leurs entrailles et mis sur terre, puis les envoyer aux tristes villages pour les faire nourrir par femmes étrangères, malsaines et mal complexionnées : chose si contagieuse aux pauvres petits enfants qu'il leur serait meilleur d'être nourris de quelque bête brute, comme Cyrus et Romulus. » Suit une énumération de toutes les maladies, jusqu'aux maladies mentales, causées aux enfants par le contact et le lait des nourrices; puis Benedicti, revenant aux mères, poursuit : « Il serait donc bien meilleur et plus séant à ces jeunes dames, tant poupines, de tenir un enfant entre leurs bras, fruit de leur mariage, que non pas un petit chien camus [1]. »

Benedicti ne s'en prend ici qu'aux mondaines, mais la mise en nourrice était aussi d'usage parmi le petit peuple des villes, pour d'autres raisons : exiguïté des logements et participation de l'épouse aux travaux de l'époux. Les femmes d'artisans et de commerçants ne pouvaient se permettre d'allaiter deux ans chacun de leurs enfants et de les garder tous auprès d'elles.

Pour éviter ces charges et ces contraintes, la tentation était forte, quand les recettes contraceptives avaient échoué, de recourir à l'avortement comme la pauvre Cathau de Mme de Sévigné. Si les théologiens assimilent à des manœuvres abortives les imprudences commises par les femmes pendant leurs grossesses (travaux de force, voyages, abus des rapports sexuels, et même le port de talons hauts et de corsages trop serrés!), c'est bien parce qu'ils savaient que beaucoup de ces imprudences étaient préméditées. Mais peu de femmes l'avouaient avec autant de cynisme que la duchesse de Montbazon; celle-ci, quand elle estima avoir suffisamment assuré sa descendance, « courait au grand trot en carrosse par tout Paris » chaque fois qu'elle se sentait enceinte (de son mari ou d'un autre) et disait en rentrant : « Je viens de rompre le cou à un enfant. » C'est cette même duchesse de Montbazon que Retz a résumée de la phrase inoubliable : « Je n'ai

1. Cité par Flandrin, *Familles...*, p. 199. (Voir bibliographie.)

jamais vu une personne qui ait conservé dans le vice si peu de respect pour la vertu. »

Plus radicaux, mais aussi plus dangereux, les « breuvages » ou « poisons de stérilité ». Comme pour les restringents, on est étonné du nombre de recettes fournies par les traités de botanique et de pharmacopée. Il s'agit le plus souvent de substances dites emménagogues (du grec *emmena* : règles), c'est-à-dire d'excitants des contractions utérines : l'apiol (principe actif du persil), la sabine, l'armoise, l'hysope, la rüe, l'absinthe, qui ne sont plus utilisés aujourd'hui que par les vétérinaires [1]. Là encore, les auteurs qui citent ces plantes, ou les compositions qu'on en tirait, le font généralement pour la bonne cause, indiquant par exemple qu'elles aident « merveilleusement au travail d'enfant ». Mais on peut s'interroger sur les conclusions qu'en tiraient les femmes et même sur les arrière-pensées de certains auteurs. Linocier est-il totalement innocent quand il écrit que la *pulicaria,* ou herbe aux puces, peut « avec efficace provoquer les mois et l'enfant hors du ventre » ? que *l'ononis,* ou bugrane, de même que la racine de fougère mâle, « tuent l'cnfant dedans le ventre » et l'expulsent? Bien différente est l'attitude du chirurgien Mauriceau, qui refuse de transcrire dans son ouvrage les recettes abortives des Anciens, parce que, dit-il, les avortements sont des homicides, et que, du reste, ils sont plus périlleux pour les femmes que les accouchements.

De fait, certaines de ces drogues ne tuaient pas que le fœtus. C'est d'une surdose d'antimoine que mourut Marion de Lorme et l'on imagine bien que le mercure et le soufre n'étaient pas moins dangereux. D'autres recettes ressortaient à la magie ou simplement

1. Mais qui le furent longtemps par les femmes. Un numéro de la *Presse médicale* du 3 décembre 1941 a révélé qu'au cours de l'année précédente il avait été vendu quotidiennement à des herboristes, par quatre grossistes de la région de Lille, 700 000 doses thérapeutiques d'armoise, de rüe, de sabine et d'apiol. L'invention de la pilule a dû ruiner ces grossistes!

à la crédulité populaire. Peut-on raisonnablement penser, comme il est dit dans Linocier, que la cendre des ongles de mule a pour propriété, non seulement de chasser les puces et les punaises, mais de rendre les femmes stériles?

C'est pourquoi, quand ces drogues étaient restées inopérantes, les femmes descendaient encore d'un degré vers l'enfer en se mettant dans les horribles mains des faiseuses d'anges. De temps à autre, le procès d'une avorteuse découverte ou dénoncée faisait éclater une réalité qui apparaît affreuse. En 1660, une sage-femme, la Constantin, fut pendue pour avoir blessé à mort par des manœuvres abortives une fille d'honneur de la reine Anne d'Autriche. L'affaire fit grand bruit à cause de la qualité des protagonistes : l'amant de Mlle de Guerchy n'était autre que le duc de Vitry et, pour qu'on ne pût autopsier le corps de sa maîtresse, il l'avait fait transporter à l'hôtel de Condé et mettre dans de la chaux vive. La Constantin jouissait apparemment de certaines protections dans ce milieu des grands seigneurs pour y voir rendu des services de même nature que celui qui avait coûté la vie à Mlle de Guerchy. Sa maison, dit Gui Patin, « était un b... public et quantité de garces allaient accoucher dedans, *vel abortum passurae* ». Un chirurgien était également compromis, mais fut relâché faute de preuves. Le Parlement profita de l'affaire pour ordonner un contrôle plus sévère des sages-femmes qui exerçaient dans les hôpitaux. Mais comment atteindre les clandestines? Des officines comme celle de la Constantin, il y en avait dans toutes les grandes villes, et plus d'une par ville, comme s'en plaignaient unanimement les curés de Lille en 1699 [1].

1. Ce mémoire très intéressant, découvert et publié par Alain Lottin (*Revue du Nord*, janvier-mars 1971, pp. 21-30), énumère les diverses ruses utilisées par les tenancières de ces officines et leurs clientes pour faire baptiser clandestinement les nouveau-nés « afin de ne point exposer leur baptême à l'enregistrement ». Ceci donne la mesure du crédit qu'on peut accorder aux registres paroissiaux.

Les *devineresses* que les coups de filet consécutifs à l'affaire des Poisons ramenèrent au jour à partir de 1678 étaient presque toutes des avorteuses et s'étaient fait elles-mêmes avorter. Au faubourg Saint-Denis, la police découvrit chez la Voisin deux fours, l'un dans le jardin, l'autre derrière une tapisserie, qui servaient à brûler les fœtus. La monstrueuse créature s'était vantée, un jour d'ivresse, d'en avoir brûlé deux mille cinq cents. Le chiffre n'est pas invraisemblable puisque la Lepère, une de ses complices, déclara qu'il venait chez elle un si grand nombre de femmes « qu'elle ni personne ne le saurait dire ». C'était bien du cynisme à la Lepère que de charger la Voisin, puisqu'elle-même et sa fille, la Thomas, étaient soupçonnées d'avoir pratiqué plus de dix mille avortements! C'est habituellement avec un fer que la Voisin *vidait* ses clientes, mais elle faisait aussi distribuer en ville par des intermédiaires des « breuvages » et des « lavements ». La Vautier, autre empoisonneuse, passait pour connaître « des secrets extraordinaires » pour les avortements et, précision à noter, de nombreuses sages-femmes essayaient de les lui soutirer. D'ailleurs la Bouffé, encore un membre de ce syndicat du crime, avait commencé par être sage-femme avant de se spécialiser dans les avortements, plus lucratifs. Sur les méthodes de la Lepère, nous sommes particulièrement renseignés, car elle passa des aveux détaillés. L'instrument qu'elle utilisait était une seringue terminée par « un fer creux fort délié, au bout duquel était un bouton avec plusieurs petits trous »; la seringue était tiédie au feu et on l'emplissait d'eau où était dissoute une poudre abortive.

Il fallait être bien désespérée pour accepter le risque mortel de ces interventions, et les créatures qui y recouraient étaient en effet, comme le précisa la Lepère, des femmes en situation irrégulière (« filles ou veuves qui n'avaient point de maris ») ou qu'une urgence particulière contraignait à se débarrasser sans délai de leurs fardeaux. Ce fut, paraît-il, le cas de Mlle de Guerchy, qui, devant accompagner Anne d'Autriche dans un long voyage, n'aurait pu dissimuler à la reine et à sa suite les progrès de sa grossesse.

Le plus triste est que ces morts étaient parfois inutiles, certaines filles se croyant grosses alors qu'elles ne l'étaient pas. La Lepère ayant un jour demandé à la Voisin pourquoi elle acceptait d'*accommoder* ces innocentes : « Puisqu'elles se déclarent elles-mêmes p..., il faut bien que je les croie », répondit l'autre.

Guillemeau, dans son *Eschole méthodique des sages-femmes,* s'est étendu sur les fausses grossesses. Rien, dit-il, n'est plus difficile que de « prognostiquer » une vraie grossesse avant que l'enfant ne commence à bouger dans le ventre de sa mère. Les femmes se trompent souvent, et même les chirurgiens. La rétention des mois et le gonflement du ventre peuvent avoir des causes multiples. Combien de fois, raconte-t-il sans trace d'humour, alors que la sage-femme se tenait prête à recevoir le nouveau-né, on ne voyait sortir du ventre de la mère présumée que « vidanges d'eaux », à moins qu'on ne vît rien du tout, l'oreille seule étant frappée par le bruit d'un « débondement de vents »! Les auteurs attribuent ces erreurs de diagnostic à des hydropisies, à des faux germes, à des môles, c'est-à-dire à une dégénérescence de l'œuf qui aboutit généralement à une fausse couche, et à diverses variétés de tumeur des organes génitaux. Mais, ajoutent-ils, c'est seulement quand « les femmes sont ouvertes après leur mort » qu'on comprend de quoi elles souffraient!

Si l'avortement provoqué était assimilé à un infanticide, on discutait cependant du moment où se formait l'âme du fœtus. Mais qui tuait son enfant après sa naissance commettait bien sans discussion possible le crime d'infanticide. Le plus affreux, peut-être, de tous les crimes, et qui pourtant semble avoir été un moyen – faut-il dire courant? – de se débarrasser des enfants encombrants : illégitimes, contrefaits ou en surnombre. Dès 1556, un édit d'Henri II stigmatisait ce « crime très énorme et exécrable, fréquent en notre royaume » et, pour l'empêcher, interdisait aux femmes, sous peine de mort, de celer leurs grossesses, d'accoucher occultement et de supprimer leur fruit en le jetant « en lieux secrets et immondes » ou en « l'enfouissant en terre profane ». La répétition de cet édit au cours du XVIIe siècle, l'obligation faite aux curés de le lire en chaire tous les trois mois prouvent bien que l'infanticide restait un fléau de l'époque. A Lille, il passait pour le plus fréquent des crimes féminins. A Paris, au cours d'une visite pour le nettoiement et le pavage, la police découvrit dans les égouts une surprenante quantité de petits ossements. Ceci se passait en 1636, l'année du *Cid*... Dans toutes les villes on faisait les mêmes macabres découvertes. Les « lieux secrets et immondes » dont parle l'édit d'Henri II, c'était les privés (lieux d'aisance) et les tas de fumiers ou fosses à purin. Mais il y avait aussi les puits, les mares, les fossés. Que de bébés anonymes n'y trouvait-on pas, le cou souvent lesté d'une brique, à moins que, plus horrible encore, ils n'aient eu la gorge proprement tranchée!

En 1660, à propos du procès de la Constantin, Gui Patin écrit : « Les vicaires généraux et les plénipotentiaires *(du clergé)* se sont allés plaindre à M. le premier président *(du Parlement)* que depuis un an six cents femmes, de compte fait, se sont confessées d'avoir tué et étouffé leur fruit, et qu'ils y ont particulièrement pris garde sur l'avis qu'on leur avait donné. » Le chiffre est nécessairement inférieur à la réalité – et il ne s'agit que de la réalité parisienne de cette année-là – puisqu'il ne tient compte que des femmes qui avaient avoué.

Il faut remarquer le mot *étouffé*. Il s'éclaire par les *suffocations* dont parle l'édit d'Henri II et les *oppressions* mentionnées dans les mandements épiscopaux. C'était là, en effet, les procédés les plus couramment employés pour déguiser les infanticides. Comprenons que la mère, ayant son nouveau-né avec elle dans son lit (et c'était presque toujours le cas dans les classes pauvres), l'étouffait « par accident » en se couchant sur lui. Bien suspecte aussi, la fréquence des bébés ébouillantés parce qu'on les a placés trop près de l'âtre et qu'ils ont reçu sur leurs petits corps l'eau du chaudron. Quand ces faits étaient découverts et que les mères passaient en jugement, elles pouvaient dire et elles disaient que leurs enfants étaient mort-nés [1]. Ce qui ne trompait guère les autorités. A preuve, en 1687, le mandement de l'évêque d'Arras : « Le péril où les pères et mères, nourrices et autres personnes mettent les enfants lorsqu'étant encore dans un âge tendre, ils les mettent coucher avec eux dans un même lit, est si grand, et les suffocations sont si fréquentes que nous ne croyons pas pouvoir apporter à un si grand mal de trop forts remèdes, etc. » En conséquence, il était interdit sous peine d'excommunication à tous parents et nourrices de faire coucher un bébé dans leurs lits avant qu'il ait un an révolu; en d'autres diocèses ce délai était porté à *deux ans,* comme il devait l'être un peu partout au siècle suivant.

Si des femmes mariées en arrivaient à laisser mourir, voire à tuer leurs nouveau-nés légitimes, on imagine à quelles extrémités en étaient réduites les filles mères. Dans leur détresse morale et matérielle, il arrivait qu'elles se supprimassent avec leurs enfants ou avant même de les avoir mis au monde. Or la société, qui n'avait pas su les sauver, s'acharnait après leur mort sur leurs cadavres, à cause de leur double crime (le crime, en ce qui concerne l'enfant, étant moins de lui avoir ôté la vie que de l'avoir laissé mourir sans baptême). Lebrun, dans *Les Hommes et la mort en Anjou,* a relaté (mais on pourrait citer bien d'autres cas similaires) l'atroce histoire d'une jeune fille de Château-Gontier, Marie Jaguelin, qui, enceinte de six mois, s'était tuée pour échapper au déshonneur. Le présidial

1. Pour ce crime-là, comme pour d'autres, il est probable que les femmes ne soulageaient leur conscience qu'*in articulo mortis.* L'insistance de l'Église sur la nécessité de l'ondoiement ou du baptême dès la sortie du ventre de la mère (parfois avant) s'explique en partie par ces faits.

de la ville fit exhumer son cadavre et le jugea. Aux termes de la sentence, immédiatement exécutoire, le corps de Marie fut étendu sur une claie et traîné tête en bas et face contre terre jusqu'à la place publique. Là, le bourreau ouvrit le ventre pour en extraire le fœtus, qui fut enterré dans le terrain réservé aux enfants non baptisés (qui n'avaient droit ni à l'église ni au cimetière). Ce qu'il restait du corps de la malheureuse Marie Jaguelin fut ensuite pendu par les pieds à une potence, puis brûlé sur un bûcher, les cendres jetées au vent.

Pour être équitable, il faut tout de même reconnaître que la coutume et la justice du XVIIe siècle offraient aux filles mères et à leur progéniture des moyens d'obtenir réparation qui leur furent, aux siècles suivants, refusés. Dans le meilleur des cas – et c'était un cas fréquent parmi la noblesse campagnarde, qui ne nourrissait aucun ostracisme contre les bâtards, tant elle en avait! – la fille mère, généralement une domestique, continuait à vivre au château; son amant et seigneur reconnaissait sa paternité, assurait l'avenir du ou des enfants qu'elle lui avait donnés, les élevait parfois avec ses enfants légitimes et chargeait par testament son épouse de veiller sur eux (reste à savoir ce que celle-ci en pensait!...). Lorsque, au contraire, le père présumé tentait d'esquiver sa responsabilité, la fille mère avait la ressource de recourir à la déclaration de grossesse, qui, certes, l'exposait à l'opprobre, mais lui permettait de désigner le coupable, de le faire saisir et traîner en justice. Si, étant déjà marié, il ne pouvait être contraint à épouser la plaignante, il était du moins tenu envers l'enfant à des compensations pécuniaires et à des obligations morales que les jugements détaillent avec beaucoup de précision. Jean Regnault, maître à danser de Philippe d'Orléans (le frère de Louis XIV), dut, en 1661, non seulement reconnaître un fils naturel qu'il avait eu, mais s'engager à « le nourrir, le faire élever et instruire en la religion catholique, apostolique et romaine, lui faire apprendre à lire, écrire, l'envoyer au collège, l'entretenir de tous habits, linge, chaussures et vêture » et, quand cet enfant atteindrait vingt ans, à lui verser 1 000 livres pour l'aider à se marier ou à trouver un emploi « selon son inclination et capacité ».

Les filles mères pouvaient encore aller déposer leur enfant devant la porte du père présumé, ce qui, dans les villages du moins, constituait un scandale suffisant pour obliger le coupable à reconnaître sa responsabilité. Le faible taux d'illégitimité dans les campagnes ne tenait pas seulement à la vertu des campagnards, mais à ce huis clos de la vie villageoise, où les fréquentations inter-sexuelles ne pouvaient guère échapper à l'attention de la communauté et du curé dont les pressions se faisaient donc sentir beaucoup plus fortement sur les séducteurs. La Contre-Réforme a eu, là aussi, un effet bénéfique; les statistiques montrent qu'à peu près partout l'illégitimité a décru dans les campagnes au cours du siècle, alors que le nombre des conceptions prénuptiales augmentait, ce qui ne peut s'expliquer que par les mariages de réparation. A Pont-de-Vaux, en Bresse, le nombre de naissances illégitimes a décru de 2,24 % à 1,48 % dans la première moitié du siècle, alors que celui des conceptions prénuptiales passait de 4,8 % à 8,7 %. (Il faut tout de même remarquer que Pont-de-Vaux était un village particulièrement chaste, car d'autres statistiques donnent des taux de 25 % de conceptions prénuptiales en Normandie et de 40 à 50 % en Lorraine!)

La mobilité de la population urbaine, par rapport à l'immobilité villageoise, explique à l'inverse le taux élevé de l'illégitimité citadine (en Languedoc, à la fin du siècle, 25 % dans les villes, contre 1 % dans la campagne); et ce taux explique à son tour l'ampleur et le caractère essentiellement urbain d'un autre phénomène du XVIIe siècle : l'abandon d'enfants. La fille déracinée, venue chercher du travail à la ville, a bien du mal à faire endosser à un séducteur de rencontre la responsabilité d'une paternité; d'autant plus de mal qu'il a souvent *décampé* avant la naissance (le mot revient souvent dans les témoignages et il est d'autant plus justifié qu'il y avait beaucoup de soldats parmi les séducteurs citadins). Dès lors, si la mère ne veut pas tuer son enfant, point d'autre solution que de l'abandonner, ce à quoi, bien sûr, recouraient également des couples légitimes, mais trop pauvres.

En 1657, saint Vincent de Paul évalue à trois cent soixante-cinq le nombre des nouveau-nés exposés annuellement dans Paris, soit un par jour, ce qui paraît faible. Mais c'est que le nombre des expositions ne recouvre pas exactement celui des abandons. *Exposer* un enfant, c'était, non pas l'oublier dans quelque chambre d'auberge, mais le déposer dans un lieu public (sous le porche d'une église, devant une institution charitable) où une bonne âme pourrait le recueillir. Ainsi la mère gardait-elle l'espoir de donner à son nouveau-né une chance de survie. Mais, avant la bonne âme, passaient souvent les rats, les chiens ou les pourceaux errants (il y avait des pourceaux même dans les villes), quand une nuit de gel ne suffisait pas à remplir leur office.

Toutes les municipalités, au XVIIe siècle, se plaignent de la charge financière que leur imposent les abandons. En 1666, les magistrats de Lille demandent des mesures pour enrayer le phénomène, car le nombre des nouveau-nés qu'ils ont à recueillir *journellement* dépasse les ressources de leur « Bourse des pauvres ». Ces mesures étaient évidemment des mesures de répression qui tendaient surtout à empêcher la clandestinité des grossesses : interdiction aux sages-femmes et habitants d'héberger sans autorisation des femmes enceintes, sous peine d'amende ou du fouet et, en cas de récidive, du bannissement; la fustigation se joint au bannissement pour ceux et celles qui sont convaincus d'avoir aidé une accouchée à abandonner son enfant; on recommande aussi aux sages-femmes de profiter du moment des « plus grandes douleurs » des parturientes pour leur faire avouer le nom du père afin d'obtenir de celui-ci quelque argent; sinon les mères sont expulsées avec leurs nouveau-nés.

On comprend bien que, si le nombre des abandons était infiniment plus élevé dans les villes que dans les villages, c'est aussi parce que les campagnardes qui ne voulaient ou ne pouvaient garder leur enfant allaient accoucher en ville afin d'éviter le scandale; ou bien, une fois leur enfant né, elles le remettaient ou le faisaient remettre à quelque roulier pour qu'il l'emportât vers le centre urbain le plus proche. La plupart des petits innocents ainsi expédiés ne survivaient pas au voyage. Le parlement de Paris, en 1663, dut interdire à tous les rouliers et voituriers de prendre en charge un enfant sans exiger de l'expéditeur ou de l'expéditrice le nom d'un destinataire à qui remettre le pitoyable fardeau. Que survienne une disette et l'afflux d'enfants abandonnés, pas seulement de nouveau-nés (voir *Le Petit Poucet*), atteignait des proportions qui dépassaient les possibilités de la charité publique et privée. L'hôpital de Lyon (nous dirions hospice) recevait un peu moins de cinquante enfants par mois avant la crise de subsistances de 1693; ce taux mensuel s'éleva à près de deux cents pendant le premier semestre de 1694. En dehors même de ces pointes, la progression était constante. L'œuvre créée à Paris par Monsieur Vincent en 1640 et qui devait prendre le nom d'Hôpital des Enfants-Trouvés, recevait trois cent douze enfants en 1670, mille sept cent trente-huit en 1700.

Sans doute, mieux vaut abandonner qu'assassiner et d'aucuns se sont demandé si l'accroissement des abandons ne devait pas être considéré comme un progrès, dû précisément (et paradoxalement) à ceux de l'assistance. Encore faudrait-il être sûr que cet accroissement ait eu pour corollaire une diminution égale du nombre des avortements et des infanticides. Or nous avons vu que ces crimes continuèrent à se pratiquer sur une grande échelle. Mais faut-il parler de crimes? Supprimer son enfant ou l'abandonner, pour quelque raison que ce soit, c'est toujours un geste de désespoir.

Que ces gestes aient été si nombreux au XVIIe siècle témoigne des contraintes, physiologiques, matérielles et sociales, qui pesaient sur les femmes d'alors, et donc, encore une fois, de l'injustice de leur condition.

La mise en nourrice équivalait souvent, consciemment ou non, à un abandon, voire à une mort différée de l'enfant. C'était déjà merveille que les nouveau-nés confiés à des nourrices ou à des « meneuses » parvinssent à destination, le transport de la ville vers les villages ne se faisant guère dans de meilleures conditions que le transport en sens inverse des enfants abandonnés. Et remarquons que les enfants morts en nourrice ne sont pas mieux comptabilisés que les enfants illégitimes. Il a fallu attendre 1973 pour savoir que Molière avait eu un enfant de plus que ceux qu'on lui connaissait, parce que cet enfant était mort en nourrice et que la nourrice avait déclaré ce décès dans sa paroisse, qui n'était pas celle des parents. Du moins l'avait-elle déclaré. Mais combien d'autres négligeaient de le faire, ou se taisaient à dessein! Nous savons que certaines d'entre elles achetaient aux hôpitaux des enfants trouvés, pour remplacer ceux confiés à leurs soins et qu'elles avaient laissés périr.

Les statistiques sont une chose, le vécu quotidien en est une autre, et les registres paroissiaux, tels qu'ils nous sont parvenus, n'en sauraient donner une image exacte.

Seule, la contraception aurait pu épargner aux femmes tant de drames divers, mais elle fit peu de progrès avant la fin du XVIIIe. En revanche, il serait inéquitable de ne pas reconnaître que la chirurgie comme la médecine en firent beaucoup au cours du XVIIe. Mais ce sont les femmes du siècle suivant qui en profitèrent. Les mentalités aussi évoluèrent. En faisant appel à Julien Clément pour les accouchements de ses maîtresses (et en l'anoblissant), Louis XIV contribua à renverser la tendance qui voulait que les parturientes se confiassent de préférence à des sages-femmes. On ne cessait d'ailleurs de se préoccuper de l'instruction de celles-ci : en 1664, 1667 et 1692, des édits renforçaient et sanctionnaient leur formation par des examens plus sévères. Des curés eux-mêmes recommandaient à leurs ouailles de préférer les sages-femmes « affidées » aux matrones, tant pour le bien de l'enfant que pour celui de la mère. Mais la masse resta longtemps réfractaire. En Anjou, à la fin du XVIIIe siècle encore, les communautés villageoises refusaient presque toutes d'assumer les frais de formation des sages-femmes. S'il s'était agi de former des vétérinaires, elles auraient accepté, notait un observateur désabusé. De fait, une femme et un enfant se remplaçaient aisément, mais une vache!...

Ce qui nous amène à une question qui peut paraître surprenante et qui pourtant a été posée. Aimait-on ses enfants? Les parents s'attachaient-ils, comme ceux d'aujourd'hui, à de petites créatures qu'ils avaient une chance sur deux de voir mourir avant leur premier anniversaire? Encore ce chiffre ne représente-t-il qu'une moyenne nationale et approximative. Des quinze enfants issus du mariage du peintre Daniel Hallé avec Catherine Coquelet, onze moururent en bas âge et un douzième à l'âge de dix ans! Du moins Daniel Hallé tenait-il une comptabilité exacte de ces deuils, mais d'autres pères, à l'instar de Montaigne lui-même au siècle précédent, s'avouaient incapables de préciser le nombre d'enfants qu'ils avaient eus et perdus.

J'ai dit, et il faut le redire ici, que le XVIIe siècle ne portait pas son cœur en écharpe; tout de même, de tels oublis seraient-ils imaginables aujourd'hui? La religion, sans doute, aidait à accepter ces fatalités : Dieu avait donné l'enfant, il le reprenait. Et les Français du XVIIe siècle croyaient au paradis, qui, à leurs yeux, valait infiniment mieux que la vallée de larmes qu'est notre monde, qu'il était bien plus encore à une époque où les conditions d'existence étaient si rudes. Un petit innocent qui mourait, à condition qu'il fût baptisé, accédait d'emblée au bonheur éternel et pouvait, de là-haut, intercéder pour ses parents. En 1650, après avoir perdu une fille en bas âge, Mme de Longueville écrit à une religieuse de ses relations : « Dieu a fait une si grande grâce à ma fille en la tirant du monde devant que de lui en avoir fait éprouver l'amertume que je n'ai senti par sa perte que ce que l'on ne peut refuser à la nature. »

Et pourtant Mme de Longueville, à cette époque de sa vie, n'était pas encore dévote. Mais l'Église, par la voie des sermons, du catéchisme, des traités de morale, lui avait enseigné, à elle comme à ses contemporains, que la vie n'était qu'un passage, voire une punition.

Sans doute ressentait-on davantage la perte d'un enfant plus âgé auquel on avait eu le temps de s'attacher. Quand la même Mme de Longueville, plus tard, perdit à la guerre son fils de vingt ans (qui plus est, un enfant de l'amour : elle l'avait eu de La Rochefoucauld), elle éprouva un désespoir qui alla jusqu'aux convulsions, Mme de Sévigné s'en est fait l'écho. Sa seule consolation fut d'apprendre que son fils, avant de partir pour la guerre, avait fait une confession générale et « conduite par nos amis » (les jansénistes), comme dit encore Sévigné.

Pour nous, parents d'aujourd'hui, qui aimons nos enfants à fonds perdus, reste quand même un sujet d'étonnement : que les parents du XVIIe siècle aient cru nécessaire de justifier le chagrin qu'ils éprouvaient de la perte des leurs, quand ils le justifiaient, par les qualités qui les rendaient dignes d'estime. Et cela est vrai dans tous les milieux, aussi bien chez Mme de Longueville que, par exemple, chez le médecin Eusèbe Renaudot qui, ayant perdu huit enfants sur quatorze, ne fait dans son journal l'oraison funèbre que d'un seul, et en ces termes : « Le 15 avril, à une heure après minuit 1659, mourut François Renaudot, mon cher fils, que nous appelions par tendresse Pépé, âgé de cinq ans neuf mois ou environ, au vingtième jour d'une fièvre lente continue avec fluxion sur la poitrine. Sa mort nous ayant si vivement touchés pour les bonnes qualités qu'il possédait au corps et à l'esprit que ne se peut guères rien ajouter à la vive douleur que sa mère, qui l'aimait tendrement et appréhendait toujours de le perdre, et moi, en avons ressentie, et peut-être plus qu'il ne faut pour des gens qui font profession de se soumettre aux ordres d'en haut. »

Cette dernière phrase peut éclairer l'apparente indifférence des parents du XVIIe siècle devant la mort de leurs jeunes enfants : elle n'explique pas que les sept autres petits morts de la famille Renaudot n'aient pas droit aux mêmes regrets, sinon un bébé d'un an, parce qu'il ressemblait au « cher Pépé ». Mais c'était encore un garçon. Les décès des quatre filles sont tout juste mentionnés.

On dira que le plus célèbre exemple d'amour maternel appartient au XVIIe siècle. Mais il serait intéressant de savoir si Mme de Sévigné avait autant aimé sa fille, enfant, que plus tard, quand elle fut devenue l'intelligente et belle créature que nous savons, et que la séparation la rendit plus chère au cœur de sa mère.

On ne s'attendrit guère devant l'enfance au XVIIe siècle. Comme l'amour conjugal, l'amour maternel, et plus encore paternel, est un sentiment dont on ne fait pas exhibition. Lorsque l'enfant paraît, le cercle de famille n'applaudit que chez les bourgeois, je dirais même chez les petits bourgeois. Don Juan se moque de Monsieur Dimanche quand il lui demande des nouvelles de sa femme, de son fils Colin qui « joue si bien du tambour » et de son chien Brusquet. Furetière s'est livré à une violente attaque contre « la coutume des bons bourgeois d'avoir toujours leurs enfants devant les yeux, d'en faire le principal sujet de leurs entretiens, d'en admirer les sottises et d'en boire toutes les ordures ». Il faut lire le tableau qu'il nous trace du procureur Vollichon, abandonnant la conversation de ses invités pour jouer « au dada » avec son fils en enfourchant un balai, cependant que Mme Vollichon s'extasie et fait l'éloge de son petit dernier qui, bien qu'encore à la mamelle, « a la plus belle éloquence du monde, sachant déjà huit ou dix mots ». Et ces bourgeois, poursuit Furetière, « croient être bien excusés en alléguant l'affection paternelle, comme s'ils n'avaient pas assez de temps pour y satisfaire quand ils sont en particulier et dans leur domestique [...]; sottise d'autant plus ridicule qu'elle s'étend bien souvent jusqu'aux gens les plus éloignés de la bourgeoisie ».

La longueur même de ce texte montre l'importance qu'on attachait au sujet et laisse entrevoir une polémique en cours : en 1666 (date du *Roman bourgeois*) les gens « les plus éloignés de la bourgeoisie », c'est-à-dire les aristocrates, se seraient donc laissé gagner par cet attendrissement devant la petite enfance. On a dit que la dévotion à l'Enfant Jésus, mise à la mode, si l'on ose ainsi parler, par les oratoriens, avait pu contribuer à modifier sur ce point les réactions de la société française.

Sans doute ne s'agit-il pas seulement, dans le texte de Furetière, de sentiment, mais de bonnes manières, de conventions sociales : on n'impose pas ses enfants à autrui. Mais le partage entre ces deux composantes est bien difficile à faire, et ce n'est pas seulement chez Furetière qu'on trouve ce ton de sévérité, et même d'exaspération à l'égard de l'enfance. Mme de Sévigné elle-même se défend de céder à cette *radoterie* et juge bon d'expliquer à sa fille qu'elle n'aime ses petits-enfants que pour l'amour d'elle.

Dès les années 1620, les mêmes moralistes et puristes qui déconseillaient aux époux l'emploi des termes d'affection, déconseillaient aussi aux parents l'usage des diminutifs pour leurs enfants : *petiot, poupon, fanfan, folion*, cela était considéré comme vulgaire et ridicule. Et si Mlle de Gournay, qui nous rapporte cela, s'en indignait, c'était au nom du sentiment, sentiment naturel et légitime qui devait pouvoir s'exprimer dans le vocabulaire. Le regretté Philippe

Ariès a étudié tout ce qui touche à l'enfant et à la vie familiale sous l'Ancien Régime, et le sujet est si vaste qu'on ne peut que renvoyer à son beau livre.

Un mot pourtant encore. L'aîné, dans tous les milieux, était plus considéré, mieux soigné et plus choyé par ses parents. Plus aimé aussi? Peut-être, mais alors au sens du dicton « Qui aime bien châtie bien ». On l'élevait en effet avec rigueur, sa qualité d'héritier lui imposant d'acquérir une certaine instruction et le sens de ses responsabilités futures. On pourrait croire que les mères avaient à cœur de compenser par un redoublement de tendresse les désavantages sociaux et financiers des puînés. Or il ne semble pas que ce fût toujours le cas. « Il est certain, écrit un cadet de famille, évoquant son enfance, que dans le partage du cœur maternel, j'en fus réduit à ma légitime » (on se rappelle que la légitime était la maigre part d'héritage des puînés). Nous avons vu plus haut les dangers de la mise en nourrice et de l'allaitement mercenaire; or les cadets étaient beaucoup plus souvent mis en nourrice que les aînés. Tout autant que leur santé, leur éducation s'en ressentait et donc leurs chances de réussite. Beaucoup d'entre eux prenaient le ton et les manières des paysans chez qui ils étaient exilés et parfois oubliés. Même quand ils étaient élevés au foyer, on se souciait assez peu de leur instruction. Tout cela est encore plus vrai s'agissant des filles, trop souvent expédiées pour la vie dans des couvents, à seule fin de favoriser la fortune de leurs aînés, ou, pis encore, la vanité de leurs mères dont, en grandissant, elles eussent trahi l'âge véritable. Égoïsme et légèreté dont l'Église elle-même s'indignait.

Il semble difficile de croire que le cœur humain, dans ses passions élémentaires, ait beaucoup varié. Pourtant le vers de Victor Hugo sur l'amour maternel :

Chacun en a sa part et tous l'ont tout entier

n'est peut-être pas applicable au XVIIe siècle.

CHAPITRE IV

DES BIENFAITS DE LA MONDANITÉ

Chloris est à sa toilette. Pour faire belle figure, cette après-dînée, chez Araminte, elle a nacré ses dents avec de la poudre de corail, blanchi son teint avec une mixtion de céruse, rosi ses lèvres et ses pommettes avec du vermillon d'Espagne. Lisette, ma jupe de dessus! Elle sera aujourd'hui de couleur incarnadine, le bleu mourant et l'amant blessé ayant fait leur temps. Pour les rubans, piquons-les en flots un peu partout, à la négligence. (Ils viennent de chez Perdrigeon, c'est le meilleur mercier.)

Comment se coiffera Chloris? A la picarde? A la fantasque? Quelle tristesse que Champagne n'ait pu venir! Mais, glorieux comme il l'est devenu, ce grand coiffeur réserve aux grandes dames ses services – ou faut-il dire ses faveurs? – car elles se le disputent et le bruit court qu'elles sont prêtes à tout pour le retenir. Par bonheur, Lisette n'est point trop malhabile. Elle sait mouler le rond de cheveux au sommet de la tête, l'emprisonner dans la résille, et taponner le long des joues les grosses boucles qui doivent nécessairement encadrer le visage; Araminte les appelle des serpenteaux, le mot est bien trouvé. Aux mouches, maintenant!... Voyons, choisirai-je *la majestueuse,* au milieu du front? *l'effrontée,* au bout du nez? Non, mieux vaut *la passionnée,* au coin de l'œil. Voilà qui est fait. N'oublions pas le mouchoir de col, puisqu'il faudra d'abord passer à l'église pour le salut, et mon chien de curé déclame contre nos « tétons bondissants » : c'est, dit-il, marchandise de chair vive que nous étalons à plaisir pour nous vendre nous-mêmes. A-t-on jamais ouï style plus rude? Et qu'y pouvons-nous si les buscs à baleines font bondir nos tétons?... Mes gants, Lisette! Mes gants de peau parfumée, qui viennent d'Italie. Et mon masque, puisque les femmes de qualité ne sauraient sortir sans masques. Mais au Cours-la-Reine, nous les ôtons, toutes, quand le soir tombe, et, devant tant de radieux visages apparus aux portières des carrosses, les cavaliers s'étonnent, comme le disait plaisamment l'autre jour M. Voiture, que la nuit puisse venir au milieu de tant de soleils!...

Il serait facile de dédier ce chapitre au seul pittoresque, en variant, du début à la fin du siècle, les coiffures et les toilettes de Chloris, ou d'Iris, ou de Phyllis. Mais quel intérêt? *Mutatis mutandis,* la femme à la mode est un type éternel et, s'il ne s'agit que de railler les tics d'une société, qui pourrait faire mieux, qui pourrait seulement égaler, pour le XVIIe, Molière ou La Bruyère?

L'important n'est pas de savoir dans quel attirail les femmes allaient dans les salons, mais ce qu'elles y faisaient. N'est-il pas significatif que l'entrée dans la vie mondaine se soit si longtemps appelée, pour les filles, « l'entrée dans le monde »? Survivance d'un temps, celui qui nous occupe, où les femmes ne pouvaient apprendre ce que la famille, l'école et le couvent leur avaient laissé ignorer qu'au contact d'un certain monde qui les initiait à l'autre, au vaste monde de la culture.

Car si la mondanité ne devient aux époques postérieures qu'un simple phénomène, voire épiphénomène, de civilisation, elle est au XVIIe siècle un fait civilisateur. On sait bien et l'on n'oublie pas que, même dans les grandes villes, 40 % à peine des Françaises étaient capables de signer. Mais c'est dans les salons que la minorité de cette minorité est devenue une élite; et, sans cette élite, la masse des autres aurait-elle seulement pris conscience de ses manques et appris à formuler ses revendications? D'où, dans cette société faite par et pour les hommes, pouvait venir le changement, sinon des femmes elles-mêmes?

Les salons sont des lieux éminemment pédagogiques et ils le sont doublement, parce qu'en s'y formant les femmes y forment les hommes, ces passéistes qui jugent qu'elles en savent assez quand elles distinguent un pourpoint d'avec un haut-de-chausses, ces matérialistes qui leur disent : « Sois à moi et tais-toi. » Aussi bien s'agit-il au premier chef d'une formation qu'on peut qualifier de socio-morale; et certes, en ceci, le mouvement n'est pas isolé : il s'inscrit dans cette « coalition contre la grossièreté » dont Magendie, dans une thèse sur la politesse mondaine entre 1600 et 1643, étudia jadis toutes les composantes. Et c'est vrai qu'au sortir des trente-cinq années de guerre civile, l'Église renaissante, le pouvoir restauré, les philosophes, les moralistes, les puristes, les littérateurs jouèrent leur part dans le grand effort d'éducation – mieux vaudrait dire de rééducation – des Français, dont la scolarisation ne nous a montré qu'un aspect.

Pour divers qu'aient été les motifs et les méthodes des uns et des autres, un dénominateur reste commun à toutes ces entreprises : qu'il s'agisse de s'approcher de la perfection évangélique ou de l'idéal de l'homme maître de ses passions prôné par Descartes et Corneille, qu'il s'agisse de réussir à la cour, où après Henri IV, règne un roi pieux et sévère, doublé du terrible cardinal-ministre qui, selon le mot célèbre, « foudroyait plutôt que gouvernait les humains », il faut, comme dans les salons, apprendre à contrôler ses instincts ou du moins à en modérer l'expression. Ce n'est pas par hasard qu'une floraison d'ouvrages didactiques tracent le portrait de « l'honnête homme » et mêlent aux préceptes moraux les recettes de l'art de plaire, de réussir, d'écrire, de converser.

Chez tous les théoriciens le respect de la femme fait partie des règles à observer. Mais, dans les salons, il faut un peu plus que du respect, parce qu'on y est nourri de romanesque. Comme de bons esprits le remarquaient depuis le début du siècle, en interdisant aux filles les études sérieuses, on les condamnait aux ouvrages de fiction; il est vrai que ces lectures-là aussi leur étaient interdites; mais, sans que les familles y prissent garde, le goût du romanesque, du merveilleux, du chimérique, était de toute façon inculqué aux filles par les vieux contes que leur narraient leurs nourrices ou servantes. Comment, devenues femmes, n'auraient-elles pas fait des romans leurs ouvrages de prédilection? Les dames du temps d'Henri IV emportaient jusqu'à l'église, en guise de livres d'heures, les œuvres de l'aujourd'hui illisible Nervèze. Tout au long du siècle, les plus cultivées d'entre les femmes, telle Sévigné, confesseront le plaisir qu'elles prenaient aux romans. Les railleries des satiriques, ou d'un Racine (dans la préface d'*Andromaque*), contre ces œuvres où tout, paysages, personnages et sentiments, relevait de la convention, où la mort même, comme dit drôlement Furetière, « n'entrait que pour chercher les traîtres, les assassins », n'y changeront rien. Parce que c'est de rêve que l'humanité a besoin, et plus encore les femmes que les hommes. Celles du XVIIe siècle trouvaient dans ces fictions tout ce que la réalité de leur temps leur refusait. Face à des parents tyranniques, à des maris détestés, à des amants trop souvent brutaux, quelle revanche pour les jeunes filles recluses et pour les mal-mariées de s'évader dans ces royaumes imaginaires voués à l'éternel printemps, où les bergers avaient figure de princes charmants, où les princes, qu'ils appartinssent aux temps les plus barbares, aux contrées les plus sauvages, étaient toujours, sinon charmants, du moins charmés par elles! Elles étaient esclaves : elles devenaient reines.

On peut naturellement penser que les romanciers, en offrant au public féminin ce qu'il souhaitait lire, n'obéissaient qu'à ce que nous appelons la loi du marché. Ce serait leur faire injure. Eux aussi sentaient le besoin de réagir contre la grossièreté et le matérialisme ambiants, et il n'est pas indifférent de remarquer que quelques-uns furent en même temps et ouvertement des moralistes, tel Nervèze, écrivant un *Guide du courtisan,* tel d'Urfé, composant des *Epistres morales.* Signe des temps... Mais il faut surtout souligner que l'immense succès remporté de 1607 à 1627 par les cinq tomes de *L'Astrée,* du même Honoré d'Urfé, avait créé une mode, ouvert une voie, où s'élancèrent avec plus ou moins de talent d'innombrables suiveurs.

L'Astrée, dit Mlle de Gournay, tenait lieu de « bréviaire » à la société mondaine. Le mot est bien trouvé, car *L'Astrée,* avec ses bergers enrubannés, joignait à tous les charmes de la littérature d'évasion un enseignement; elle proposait à l'un et l'autre sexe une nouvelle sentimentalité, fondée sur un nouvel idéalisme. Certes, bien peu des lecteurs de l'œuvre étaient capables d'adhérer aux théories néo-platoniciennes qui la sous-tendaient (ou seulement de les comprendre), de voir dans l'amour un chemin de perfection et, à l'instar de Céladon, le héros du livre, de subir patiemment et chastement les rigueurs de leurs *maîtresses* (mot si galvaudé qu'on en oublie la signification première).

Du moins le public de *L'Astrée* en retint-il une leçon que résume assez bien la citation suivante : « Avez-vous bonne opinion qu'il faille nécessairement aimer pour être honnête homme? – Oui, madame, parce que pour être aimé il faut être aimable et ce qui rend aimable est cela même qui rend honnête homme. » Autrement dit, il s'agissait de plaire, et cette nécessité imposait des délicatesses insoupçonnées, ou du moins oubliées, de pensée, de conduite et de langage : *L'Astrée* en donnait le modèle.

Les travaux pratiques se faisaient dans les salons.

Se pose une question préalable. D'où sortaient-elles, la condition féminine étant ce qu'elle était, les hôtesses qui ouvrirent les premiers salons, qui furent capables de régenter les mœurs, les manières, le goût, et d'oser dire aux hommes qu'il n'y avait pas de civilisation digne de ce nom qui ne les mît à leur place, la première?

Il s'agissait naturellement de citadines, favorisées par la naissance et (ou) par la fortune, et dont les maris étaient, ou particulièrement libéraux, ou absents, ou morts; de vieilles filles aussi (voir Mlle de Scudéry), que leurs parents n'étaient plus là pour surveiller. Mais cette indépendance, condition nécessaire, n'était pas une condition suffisante. Il fallait aussi avoir acquis un minimum de culture, et les femmes cultivées, au XVIIᵉ siècle, sont celles qui ont voulu l'être en saisissant toutes les chances qui passaient à leur portée, en rusant pour s'instruire, comme d'autres eussent rusé pour cacher une intrigue amoureuse. Beaucoup ne s'étaient initiées, jeunes filles, aux humanités qu'en écoutant dans un coin de chambre les leçons données à leurs frères. C'est ainsi que Mme de Brassac, la gouvernante du jeune Louis XIV, avait appris le latin; mais c'est parce qu'elle continua, de son seul vouloir, à l'étudier, qu'elle parvint à lire dans le texte les auteurs anciens. Secrètement, bien sûr. Il n'eût pas été bienséant de passer pour savante.

Ne parlons que pour l'anecdote des cousins complaisants – trop complaisants parfois. Tallemant, dans sa jeunesse, enseignait l'italien à Mlle Godet des Marais au prix d'un baiser par leçon : l'élève n'atteignit jamais un bon niveau, le marché lui ayant bientôt paru trop coûteux.

D'autres, une fois établies dans le monde, prenaient conscience de leurs lacunes et engageaient des précepteurs. Le secret, là encore, était de mise. Aussi le prince de Guéméné manifesta-t-il quelque étonnement en surprenant un jour chez sa femme un pauvre hère dont l'habillement trahissait l'impécuniosité : « Il me montre l'hébreu, expliqua la princesse. – Madame, il vous montrera bientôt autre chose », répondit le mari. De fait, il y avait des trous, et fort mal placés, jusque dans le haut-de-chausses du précepteur.

L'archétype des hôtesses du Grand Siècle, la

référence suprême, c'est Mme de Rambouillet. Personne, mieux qu'elle, ne sut réussir le dosage du bel air et du bel esprit. Elle avait eu, au départ, toutes les chances qu'il fallait, et notamment une mère italienne de grande intelligence et de grandes manières, qui n'avait pas négligé son éducation. Elle était donc bilingue, et plus tard elle apprit d'elle-même l'espagnol pour parfaire sa culture littéraire. Non moins douée pour les arts, elle dessinait bien et fut capable de tracer elle-même les plans de l'hôtel qu'elle fit construire rue Saint-Thomas-du-Louvre. Ajoutons à tous ces atouts un caractère aimable et bienveillant, le sens de l'amitié et une réputation sans tache, qu'expliquait sans doute la présence à ses côtés, autre chance, d'un mari aimant et admiratif.

Son salon fut un peu l'effet des circonstances. Elle avait fui la cour parce que la cour, celle d'Henri IV, lui semblait trop grossière. De santé fragile, elle n'en supportait d'ailleurs pas plus « la presse » que le ton. Plus tard, la semi-disgrâce de son mari, sous Richelieu, contribua à sa semi-retraite. On ne se compromettait pourtant point en fréquentant l'hôtel de Rambouillet. Il était encore possible, en ce début du siècle, de s'éloigner de la cour sans encourir le définitif « je ne le (ou ne la) connais pas » de Louis XIV, qui mettait fin aux ambitions des transfuges. Historiquement, les salons sont nés de cette éclipse de la cour royale, qui dura plus de quarante ans, jusqu'à la régence d'Anne d'Autriche, reine accueillante, aimable et raffinée, mais qui n'avait pas eu, sous le règne morose et traversé de complots de son mari Louis XIII, la possibilité de devenir un pôle d'attraction. En outre, à la différence de son père Henri IV, Louis XIII n'aimait ni n'appréciait les femmes. Et, sans les femmes, point de galanterie, donc point de vie mondaine, puisque l'une ne se conçoit pas sans l'autre.

La galanterie, ce je ne sais quoi de brillant et de charmeur qui s'ajoute à « l'honnêteté », implique donc, en même temps qu'elle requiert, une certaine liberté de la femme dont elle aboutira à consacrer le règne dans la société mondaine; et, à ce point de vue, la France, nous l'avons dit, apparaît plus favorisée que d'autres pays où le beau sexe est « presque reclus », comme le note l'écrivain Huet.

Vers le milieu du siècle, un habitué de l'hôtel de Rambouillet, le futur abbé Arnauld, ayant assisté à une fête en Italie, chez le duc de Parme, en donne ce récit stupéfait :

« Toutes les femmes y étaient assises comme au sermon; chacune y apportait son petit coffret sous le bras, les unes d'ébène, les autres de cèdre; j'aurais eu peine à deviner ce que cela voulait dire, si, enfin, les leur voyant mettre sous les pieds, je n'eusse compris que c'étaient des chauffoirs pour se garantir du froid qui était alors fort vif. On était là dans un grand silence, occupé à écouter toutes sortes de musiciens et d'instruments, qui auraient assurément donné plus de plaisir à l'assemblée si l'honnête liberté des hommes avec les femmes y eût mêlé quelque conversation. »

Même atmosphère à Bruxelles, alors sous domination espagnole. Le poète Voiture, dans les années 1630, constate que des règles rigides y interdisent encore aux femmes de recevoir les hommages masculins autrement qu'à leurs balcons et à des heures convenues. Deux conséquences : impossibilité de « l'honnête conversation » et, plus grave, brusque défoulement quand par hasard on obtient un tête-à-tête. Lorsque les hommes n'ont que de rares et brèves occasions d'approcher une femme, foin des détours, ils agissent!...

Ayant choisi de recréer chez elle une cour à son goût, Mme de Rambouillet commença par le décor auquel elle apporta un soin jusqu'alors inconnu. Dans son hôtel, l'escalier ne fut pas central, mais latéral, ce qui dégageait une enfilade de salons propice à la réception [1]. L'autre innovation, qui ne fit pas moins de

1. Peut-être faut-il préciser que le mot salon, d'origine italienne, n'apparaîtra dans notre vocabulaire qu'à l'extrême fin du siècle.

bruit, c'était l'alcôve. Non pas certes que Mme de Rambouillet l'ait inventée, mais elle en fit le centre de sa vie d'hôtesse. Pour lutter contre le froid terrible qui régnait dans les demeures du Grand Siècle, les Françaises n'osaient pas, comme les Italiennes, apporter avec elles des chaufferettes, mais elles restaient près des cheminées. Or Mme de Rambouillet ne le pouvait pas, l'étrange maladie dont elle était affligée (où l'on a voulu, depuis, voir un cas de thermo-anaphylaxie) lui interdisant, sous peine de sérieux malaises, de s'exposer à la chaleur du feu, comme aux rayons du soleil. Elle choisit donc de recevoir dans son alcôve.

On remarquera au passage qu'une typologie des hôtesses du Grand Siècle ferait apparaître une proportion assez remarquable de malades, ou tout au moins de femmes fragiles, hypersensibles, souffrant plus que d'autres de l'inconfort de leur époque et de mille petits maux incompréhensibles à la rude santé ou à la rudesse tout court de leurs contemporains. Mme de Sablé était aussi célèbre par son esprit que par les précautions, jugées ridicules, qu'elle prenait pour éviter la maladie; les trois médecins qu'elle usa étaient d'ailleurs des piliers de son salon. Mme de Maure était, comme Mme de Sablé, une insomniaque, et ces deux amies craignaient tellement la contagion que, même lorsqu'elles cohabitaient, elles ne communiquaient de chambre à chambre que par l'intermédiaire de messagers, si l'une d'elles souffrait de quelque rhume. Quant à Mme de la Fayette, elle menait une vie semi-recluse, et d'aucuns, ignorant la réalité de ses maux, qu'elle avait l'élégance de taire, la jugeaient

Architecturalement, le XVIIe siècle ne connaissait, en fait de grandes pièces de réception, que les *salles* ou les *galeries*. Les hôtesses recevaient dans des *chambres*, qui n'étaient pas nécessairement des chambres à coucher, le mot ayant un sens plus large qu'aujourd'hui (comme encore *room* en anglais). L'*appartement*, sorte de petite demeure dans la grande, était composé d'une réunion plus ou moins importante de chambres et pièces annexes, tels cabinets et garde-robe.

« folle » de ne point vouloir sortir. Elle fut parmi les premières, détail révélateur, à faire adapter des vitres à son carrosse, tant, précisément, elle avait souffert de sortir à l'époque où les ouvertures des portières n'étaient défendues que par des rideaux contre le vent, le froid et la pluie du dehors.

Le docteur du Boulbon, celui de Proust, eût dit de toutes ces femmes qu'elles appartenaient à « cette famille magnifique et lamentable qui est le sel de la terre », la famille des nerveux, dont le monde « ne saura jamais ce qu'il leur doit et surtout ce qu'eux ont souffert pour le lui donner ».

Des modes, une fois lancées, on oublie l'origine, qui fut souvent de nécessité. Quand les bourgeoises du XVIIe siècle prirent, elles aussi, l'habitude de recevoir sur leur lit ou dans leur alcôve, c'était sans doute pour imiter les grandes dames plutôt que pour se protéger du froid et converser sans fatigue. Les mots *ruelle* et *réduit* perdirent leur sens premier pour ne plus signifier qu'une certaine forme de vie mondaine, mais dont l'intimité, une intimité toute nouvelle, faisait le prix pour les *alcôvistes* admis à y pénétrer.

Ces lits de parade étaient d'imposants monuments, surmontés de ciels, drapés de rideaux, cantonnières, pentes, bonnes grâces, et dont les quatre piliers se couronnaient parfois de plumes. Mais le reste du mobilier, au début du XVIIe siècle, était relativement fruste et peu diversifié : des tables, des coffres, des armoires, chez les plus riches des cabinets à tiroirs multiples, incrustés de bois précieux ou d'ivoire. Pour s'asseoir, des chaises et des pliants; les fauteuils, qui commencent leur carrière, n'ont encore que de droits et hauts dossiers, mais rembourrés, comme le siège; grand progrès sur la caquetoire, cette ancêtre des « chaires à bras » qui dut son nom à ce que les femmes s'y installaient pour caqueter (puisque les misogynes du début du siècle en étaient encore à désigner ainsi la conversation féminine). Comme les gravures en témoignent, une impression de raideur géométrique se dégageait de ces ameublements. La fantaisie et le confort du mobilier seront le fait du XVIIIe.

Mme de Rambouillet sut égayer, aérer la mode décorative de son époque. Certains raffinements nous sont si familiers qu'on oublie qu'il a fallu que quelqu'un les inventât. C'est elle qui inventa de poser sur les meubles des bibelots et des vases ou corbeilles remplis de fleurs sans cesse renouvelées, « qui faisaient un printemps dans sa chambre ». Ce mot d'un contemporain résume assez bien l'éblouissement qu'éprouvaient les *happy few* à pénétrer dans une atmosphère qu'ils ont d'ailleurs mal su décrire, tant elle leur paraissait nouvelle. Mme de Rambouillet aimait la nature; ne pouvant guère en profiter, il ne lui suffisait pas de regarder par ses fenêtres la prairie qu'elle laissait croître dans son jardin et de s'offrir le luxe original de faire les foins en plein Paris : ce printemps, elle voulait qu'il régnât dans toute sa demeure. Aux murs, plus de sombres lambris ni de cuir de Cordoue, mais des tentures dont les frais coloris répondaient à ceux des bouquets : du vert, de l'or, du rouge et, pour la chambre de la maîtresse de maison, du bleu (d'où le nom); ressortant sur ces fonds éclatants, mais non point accrochés en formation serrée, comme on faisait alors, des toiles de maîtres et des portraits d'amis chers. Un sûr instinct de connaisseuse présidait au choix et à l'harmonie des objets : vases vénitiens, porcelaines de Chine, marbres antiques, pièces d'orfèvrerie, le tout savamment reflété dans des grands miroirs (nouveauté), éclairé par des lustres de cristal (autre nouveauté) dont les facettes adoucissaient et démultipliaient les lueurs des bougies.

Aux branches des chandeliers d'argent, les bougies étaient parfumées, raffinement moins superflu qu'il ne semble, eu égard aux fortes odeurs des guerriers et des amazones de l'époque. Les ursulines n'avaient point encore inculqué l'hygiène à leurs élèves et il fallait parfois rappeler les jeunes mondaines à la propreté. A une habituée de la Chambre bleue dont la tenue vestimentaire laisse à désirer, Voiture adresse un jour cette petite leçon versifiée :

Vous qui tenez incessamment
Cent amants dedans votre manche,
Tenez-les au moins proprement
Et faites qu'elle soit plus blanche.

Il ne faudrait pas prendre Mme de Rambouillet pour un magister. L'aimable Arthénice ne prêche que d'exemple et par l'entremise de ses poètes familiers. Car, chez elle, les gens de lettres sont reçus sur le même pied que les gens du monde, à condition qu'ils soient « honnêtes hommes ». Grande innovation, cela encore. En 1632, Chapelain, un habitué de la maison, n'écrivait-il pas qu'à la cour « poète » était synonyme de « chantre, baladin, bouffon et parasite »? Un amuseur, tel Voiture, a eu, socialement, un rôle non négligeable : par ses railleries mi-badines, mi-galantes, il a aidé à corriger les mœurs en faisant sourire. Ses vers comme sa prose nous paraissent aujourd'hui le comble de l'artifice, mais les contemporains y trouvèrent de la grâce et du naturel. C'est que Voiture avait su trouver un juste milieu entre les plaisanteries trop crues des vert-galants et les formes trop compassées que, par réaction, le langage tendait à adopter. Pour parvenir à cette « ingénieuse badinerie », il fallait un doigté que tout le monde n'avait pas.

Un jour, les habitués de la Chambre bleue décident de brocarder quatre d'entre eux, les frères Habert, qui se montrent trop hardis avec les dames; voici, à titre d'exemple, l'un des rondeaux qui pleuvent sur eux :

Leur plus grand vice est copulation,
Ils n'ont d'amour que pour un mot en on
Qu'en mon jeune âge ai lu dans le grimoire

Si bien que les Rambouillet, après avoir rappelé les coupables à la décence, doivent en faire autant à l'égard de leurs censeurs. Julie d'Angennes, la bientôt célèbre Julie, fille aînée de la marquise, leur adresse, toujours sous forme de rondeau (car le rondeau est à la mode), une remontrance assez fade et d'une modération qui étonne.

Qu'une telle liberté de propos ait pu régner dans la Chambre bleue et y représenter un progrès sur le langage des années précédentes, montre assez d'où l'on venait; comme le montre aussi la réaction de Tallemant, qui, bien qu'admirant beaucoup Mme de Rambouillet, se choquait qu'elle interdît le mot « cul » dans son salon. « Cela va dans l'excès, écrit-il, surtout quand on est en liberté. » Qu'eût dit Tallemant, vingt ans plus tard, des précieuses!...

Entendons-nous : il y aura toujours des poètes pour écrire des pièces gaillardes, mais en dehors des salons. De même que les dames qui veulent être admises à l'hôtel de Rambouillet doivent réformer leurs mœurs, ou du moins rétablir leur réputation, de même les auteurs qui veulent y plaire doivent réformer leur style et, dans une certaine mesure, leur façon de penser. Et ils le font. Malherbe, qui, dans sa jeunesse, avait donné des couplets obscènes aux recueils satiriques, condamne maintenant ces deux vers de Desportes :

O vent qui fais mouvoir cette divine plante,
Te jouant, amoureux, parmi ses blanches fleurs.

« Sale! écrit-il. Chacun sait assez ce que je veux dire. » *Chacun?* En vérité il faut avoir l'esprit bien mal tourné pour voir de la saleté dans ce distique. Mais c'était justement le genre d'esprit qu'avaient les contemporains de Malherbe et Malherbe lui-même, avant de s'en corriger; de ces « blanches fleurs » ils étaient prompts à rapprocher ce qu'on appelait les « fleurs blanches » des femmes; dès lors, faire « mouvoir » et « jouer » parmi celles-ci une divine plante ou un vent amoureux, c'était immanquablement créer une de ces *équivoques* qu'on pourchassait, après s'être ingénié – et amusé – à en inventer.

Non moins significatifs, les scrupules d'un Corneille. Le grand homme n'avait jamais craint la gaillardise, et nous verrons ce qu'il écrira à Marquise Du Parc. Or que dit-il dans l'*Examen de Polyeucte* (ce *Polyeucte* dont la première lecture eut lieu à l'hôtel de Rambouillet)? « Si j'avais à exposer l'histoire de David et de Bethsabée, je ne décrirais pas comment il en devint amoureux en la voyant se baigner dans une fontaine, de peur que l'image de cette nudité ne fît une impression trop chatouilleuse dans l'esprit de l'auditeur, mais je me contenterais de le peindre avec de l'amour pour elle, sans parler aucunement de quelle manière cet amour se serait emparé de son cœur. »

C'est que les dames, maintenant, ne se contentaient plus d'assister dans les salons à des lectures ou à des représentations privées : elles se montraient dans les salles de spectacle et il fallait qu'elles pussent continuer à s'y montrer. Bien entendu, il y eut interréaction. C'est parce que la floraison d'auteurs dramatiques du premier XVIIe siècle, celui de Louis XIII, avait renouvelé et épuré la scène française (avant le triomphe du *Cid*, en 1637, il y avait eu les succès des Mairet, Du Ryer, Rotrou), que les femmes s'étaient hasardées « à la comédie », comme on disait; mais c'est pour les y retenir qu'ensuite les auteurs choisirent l'autocensure; ils ne pouvaient se priver d'un public aussi chaleureux, dont le théâtre, comme le roman, satisfaisait le besoin d'évasion.

La police tout court prit en 1641 le relais de la police des salons en édictant une mesure qui acheva de rendre fréquentables les salles de spectacle et donc de permettre au public féminin d'accéder à la forme de culture qui s'y diffusait : il était fait défense aux comédiens, sous peine d'interdiction, d'amende ou de bannissement, « de représenter aucunes actions malhonnêtes ni d'user d'aucunes paroles lascives ». Ainsi l'avait voulu Richelieu lui-même, et il n'est pas indifférent de le rappeler, parce qu'en cette première moitié du siècle tout se tient. De même qu'en politique l'absolutisme est sorti de l'extrême désordre, dans le domaine de la littérature, comme dans celui des mœurs et des manières, la tyrannie de la bienséance est sortie de l'extrême licence. Tout excès amène toujours un excès contraire.

On peut le déplorer. Cette censure, bénéfique, indéniablement, pour la scène française (aurions-nous, sans cela, des « tragédies classiques », et la farce aurait-elle si tôt cédé la place à la comédie de mœurs?) eut, non moins certainement, de néfastes effets sur les autres formes de la poésie. Il n'est que de lire le merveilleux Théophile de Viau, ce marginal des années 1620, pour mesurer ce que le lyrisme français a, pour longtemps, perdu à se conformer au goût des salons. Dès lors qu'on craint de « chatouiller » l'esprit des auditeurs, et surtout des auditrices, par des images trop précises, dès lors qu'on évacue toute sensualité, l'amour, désincarné, tombe dans l'abstraction, perd sa crédibilité, et il ne reste plus aux poètes qu'à suppléer à la force du sentiment par l'ingéniosité de l'imagination. Civilisation du bel esprit, où règne le madrigal, et que symbolise *La Guirlande de Julie*, recueil de soixante-deux pièces offert à Julie d'Angennes par Montausier, son soupirant de quatorze années. Écrivit-il lui-même les pièces qu'il signa? Qu'importe! Puisqu'il ne s'agit plus que de « prendre par l'oreille », n'importe quel rimeur à gages fera l'affaire, et les plus faméliques, trop heureux de cette mode qui leur procure un gagne-pain, proposent à l'envi leur marchandise. Vous voulez des vers pour votre bien-aimée, ou simplement pour briller dans les ruelles? Qu'à cela ne tienne!

J'en ai sur un refus, j'en ai sur une absence,
J'en ai sur un mépris, sur une médisance,
J'en ai sur un courroux, sur des yeux, sur un ris,
Un retour de Sylvie, un adieu pour Chloris,
Un songe à Bérénice, une plainte à Cassandre,
Car on choisit le nom tel que l'on le veut prendre.

Ainsi parle, dans *Les Visionnaires*, comédie de Desmarets de Saint-Sorlin, le plumitif Amidor, offrant sa marchandise à un jeune homme qui veut jouer les galants.

Et pourtant il est peut-être injuste de reprocher aux salons d'avoir prôné et cultivé l'art d'aimer sans amour. Ces exercices étaient nécessaires à des gens qui n'imaginaient pas qu'on pût mettre un peu d'art dans l'amour. Si la galanterie ne consiste qu'à traiter n'importe quelle femme comme la femme qu'on aime, cela vaut tout de même mieux que de traiter la femme qu'on aime comme n'importe laquelle. D'ailleurs, la passion toute nue n'a jamais eu sa place dans les salons. L'amour authentique est bien plus néfaste à la vie de société que l'amour simulé. Le poète l'a dit : un seul être vous manque et tout est dépeuplé.

Voiture, lui, disait joliment de Julie d'Angennes : « Personne n'a mieux qu'elle entendu la galanterie et si peu les galants. » Le mot s'appliquerait mieux encore à la marquise, mère de Julie.

N'oublions pas qu'à l'origine galanterie a signifié plaisanterie, divertissement [1]. Vertueuse et malade, mélancolique au fond, Mme de Rambouillet ne voulait pas ou plus être aimée, mais elle voulait être divertie, au sens pascalien du mot. Bien à l'abri des rideaux satinés de son lit broché d'or, passementé d'argent, il était doux, il était divertissant d'entendre, comme un écho inoffensif et lointain de l'amour, les ris, les jeux et les grâces de la galanterie, qu'alimentait la jeunesse de ses filles et de ses fils.

Avec Mme de Rambouillet, l'alcôve devient vertueuse. Après tout, même de parade, un lit reste un lit, et une femme sur un lit, cela donne des idées. Le marquis de Roquelaure, avisant un jour, dans le salon d'un honorable maître des requêtes, une jeune et jolie personne étendue sur le lit de repos, n'y put tenir et la

1. En italien, *gala* est une fête.

« dépêcha » à l'abri des rideaux de l'alcôve, tandis que ses amis détournaient l'attention de la compagnie. Cas extrême, sans doute : Roquelaure était un Gascon, et à l'époque cela veut tout dire. N'empêche, ce fut un bel exploit, mesdames, un grand progrès, pour vous et pour eux, que d'arrêter des cavaliers aussi impulsifs au bord de ces lits que protégeait seulement la défense symbolique d'un balustre de bois! Un bel exploit que de leur apprendre à passer d'une alcôve à l'autre : de celle où l'on couche à celle où l'on parle.

Entre tous les exercices que la galanterie, désormais, imposait aux hommes, celui-ci était assurément le moins facile à pratiquer. Mais, en fait, tout pour eux était nouveau et difficile dans ce domaine, et les mémoires du temps abondent en anecdotes illustrant leurs bévues. Un jour, c'est le poète Racan qui décide d'aller à la campagne voir sa maîtresse (c'est-à-dire la dame de ses pensées) vêtu d'un « habit Céladon [1] ». Mais, lui dit son valet, « s'il pleut, où sera l'habit Céladon? » Se rendant à cette prosaïque raison, Racan choisit de voyager en habit de bure, quitte à se changer au coin d'un bois avant de paraître devant sa belle. La suite, on la devine; c'est au moment où Racan s'est dépouillé de ses vêtements qu'apparaît la dame de son cœur, en promenade avec deux de ses amies! À Rouen, c'est le duc de Villars qui, amoureux d'une dame de la ville, la suit tous les matins jusqu'à une fontaine où elle va prendre les eaux, sans jamais manquer d'y faire porter des corbeilles remplies d'un galant assortiment de fleurs, de rubans, d'éventails et de gants. Mais, dès qu'il s'agit de déclarer sa flamme dans le langage approprié, le duc reste court et masque ses hésitations de *hem* et de *pardi*; ce qui donne : « Hem! Je vous le dis, pardi! Madame, je vous en prie, les genoux du cœur à terre et le cœur en cendre. »

De tels efforts méritent récompense. Aussi, quand

1. L'étoffe dite « céladon » était un taffetas de nuance vert pâle.

le sieur de la Vallée apprit que la riche Mlle Menant, qu'il courtisait dans les règles depuis qu'elle avait dix ans, en épousait un autre, sa colère fut extrême. Passe encore d'avoir perdu son temps, mais son argent!... Et notre galant, changeant de personnage, intenta un procès à la famille Menant, pour obtenir des dommages et intérêts, « car il avait toujours doublé ses manteaux de panne bleue, à cause que c'était la couleur de la demoiselle, et il avait beaucoup dépensé à faire broder ses manteaux de doubles M pour dire *Marie Menant* » (Tallemant).

La galanterie n'est une fin en soi que pour les poètes et les abbés de cour. Et encore!... Chassez le naturel, il revient au galop. Voiture lui-même ne s'oublia-t-il pas un jour, chez Mme de Rambouillet, jusqu'à baiser un poignet de Julie passant à portée de ses lèvres? Impardonnable erreur, pour ce qu'on appelle un « amant de galanterie ». Voiture est donc banni de l'Hôtel. Pas pour longtemps, à vrai dire, car on ne s'amuse guère quand il n'est pas là. C'est lui, l'inventeur de presque tous les jeux de salon qui, pour frivoles qu'ils soient, accoutument la société mondaine à parler avec grâce des choses du cœur. N'oublions pas pourtant l'abbé Cotin à qui l'on doit la mode de l'*énigme*. Exemple :

Souvent on me ravit, mais toujours je demeure,
Sans passer dans les mains de celui qui me prend.
Je suis le plus petit, mais je suis le plus grand
Et l'on ne peut me voir qu'aussitôt je ne meure.

Réponse : le cœur.

Voiture, vexé par le succès de ce rival, lance la *métamorphose* : c'est le portrait d'une personne sous la forme d'un objet, d'une fleur, etc., en quoi ses qualités ou ses défauts lui auraient valu d'être métamorphosée. Ainsi, la belle et chaste Julie d'Angennes sera métamorphosée en diamant et le sombre Montausier, son soupirant, en chauve-souris; Icas deviendra un perroquet, et Léonide, une lionne. Léonide, c'est la rousse Mlle Paulet, et Icas, Pierre-Isaac Arnauld, depuis qu'il incarna dans un ballet un magicien de ce nom.

Ces pseudonymes, quand on ne les emprunte pas aux romans ou à l'Antiquité, on les fabrique. Celui de Mme de Rambouillet, Arthénice, n'est, malgré sa consonance hellénique, que l'anagramme de son prénom (Catherine) tel que le conçut un jour Malherbe. Encore un jeu, mais dont on voit bien la finalité. Des Arthénice, des Icas et des Léonide correspondront nécessairement sur un autre ton que des Catherine, des Pierre, des Jeanne ou des Louise. Et la correspondance est, après la conversation, la grande affaire des amoureux nouvelle manière. Mme Pilou, bourgeoise fort lancée, remontrait un jour à quelques-unes de ses nobles amies les risques que faisaient courir à leur réputation tant de lettres envoyées et reçues : « Voire, lui répondirent-elles, ne pas écrire, c'est faire l'amour en chambrières. »

Toutes les innovations qui apparaissent, en cette première moitié du siècle, dans la vie de société procèdent de la même volonté de galanterie. Pluvinel, dans son *Manège royal* (1623), note que la course de bague ne se court plus en armure, mais en pourpoint. Coutume qui, dit-il, se perpétuera sans nul doute, car elle permet aux cavaliers, la joute terminée, de monter en carrosse avec les dames, sans les faire attendre, « pour s'en aller promener où bon leur semble et deviser à cœur content ».

Autre coutume qui s'établit dans les villes, parmi les gentilshommes et les bourgeois à la mode : celle d'offrir, à tour de rôle, « les violons » à une dame. À ces bals, contrairement à ce qui se passe aujourd'hui, les danseuses choisissent leurs cavaliers et ne sont point choisies par eux : ainsi peuvent-elles ignorer les fâcheux et s'épargner l'humiliation de faire tapisserie.

Aux beaux jours, les divertissements deviennent bucoliques. Les galants offrent aux dames des *cadeaux*, c'est-à-dire des collations, accompagnées de sérénades, qui prennent place sur les bords des rivières ou sous les murs des villes. Ils se doivent d'avoir deux carrosses pour pouvoir en prêter un aux belles personnes qui n'en posséderaient point, afin qu'elles puissent se montrer aux promenades à la mode. Vers 1630, à Paris, le cours « hors la porte Saint-Antoine » est détrôné par le Cours-la-Reine (planté par Marie de Médicis) où notre imaginaire Chloris du début de ce chapitre allait se faire admirer. Les Tuileries, autre lieu à la mode, sont une véritable « école d'amour ». Un traiteur avisé, Renard, y a installé une espèce de casino, qui, pendant la régence d'Anne d'Autriche, servit de théâtre à de nombreuses scènes galantes, à de nombreux duels aussi.

Les châteaux, où l'on n'allait, hier, que pour surveiller ses fermiers et faire des économies, redeviennent des séjours d'agrément. Les dangers s'étant éloignés (et la monarchie interdisant les fortifications privées!), ils cessent d'être des abris contre le danger, enclos dans leurs murs, clos sur eux-mêmes. On connaît assez la floraison rose et blanche (rose de la brique, blanc des chaînages de pierre) que fit surgir sur notre sol, au temps d'Henri IV finissant et de Louis XIII, une noblesse encore riche, une bourgeoisie qui le devenait. C'est une certaine image, peut-être inégalée, du goût français. Par ses désormais hautes et larges fenêtres, par les perspectives de ses jardins, le château s'ouvre à la lumière et au bonheur de vivre. Et les châtelains qui n'ont pas les moyens de reconstruire leurs demeures au goût du jour tentent du moins de les égayer par des jeux d'eau, des grottes d'une rusticité soigneusement étudiée, des niches ou des théâtres de verdure, propices aux concerts et à la comédie, aux conversations « honnêtes » ou « galantes ».

Un jour de l'automne 1636 arrivent inopinément au château de Rambouillet, trois jeunes habitués de l'Hôtel. D'où viennent-ils? De Corbie assiégée. Le ralentissement des opérations leur a donné loisir de prendre trois jours de permission. D'autres les eussent employés à courir les tavernes et les filles : eux n'ont pas cru pouvoir en faire meilleur usage qu'en venant à bride abattue se retremper dans l'atmosphère de la Chambre bleue. Et pourtant ce ne sont pas des saints. L'un, Simon Arnauld, qui sera tué trois ans plus tard, n'aime que « la gogaille et la volupté »; son cousin, Pierre-Isaac, cultive à la fois cent galanteries et qu'on entende ici le mot comme on voudra; ayant obtenu les faveurs de Marion de Lorme, il vante, dans une lettre qui passe de main en main, les charmes les plus intimes de la courtisane.

Eh bien, que vont imaginer les dames de Rambouillet pour distraire ces jeunes « carabins »? Elles vont leur faire représenter trois actes d'une tragédie : la *Sophonisbe,* de feu M. Mairet. Non seulement nos jeunes soudards ne regimberont point, mais encore ils s'aviseront de savoir leurs rôles, alors que Julie et ses amies en seront réduites à lire les leurs.

La représentation eut lieu le troisième soir, sur une scène improvisée dont Mme de Rambouillet avait organisé la décoration et l'éclairage. Pour les costumes, on avait puisé dans de vieux coffres pleins de travestis des ballets royaux, que M. de Rambouillet avait conservés du temps où il remplissait à la cour les fonctions de grand-maître de la garde-robe. Entre les actes, Mlle Paulet, cette même Mlle Paulet qui avait été un des amours d'Henri IV, chantait de fort décentes chansons en s'accompagnant au théorbe. Bref, rien n'avait été négligé pour faire un petit chef-d'œuvre de cette représentation qui pourtant n'eut que quatre spectateurs : M. et Mme de Rambouillet, leur fils Pisani et une de leurs amies. Après le spectacle, les trois tragédiens improvisés repartirent dans la nuit pour retrouver siège, guerre et disette, enchantés d'avoir si bien employé leur permission.

On sent qu'il y a dans cette soirée quelque chose de nouveau : ces châteaux pleins de jeunesse et de rires, ce parfum de culture qui se mêle aux divertissements... La gauloiserie est morte. Vive la galanterie!

Quand Chateaubriand, songeant aux farces, aux tours parfois puérils que se jouaient les habitués de la Chambre bleue, écrit : « Il régnait à l'hôtel de Rambouillet [...] un attrait de mauvaise plaisanterie qu'on retrouvait encore dans ma jeunesse au fond des provinces », il n'a pas tort, mais il est injuste. Les plaisanteries de l'hôtel de Rambouillet étaient quelquefois mauvaises, mais elles étaient toujours innocentes. L'admirable est que, telles quelles, elles aient plu aux jeunes brutes de l'époque. La galanterie, c'est aussi de savoir ne pas penser à l'amour.

Pas question de passer en revue tous les salons. Dans la seconde moitié du siècle ils prolifèrent, avec la mode et l'ascension de la bourgeoisie d'argent; l'installation de la cour à Versailles amplifiera le mouvement, du moins à Paris. Si tous ces cercles ont en commun d'être des lieux de rencontre entre hommes et femmes de bonne compagnie et de se vouloir des « bureaux d'esprit », l'esprit n'y souffle pas toujours de la même façon ni dans le même sens. Les belles-lettres, le beau langage et les beaux sentiments restent un peu partout le fonds commun des conversations. Ils prédominent chez celles qu'à partir de 1654 on appela les précieuses, parce qu'elles donnaient du *prix,* jugeait-on, à bien des choses qui n'en avaient pas, à commencer par elles-mêmes. Ironie masculine, bien entendu, et qui ne tenait pas compte des circonstances.

La Fronde, qui s'achève quand apparaissent les précieuses, avait porté des coups très durs à l'idéal des salons. Sans doute, cinq années de guerre civile font moins de ravages que trente-cinq, et tout n'était pas à recommencer comme au début du siècle; mais tout était à réaffirmer et particulièrement le droit des femmes à la considération, à l'indépendance, à l'amour et au savoir. Oublions la fortune postérieure du mot préciosité. Historiquement, il ne s'agit que d'un avatar du mouvement féministe. Les précieuses, en ces années d'après-Fronde, sentirent le besoin et se firent un devoir de réagir contre un état des choses et des esprits qui menaçait les fragiles conquêtes de leurs devancières. Et, peut-être parce que les femmes en général avaient acquis de l'audace, parce que les précieuses en particulier se recrutaient dans des milieux plus mêlés (donc à la fois plus pugnaces et plus vulnérables que la grande aristocratie d'une Rambouillet), cette réaction s'exprima avec une vivacité toute nouvelle.

Premiers visés : le mariage et la maternité. « On se marie pour haïr. C'est pour cela qu'il ne faut jamais qu'un véritable amant parle de mariage, parce qu'être amant, c'est vouloir être aimé, et vouloir être mari, c'est vouloir être haï » (Mlle de Scudéry). Ou encore : « Je fus une innocente victime sacrifiée à des motifs inconnus et à des obscurs intérêts de maison, mais sacrifiée comme l'esclave, liée, garrottée [...]. On m'enterre, ou plutôt on m'ensevelit toute vive dans le lit du fils d'Evandre » (*La Prétieuse*, de l'abbé de Pure). Quant à la maternité, cette « hydropisie amoureuse », les précieuses ont proposé, pour l'éviter, que le mariage fût rompu d'office à la naissance du premier enfant, celui-ci étant laissé à la garde du père, qui donnerait à la mère une prime en espèces. Et pourquoi pas, puisque la plupart des hommes ne convolaient que pour assurer leur descendance?

Il va de soi que les précieuses, révoltées par l'asservissement sexuel de la femme, devaient s'intéresser avant toutes choses aux choses du cœur et du cœur seulement :

Dans un lieu plus secret on tient la précieuse
Occupée aux leçons de morale amoureuse.
Là se font distinguer les fiertés des rigueurs,
Les dédains des mépris, les tourments des langueurs :
On y sait démêler la crainte et les alarmes,
Discerner les attraits, les appâts et les charmes;
On y parle du temps qu'on forme le désir,

Mouvement incertain de peine et de plaisir.
Des premiers maux d'amour on connaît la naissance,
On a de leurs progrès une entière science,
Et toujours on ajuste à l'ordre des douleurs
Et le temps de la plainte et la saison des pleurs.

Saint-Évremond, ici, n'a point la raillerie trop méchante et, bien qu'il n'ait vu que l'écume du phénomène, il nous aide à comprendre comment les Français se sont fait une spécialité de la psychologie amoureuse. Car ces exercices, ces subtilités n'aboutissaient pas qu'à la *Carte du Tendre.* Des chefs-d'œuvre en furent influencés. Les *Maximes* de La Rochefoucauld correspondent à un genre qu'on cultivait chez les précieuses, et peut-être ne seraient-elles pas tout à fait ce qu'elles sont sans les retouches et le polissage qu'y apportèrent Mme de Sablé et Mme de la Fayette. Celle-ci, dans *Zaïde,* son premier grand roman, cède aussi à la mode : les digressions qu'elle y insère sur les diverses sortes d'amour et de jalousie viennent tout droit des « questions galantes » qu'on se posait chez les précieuses :

« Savoir si la présence de ce qu'on aime cause plus de joie que les marques de son indifférence ne donnent de peine. – De l'embarras où se trouve une personne quand son cœur tient un parti et sa raison une autre. – S'il est plus doux d'aimer une personne dont le cœur est préoccupé qu'une autre dont le cœur est insensible. – Si le mérite d'être aimé doit récompenser le chagrin de ne l'être pas, etc. »

Certes, le génie aidant, Mme de la Fayette a fouillé d'un scalpel beaucoup plus acéré tous les cœurs souffrants. Bien « précieuse », dans tous les sens du mot, lui fut en cela la collaboration de l'auteur des *Maximes;* car il ne s'agissait pas seulement d'un prêté pour un rendu : La Rochefoucauld, par cette collaboration, trouvait un romanesque moyen de courtiser la romancière. « Ah! Zaïde, ne me mettrez-vous jamais en état de connaître si ce sont vos charmes et non pas vos rigueurs qui m'attachent à vous? » Quand La Rochefoucauld propose (le billet nous est resté) cette interrogation – ce soupir – à mettre dans la bouche d'un amoureux de Zaïde, c'est lui, bien sûr, qui demande – et en quels termes galants! – à une La Fayette non encore consentante ce qu'on appelait les dernières faveurs.

Nous ne saurons jamais si elle les lui accorda, mais nous savons que ces deux cœurs, qui, à travers un jeu de salon, jouaient à se chercher, finirent par se trouver et que la mort seule rompit leur attachement. L'élite n'est plus à la mode, les historiens la dédaignent, mais qu'il est satisfaisant pour l'esprit que ces deux esprits-là se soient rencontrés! Si les salons du XVIIe siècle français n'avaient jamais abouti qu'à ce résultat, ils mériteraient encore qu'on leur rendît grâces.

Quand Molière, en 1659, prend soin d'avertir les lecteurs de ses *Précieuses ridicules* que Cathos et Magdelon ne sont que des provinciales qui « singent les véritables précieuses », il cherche à atténuer le juste ressentiment qu'avaient provoqué les premières représentations de sa pièce, non pas chez une La Fayette, encore trop jeune pour être visée, mais chez certaines habituées des salons. On peut tout de même regretter qu'il se soit contenté d'une caricature, pour irrésistible qu'elle soit. Car enfin si la préciosité avait, comme il dit, « infecté » jusqu'aux provinciales, un tel succès devait bien signifier quelque chose. Il aurait pu en chercher les raisons, percevoir, au-delà des singeries, l'écho d'insatisfactions et d'aspirations légitimes. Les exigences des précieuses quant aux mœurs, aux manières, au langage, découlaient de leur exigence initiale : donner du prix aux choses du cœur. Si Mme de Sablé, qui, plus que Mme de Rambouillet, fut la véritable ancêtre des précieuses, refusait à un homme le droit de manger devant sa maîtresse, c'est parce que les grossièretés peuvent être des *mortalités* pour l'amour et qu'il suffit d'une « grimace en mangeant » pour dégoûter la personne à qui l'on veut plaire. Or on faisait beaucoup de grimaces en mangeant au XVIIe siècle, puisqu'on mangeait le plus souvent avec ses doigts.

Quant au vocabulaire, après tant d'excellents travaux sur le sujet, plus personne aujourd'hui n'est en droit de penser que les précieuses aient parlé comme les satiriques les font parler. Mlle de Scudéry, dont le style écrit ne se caractérise – hélas! – que par la fadeur, n'a jamais appelé les yeux « des miroirs de l'âme », les pieds « des chers souffrants », les seins « des coussinets d'amour », un miroir « le conseiller des grâces », des sièges « les commodités de la conversation » (certaines de ces métaphores existant bien avant elle et disant d'ailleurs assez joliment ce qu'elles veulent dire).

Mais il est vrai que les précieuses ont fait la chasse aux mots grivois, ou, pour employer un adjectif qu'elles ont lancé, *obscènes.* Elles ont condamné toutes les expressions qui évoquaient de grossières réalités physiologiques : *crotter, lavement, être en couches;* elles ont refusé d'appliquer le verbe *aimer* à la fois aux choses matérielles et aux spirituelles : on *aime* sa maîtresse, on *goûte* le melon...

Que quelques « façonnières », là comme ailleurs, aient poussé un peu loin la pudibonderie, c'est l'anecdote. En réalité, ce qu'on reprochait aux précieuses dans le domaine du langage n'était autre chose que ce qu'on reprochait depuis le début du siècle à toutes les femmes qui se mêlaient de cette question, c'est-à-dire d'abord et avant tout de s'en mêler! Mais, ici encore, en ce tournant du siècle, la querelle prend un ton plus vif. Les précieuses sont accusées de « faire la guerre à l'ancien style ». C'est tout à fait exact et elles s'en font gloire, ayant conscience d'agir en féministes et aussi en « modernes » en révoquant les mots pédants, archaïques et techniques. Le *jargon,* pour les vraies précieuses, c'était cela, et point du tout leur propre style où elles trouvaient au contraire de « l'invention », de « l'essor » et de la « liberté », autrement dit une spontanéité heureuse et de bon aloi, ces qualités mêmes que

Mlle de Scudéry sut, avant d'autres, apprécier chez une Sévigné. Et d'où venaient de telles qualités? De ce que l'esprit des femmes n'était pas « embarrassé par des notions étrangères », ni « usé par des principes de savoir ». Vaugelas ne pensait pas autrement quand il écrivait en 1647, dans ses *Remarques sur la langue française*, que, « dans les doutes du langage », il valait mieux « consulter les femmes et ceux qui n'ont point étudié [...] parce qu'ils vont tout droit à ce qu'ils ont accoutumé de dire ou d'entendre dire ». Ainsi, la malchance des femmes, exclues de l'enseignement du latin, devenait, ironie de l'histoire, une chance, en cette période où la langue vulgaire – la nôtre – conquérait ses titres de noblesse.

Moins provocateur que Malherbe, qui avait prétendu chercher le bon usage jusque chez les harengères et les crocheteurs, Vaugelas s'en tenait, en fait d'ignorantes, aux femmes d'un certain milieu, celui qui hantait la cour et la ville. Malgré cette prudence et son prestige, Vaugelas créa un petit scandale, et un polygraphe octogénaire, du nom de Scipion Dupleix, sortit de sa retraite à seule fin de réfuter une aussi « ridicule » proposition. On n'aurait pu faire confiance aux femmes pour le bon usage de la langue, écrivait-il, que si elles avaient rempli deux conditions : « L'une, qu'elles soient bien instruites aux règles de la grammaire pour savoir sa congruité, et aux préceptes de la rhétorique pour juger de l'élégance et de la pureté des termes et des phrases. » L'autre condition, c'était naturellement que les femmes soient bien versées, non seulement en la langue latine, mais « même en la grecque, afin de savoir la force de l'expression d'une infinité de mots que la nôtre emprunte de l'une et qu'elle a tiré de l'autre ». Et, continuait l'auteur, à supposer qu'il existât de telles femmes (pour sa part, il n'en connaissait pas), « qui nous assurera de la succession d'autres de pareille capacité »?

On ne saurait être plus antiféministe : passe encore de ne pas connaître de femmes instruites, mais leur dénier pour la suite des temps la capacité de s'instruire!... C'est « l'Ancien » dans toute sa splendeur. Il est vrai, mais est-ce une excuse? que Dupleix avait été chasseur de sorcières dans sa jeunesse.

On aura compris que ce débat – capital – allait bien au-delà des problèmes de langage : il mettait en cause la transmission et la diffusion du savoir. Celui-ci devait-il rester l'apanage des docteurs? Non, disaient les précieuses et avec elles toutes les femmes avides de culture : il devait et il pouvait se *civiliser* pour descendre vers la société polie.

Déjà, en 1640, Grenaille, dans un long chapitre de son *Honneste Fille*, ironisait sur ces femmes qui veulent « régner dans les compagnies » et même sur les auteurs. Passe encore, disait-il, qu'elles débattent des romans et comédies à la mode, qu'elles dissertent sur les trois unités, qu'elles parlent « Conjoncture, Tempérament, Économie [1], Destitution, Intrigue, Dénouement ». Mais elles franchissent les bornes quand elles croient avoir « des visions sur les matières les plus obscures », quand elles font des questions les plus ardues « le jouet » de leurs cercles et quand elles prétendent que « quelque ouvrage qui ait paru, on n'a encore rien fait au prix de ce qu'on peut faire ». Et que voulaient-elles donc qu'on fît? « La Politique générale de tous les peuples, un cours de Philosophie de tous les siècles, l'Histoire générale de toutes choses en un volume particulier, et mettre en un seul livre tous les secrets de l'Art et de la Nature. Il faudrait que le style y fût pur et relevé, la pensée subtile et populaire, la suite continue et entrecoupée de quelques digressions agréables. »

Intéressant par sa date, le texte de Grenaille l'est aussi par ce programme dont il a tort de vouloir nous faire rire; car il montre, non seulement à quel point les femmes avaient soif d'apprendre, mais aussi comment elles voulaient apprendre. Les contradictions que sou-

1. Il s'agit ici de l'économie d'une œuvre littéraire.

ligne Grenaille n'en sont que pour les pédants. Bien sûr qu'il fallait pour les femmes du temps un style à la fois « pur et relevé », une pensée à la fois « subtile et populaire » et, ce qui paraît encore plus inconciliable à notre auteur, une « suite continue » qui n'en fût pas moins « entrecoupée de quelques digressions agréables ». Il ne s'agit certes pas de mettre toute l'histoire romaine en madrigaux, comme le fait dire Molière à Mascarille; mais il est vrai que les femmes n'avaient pas un fonds d'instruction suffisant pour avaler d'indigestes traités et comprendre le style des docteurs qui, même quand ils n'écrivaient pas en latin, semblaient traduire du latin. La Philaminte des *Femmes savantes* a tout à fait raison quand elle veut, chez elle,

> [...] *réunir ce qu'on sépare ailleurs,*
> *Mêler le beau langage et les hautes sciences.*

Descartes, le grand Descartes, ne disait-il pas avoir écrit le *Discours de la méthode* de façon « que les femmes même puissent y comprendre quelque chose »? (Et pour commencer, il l'avait écrit en français, extraordinaire audace pour un philosophe!)

La seule erreur de Philaminte, dans son enthousiasme de néophyte et sa naïveté de parvenue, est de se laisser abuser par de faux savants et de faux stylistes. Pourtant Ménage et Cotin ne méritaient pas de devenir les Vadius et Trissotin des *Femmes savantes.* D'abord parce qu'ils étaient réellement instruits, ensuite et surtout parce qu'ils ont eu l'immense mérite de servir de trait d'union entre les savants et les mondains.

Que la culture purement littéraire, qui était celle des femmes cultivées du début du siècle, ne suffise plus aux générations montantes, les progrès de la science l'expliquent suffisamment. Progrès impossibles à énumérer ici, mais tels qu'ils feront dire à Bossuet en 1662 : « L'homme a presque changé la face du monde. » Et c'était vrai depuis Galilée, Kepler, Descartes, pour ne pas parler de Pascal dont on ne connaissait encore que quelques expériences et le talent de polémiste.

L'Université, enfermée dans son dogmatisme et sa superbe, ne refusait pas que le beau langage : elle rejetait avec hostilité tout ce qui contredisait les sacro-saints Anciens, autant dire toutes les découvertes. On a peine à concevoir de nos jours que, par exemple, la circulation du sang ait suscité de si furieuses controverses et que les *circulateurs* aient pu être traités de charlatans par les *anti-circulateurs*. C'est donc dans les cercles privés d'érudits ou de mondains instruits et curieux qu'on cultivait l'esprit d'examen, qu'on accueillait et commentait les nouvelles théories et les nouvelles découvertes, qu'on recevait et protégeait à l'occasion leurs auteurs. A cette curiosité s'ajoutait un peu pour les femmes l'attrait du fruit défendu, puisque toute les disciplines proprement scientifiques avaient été totalement exclues de l'enseignement qu'elles avaient pu recevoir.

Ce n'est plus un salon que veut fonder Philaminte, mais une « académie », destinée à montrer

[...] *à de certains esprits*
Dont l'orgueilleux savoir nous traite avec mépris
Que de science aussi les femmes sont meublées,
Qu'on peut faire comme eux de doctes assemblées,
Conduites en cela par des ordres meilleurs.

Bien d'autres vulgarisateurs que Ménage et Cotin se préoccupaient, comme eux, de répondre à cette demande féminine. Rien de plus significatif, à cet égard, que le succès, qui dura plus de trente ans, d'un Louis Lesclache ou de Lesclache (laissons-lui sa douteuse particule : tant d'autres la prenaient sans y avoir plus de droits !).

Cet Auvergnat monte à Paris vers 1635. A-t-il étudié la philosophie au collège de Riom ? En tout cas il la connaît assez bien pour en disserter devant un public mondain. Car il a très vite senti le vent, compris qu'il y avait là un vide à combler et de l'argent à gagner.

Reste à pénétrer dans les salons. Ce sera d'abord celui de la vicomtessse d'Auchy, pas des plus cotés, mais auréolé d'un glorieux souvenir : cette vieille fée Carabosse a été dans sa jeunesse la maîtresse de Malherbe. Chez elle, Lesclache parle d'Aristote avec un succès qui va le propulser vers un public plus étendu. Bientôt, on le trouve établi comme professeur libre de philosophie rue Quincampoix. La publicité dont il a inondé Paris par voie d'affiches est prometteuse : les cinq parties de la philosophie (Logique, Science générale, Physique, Morale, Théologie naturelle) seront enseignées en deux ans et en français, un français limpide, purgé de tout jargon scolastique; les auditeurs, qui sont surtout des auditrices, pourront ensuite se procurer chez l'auteur des « tables » ou tableaux résumant le tout.

Le terrain ainsi préparé, les publications subséquentes de Lesclache, du genre *L'Abrégé de la philosophie en tables*, se vendront bien. Qu'importe l'ire de la Sorbonne contre ce professeur de riches ignorants et de femmes oisives qui a le front de prétendre enseigner en deux ans tout Aristote! L'argent afflue. Et, comme Lesclache est astucieux, il ajoute une corde à son arc en s'affiliant secrètement à la Compagnie du Saint-Sacrement. Bon nombre de confrères jouaient dans les ruelles le rôle de convertisseurs, après y avoir pénétré en jouant les beaux esprits, voire les esprits forts. C'est sans doute grâce à la Compagnie que Lesclache parvint à s'introduire chez la duchesse d'Aiguillon, la propre nièce du grand Richelieu défunt. Et alors là, triomphe. En 1652, le jour même où Pascal, dans ce salon, a terminé dans la froideur un exposé – trop neuf sans doute et trop ardu – sur sa machine à calculer, Lesclache, lui, suscite l'enthousiasme en démontrant l'immortalité de l'âme par des arguments « ravissants », comme écrit le gazetier Loret.

Eh oui! Tel est le monde. Il arrive qu'on y préfère un Lesclache à un Pascal. Mais peut-être faut-il considérer les choses autrement : quelle hôtesse mondaine, aujourd'hui, inviterait un Pascal à disserter devant ses invités? (Et d'ailleurs un Pascal accepterait-il?)

Cependant, Lesclache n'avait pas interrompu ses cours publics (ils se tinrent rue de Guénégaud dans les années 1660) et c'est de là qu'allait venir sa chute.

Il y avait parmi ses élèves une jeune personne du nom de Bernarde Giraud (une bourgeoise, notons-le). En 1668, Marguerite Buffet parlera d'elle dans ses *Éloge des illustres savantes*. Bernarde, en effet, était aussi intelligente que belle; elle avait vite assimilé les tables de son maître et savait, sans fléchir, prendre part aux débats qui suivaient les cours. Le beau monde accourait rue de Guénégaud pour entendre et contempler cette jeune merveille qui « prenait le cœur en même temps que l'estime ». Le professeur lui-même n'y résista pas, bien qu'il eût dépassé la soixantaine. Le mariage fut célébré à Saint-André-des-Arts, le Grand Condé lui-même signa au contrat, les poètes rédigèrent des épithalames en latin et en français... et ce qui devait arriver arriva : Bernarde abandonna la philosophie et ruina le philosophe. Celui-ci, en 1668, tenta de se refaire avec une nouvelle idée, ou plutôt une idée qui refaisait périodiquement surface : la réforme de l'orthographe. Le principe était toujours le même : se constituer en providence des ignorants. D'où ces *Véritables Règles de l'Orthograf francèse, ou l'art d'aprandre en peu de tams à écrire côrectement.* Les « pédants de grec et de latin », les étymologistes et même les grammairiens y étaient fustigés. Vive la simplification qui servirait notre langue en la rendant accessible aux enfants, aux étrangers et naturellement aux femmes!

Mais Lesclache n'était plus à la mode. Il tenta vainement un *come-back* en province et mourut à Lyon en 1671. Trois semaines plus tard, sa veuve prenait un privilège pour préserver ses intérêts sur les œuvres de son époux et cela prouve qu'elle avait du flair, car il en fut tiré encore quelques éditions.

On a beaucoup ironisé sur Lesclache, professeur

trop mondain et trop à la mode. Et pourtant, s'il mérite la critique, ce n'est pas pour avoir enseigné la philosophie aux femmes : c'est pour ne leur avoir enseigné qu'une certaine philosophie, et sous le couvert de laquelle il se livrait à une tentative de « récupération » morale. La Sorbonne avait tort de s'alarmer : Lesclache était bien un Ancien, imperméable au mouvement des idées. Ne parler que d'Aristote à l'époque de Descartes et de Gassendi!... S'il avait fréquenté des cercles plus « modernes », Lesclache aurait pu y entendre ce propos que Somaize prête à l'une de ses *Prétieuses :* « Que m'importe de savoir qui parle le plus vraisemblablement ou d'Aristote ou de Sénèque! Je me ris de ces vieux barbons et les laisserais dormir toute ma vie sans leur dire un seul mot qui pût les réveiller. »

C'est un peu dans cet esprit, tout différent de celui de Lesclache, que l'omniprésent Théophraste Renaudot, inventeur de la gazette, du bureau de placement, de l'agence matrimoniale, du mont-de-piété, de la médecine populaire et gratuite, avait, lui aussi, dans les années 1630, lancé des cours publics. Il s'agissait, sur des sujets aussi divers que la physiognomonie, les passions, les femmes, le climat, les propriétés des médicaments, etc., de fournir aux auditeurs les éléments nécessaires pour former leur opinion. Aucun *a priori*, l'hypothèse remplaçait la thèse, car le raisonnement ne saurait être « entièrement captif d'une autorité magistrale, à laquelle l'humeur de notre nation s'accommode encore moins qu'aucune autre ». Le médecin Renaudot se doublant d'un philanthrope, son entreprise était désintéressée : il suffisait aux auditeurs de s'inscrire à l'avance. Ils étaient libres de poser des questions aux conférenciers et ils en posaient tellement qu'il fallut quatre volumes aux fils de Renaudot pour les rassembler. Cette sorte d'université libre prit fin après dix ans de succès, sans doute à cause de l'opposition, non, cette fois, de la Sorbonne, mais de la Faculté de médecine, scandalisée qu'on osât discuter les préceptes séculaires de Galien et d'Hippocrate.

Mais Renaudot avait fait des émules, comme en témoigne un curieux prospectus de 1655 conservé dans les papiers de Conrart et qui porte le titre suivant : *Programme des cours qui se font au Palais précieux pour les beaux-esprits des deux sexes* [1]. Il s'agissait surtout d'attirer les beaux esprits du beau sexe et rien n'avait été négligé pour cela. Qu'on en juge : le lundi, bal et comédie avec distribution gratuite de citrons doux et d'oranges du Portugal; les séances ont lieu, non pas en soirée, mais de 3 à 6 heures, « pour la commodité des dames qui font difficulté de sortir le soir, et de quelques maris qui sont bien aises que leurs femmes se retirent de bonne heure »; le mardi, concert, avec participation de Lambert et d'Hilaire (un musicien et une chanteuse en vogue); le mercredi, de 2 à 4 heures, cours de philosophie axé plus particulièrement sur la morale, « en termes fort à la mode, où les femmes, aussi bien que les hommes, auront grande satisfaction » (l'inévitable Lesclache prêtait son concours); de 4 à 5, cours d'histoire et de géographie par le sieur Samson; le jeudi, concert, lecture et commentaire de la *Gazette* et des pièces nouvelles; le vendredi, « belles conférences », suivies de « propositions curieuses » que pourraient faire les auditeurs et auditrices sous la direction de quatre beaux esprits; le samedi, bal et comédie, comme le lundi, mais en soirée; aussi donnera-t-on ensuite « bonne escorte aux personnes qui en auront besoin » pour rentrer chez elles. Le public était prévenu que l'endroit était de bon ton, que le jeu et le blasphème y étaient interdits. Le Palais précieux comportait un cabinet de lecture avec service de prêt; il organisait à la belle saison des promenades à la campagne. Et tout cela pour un abonnement dont le coût n'était que de trois pistoles par trimestre.

C'est peut-être la modicité de ce tarif qui fit capoter l'entreprise. Pour des raisons d'ailleurs plus sociologiques que financières. A ce prix-là, des petites

1. Ce « Palais précieux » était l'hôtel d'Anjou, rue Béthisy.

bourgeoises pouvaient s'abonner au Palais précieux et les dames de qualité craignirent sans doute de côtoyer un public trop mêlé.

Les cours destinés à l'élite réussirent mieux. A ses « conférences académiques », qui traitaient, non seulement de l'inévitable philosophie, mais aussi de science politique et d'histoire contemporaine, Launay, historiographe du Roi, attira, à partir de 1656, non seulement des princes et des évêques, mais des dames de la cour. Ces mêmes dames qui avaient pu, chez la reine mère Anne d'Autriche, gagnée elle aussi par les curiosités nouvelles, entendre le jeune Brienne, retour de Laponie, leur décrire les affreux déserts de neige et de glace qu'il avait traversés, et les affreuses dames lapones qui « fumaient comme des dragons » et, de leurs propres mains, égorgeaient les rennes pour en boire le sang.

Sciences « pittoresques », l'histoire et la géographie font prime, mais aussi l'astronomie, un peu pour la même raison et parce qu'entre 1664 et 1665 on a pu observer en France une éclipse de soleil et le passage de deux comètes. Mme de Sévigné témoigne de l'intérêt que les femmes y prenaient : « Il y a une comète, écrit-elle le 17 décembre 1664, qui paraît depuis quatre jours. Au commencement elle n'a été annoncée que par des femmes, on s'en est moqué; mais présentement tout le monde l'a vue. M. d'Artagnan veilla la nuit passée et la vit fort à son aise [...] J'ai vu M. de Foix, qui l'a vue avec trois ou quatre savants. Moi qui vous parle, je fais veiller cette nuit pour la voir aussi, etc. » Certes, Mme de Sévigné, qui confond un peu l'astrologie et l'astronomie, s'intéresse-t-elle surtout à cette comète comme à un bon présage pour son ami Fouquet, alors en jugement. Mais les « savants » de M. Foix ou de telle autre de ses relations ont pu lui en expliquer l'intérêt scientifique. Et s'ils l'ont pu, c'est parce que le XVIIe siècle a inventé le télescope. Chapelain, autre ami de la marquise, autre habitué des salons (nous l'avons rencontré à l'hôtel de Rambouillet), ne s'était jusqu'alors intéressé qu'aux belles-lettres; voici qu'il achète et installe chez lui un télescope géant « où il se couche et s'emboîte pour observer le ciel ». Il collabore au tout nouveau *Journal des savants* (rédigé en français, donc accessible aux dames) et c'est lui qui va suggérer à Colbert la création de l'Académie des sciences. Jusqu'à notre abbé Cotin, le spécialiste des jeux de salon, qui insère en cette même année 1665 une *Dissertation sur la comète* dans le tome II de ses *Œuvres galantes*. Le rapprochement de ces deux titres peut faire sourire, mais il est hautement significatif.

Dans cette seconde moitié du siècle, ce ne sont plus seulement des vulgarisateurs, mais d'authentiques savants qui se préoccupent de mettre la science à la portée du public féminin. Jacques Rohault, mathématicien de renom et disciple de Descartes, connaît un vif succès avec ses leçons de physique, suivies d'expériences, qui ont lieu tous les mercredis; les premiers rangs des chaises sont réservés aux dames. Quand, au bout d'une douzaine d'années, Rohault tombe malade, son élève et successeur, Régis, le remplace avec un égal succès; comme à Toulouse et à Montpellier, où il a d'abord enseigné, les dames se pressent autour de sa chaire à la fin des conférences.

La chimie n'attire pas moins que la physique. Nicolas Lémery, après avoir trouvé abri à l'hôtel de Condé pour ses expériences, l'enseigne chez lui, rue Galande, dans les années 1670, et les dames ont l'audace de se montrer « à des assemblées si savantes » et qui pouvaient paraître inquiétantes, car, poursuit Fontenelle, « son laboratoire était moins une chambre qu'une cave et presque un antre magique, éclairé par la seule lueur des fourneaux; cependant, l'affluence était si grande qu'à peine avait-il de la place pour ses opérations ». Le *Traité de chimie* de Lémery, dégagé des « duretés de l'École », se vendit comme un ouvrage de galanterie.

En 1679, c'est l'anatomiste Duverney qui attire la belle société au Jardin du Roi par son éloquence, et l'on verra même des dames assister à ses dissections.

Un salon comme celui de Mme de la Sablière, qui brilla d'un vif éclat dans les années 1668-1680, n'a plus grand-chose de commun avec celui de la marquise de Rambouillet, sinon le bon ton. C'est le XVIIIe siècle qu'il préfigure, par sa liberté d'esprit, par la multiplicité de ses intérêts et aussi par l'origine sociale de la maîtresse de maison. Fille du banquier Hessein et entrée par mariage dans une autre famille de banquiers. Mme de la Sablière, c'est la finance protestante, la bourgeoisie enrichie, mais une bourgeoisie qui n'a plus rien à voir avec celle de Monsieur Jourdain et aucune peine à se donner pour attirer les gentilshommes, qui sollicitent eux-mêmes d'être reçus dans ses salons. On rencontre à peu près tout ce qui compte, intellectuellement, chez Mme de la Sablière. Autour de La Fontaine, ornement permanent de la maison, puisqu'on l'y héberge, on voit ou on a vu passer Molière, Racine, Guilleragues, Charles Perrault, ardent féministe, et un nombre impressionnant de savants : outre ceux que nous venons de citer, le mathématicien Roberval, l'astronome Cassini, qui fut le premier directeur de l'Observatoire, les physiciens Dalancé et Joseph Sauveur; celui-ci, qui devait plus tard inventer l'acoustique musicale, était aussi géomètre, le premier des géomètres à fréquenter la société mondaine et à la captiver, ce qui explique peut-être le fameux mot de Fénelon à l'une de ses correspondantes : « Ne vous laissez pas ensorceler par les attraits diaboliques de la géométrie. » Il y a aussi Herbulot, l'orientaliste et, autre orientaliste en même temps que médecin et philosophe, François Bernier qui, ayant passé douze ans en Asie, en a rapporté des descriptions d'une exactitude toute nouvelle et peut disserter sur Confucius et toutes les religions orientales; ce qui ne l'empêche pas de prêter son concours à des exercices plus frivoles : dans ce même salon, il a composé avec Molière et Boileau les intermèdes bouffons du *Malade imaginaire*, dirigés bien évidemment contre une Faculté de médecine sclérosée.

Ce n'est presque plus faire preuve d'audace, en ce dernier tiers du siècle, que de proposer aux femmes, comme le fait Poulain de la Barre dans son *Éducation des dames* (1674), d'étudier la *Physique* de Rohault, la philosophie de Gassendi, le *Discours de la méthode* et trois autres traités de Descartes. Quand on songe aux lectures que, trente ans plus tôt, Jacqueline Pascal proposait aux jeunes filles, et que d'ailleurs les théoriciens de l'enseignement féminin continuent à leur proposer, on mesure le chemin accompli, et accompli grâce aux salons. Il n'est pas sans intérêt de remarquer que Poulain de la Barre, cartésien convaincu, fut le premier des féministes à appliquer à l'étude de l'autre sexe le grand précepte de son maître : « Ne recevoir jamais aucune chose pour vraie que je ne la connusse évidemment être telle; c'est-à-dire éviter soigneusement la précipitation et la prévention. » Or sur quoi se fondait la vieille théorie de l'inégalité des sexes? Uniquement sur les croyances du vulgaire et sur l'autorité de la plupart des savants. Mais ce n'est pas parce qu'une erreur perdure qu'elle devient respectable. Aussi les préjugés concernant la prétendue infériorité des femmes devaient-ils s'évanouir à la lumière de la raison. (Comme on comprend que tant de femmes, au XVIIe siècle, aient apprécié Descartes!...)

C'est aussi en cartésien que Fontenelle, à la fin du siècle, dans un ouvrage destiné aux femmes et qui fit date, les *Entretiens sur la pluralité des mondes* (1689), encourage le beau sexe à aborder sans crainte l'étude des sciences; car celles-ci ne requièrent que la raison et ne demandent pas une plus grande application que celle « qu'il faut donner à *La Princesse de Clèves*, si on veut en suivre bien l'intrigue et en connaître toute la beauté ». On aime assez, qu'entre tous les points de comparaison possibles, Fontenelle ait choisi ce chef-d'œuvre d'une femme.

CHAPITRE V

COMMENT ON DEVIENT UNE FEMME CÉLÈBRE

Marquise

Molière, Corneille, Racine : une femme a pu inscrire ces trois noms au tableau de ses conquêtes. Cette femme, c'est la Du Parc.

Elle était née vers 1634 d'un couple de Tessinois qui étaient venus chercher fortune à Lyon. Le père, Jacomo de Gorla, se parait du titre de « premier opérateur du roi » et n'était qu'un de ces charlatans qui débitaient en plein vent leurs drogues et leurs boniments. Il avait dressé ses tréteaux place des Jacobins. Marquise Thérèse de Gorle (car tels étaient ses prénoms) connut donc, dès l'enfance, les planches et la parade. Elle en conserva une souplesse quasi acrobatique; ses « cabrioles » découvraient des jambes parfaites dont les contemporains devaient garder longtemps le souvenir.

Rien d'étonnant à ce qu'un jour de l'hiver 1652, en apercevant dans les brumes lyonnaises cette radieuse apparition, un jeune comédien ait eu la tête tournée. C'était René Berthelot, dit Du Parc; il appartenait à une troupe itinérante, celle d'un auteur-acteur du nom de Jean-Baptiste Poquelin, dit Molière. On ne sait ce qui, en Du Parc, put charmer Marquise. Il n'avait pas la taille d'un Céladon; c'était ce qu'on appelle une « rondeur », et l'embonpoint dont il se servait si comiquement en scène lui valait le personnage et le sobriquet de Gros-René. Mais ce corps épais était surmonté d'un visage ouvert, avenant, où de beaux yeux noirs pétillaient de bonne humeur. Et puis Du Parc était un comédien, un vrai. L'épouser : quelle promotion pour une jeune personne qui n'avait connu jusque-là que le public de la foire!

Le contrat fut dressé en février 1653. Du Parc s'engageait à « enjoaller de bons habits, bagues et joyaux » sa future épouse et à lui constituer « un augment de 2 000 livres en cas qu'elle lui survive ». Marquise apportait 3 000 livres, la robe et la cotte nuptiale; mais c'est Du Parc, avec délicatesse et générosité, qui avait procuré aux de Gorle de quoi subvenir à cette dot. Enfin, un mari amoureux!... On notera que Marquise savait écrire et signa au contrat; mais sa mère s'excusa, elle n'en était pas capable.

Le mariage fut célébré quelques jours plus tard, en présence de la troupe dont la nouvelle Mlle Du Parc se trouvait dès lors partie intégrante. Les comédiens, au XVIIe siècle, allaient souvent par couples, quitte à ce que le moins doué des deux ne jouât jamais que les utilités, ou... les accessoiristes. On verrait à employer Marquise. Avec sa beauté, sa grâce et son habitude des planches, ce n'était pas une recrue négligeable. Au reste, le métier s'apprenait à l'usage : pas d'écoles d'art dramatique. Molière lui-même, au temps de ses débuts difficiles, n'avait-il pas servi de compère à un bateleur du Pont-Neuf qui lui faisait avaler des drogues et, dit-on, des vipères? Et ne venait-il pas d'accueillir dans sa troupe un pâtissier, le jadis célèbre Ragueneau, mais qui, ruiné, avait dû quitter Paris avec femme et enfants? D'abord moucheur de chandelles, Ragueneau prêtait maintenant sa voix au « chœur du peuple » dans l'*Andromède* de Corneille. C'était à peine une promotion, mais tout de même une satisfaction pour un homme qui s'était ruiné à nourrir les poètes!

Quelques mois après son mariage avec Gros-René, Marquise allait donner un exemple des services qu'elle pouvait rendre à la troupe et gagner ses galons, sinon de comédienne, du moins de jolie femme. C'était à Pézenas, où se tenaient les États de Languedoc. Le gouverneur du Languedoc n'était autre que le prince de Conti, frère du Grand Condé, et il séjournait pour le temps des États dans son château de la Grange-aux-Prés, proche de Pézenas. N'étant pas encore dévot, il avait une maîtresse, Mme de Calvimont, et Mme de Calvimont que, peut-être, les ardeurs, même princières, d'un jeune homme contrefait et assez laid ne suffisaient pas à distraire, s'ennuyait. Elle réclama donc des comédiens. On fit appel à Molière qui se trouvait dans la région. Il vint, mais pas assez rapidement pour éviter d'être précédé par une autre troupe. On le laissa cependant se produire une fois au château. Ce qui n'arrangea rien, Mme de Calvimont, qui décidément était une sotte, l'ayant jugé insuffisant. Nos comédiens auraient donc été contraints de quitter ce havre confortable pour reprendre la route, s'il n'y avait eu Marquise, ou plus exactement la beauté de Marquise. Elle avait si fort ébloui un serviteur du prince, le poète Sarasin, que celui-ci ourdit une savante intrigue de cour pour faire donner la préférence à la troupe de Molière. Notons que Sarasin en fut probablement pour ses peines : Marquise, fidèle épouse, était enceinte de son mari. L'important est que Molière et ses camarades obtinrent pour un temps la protection d'un prince du sang.

De 1654 à 1658, les « comédiens de Mgr le prince de Conty », comme ils s'intitulent maintenant, circulent entre le Midi et la région lyonnaise. S'il y eut, au XVIIe siècle, quelques « espaces de liberté » pour les femmes, assurément l'existence itinérante des comédiens en fut un. Certes, l'inconfort était extrême et l'on relira avec un amusement mélancolique le passage que Scarron a consacré, dans *Le Roman comique,* à l'arrivée d'une charretée d'acteurs de campagne dans la bonne ville du Mans.

« Cette charrette était attelée de quatre bœufs fort maigres, conduits par une jument poulinière dont le poulain allait et venait à l'entour de la charrette comme un petit fou qu'il était. La charrette était pleine de coffres, de malles et de gros paquets de toiles peintes qui faisaient comme une pyramide en haut de laquelle paraissait une demoiselle habillée moitié ville, moitié campagne. Un jeune homme, aussi pauvre d'habits que riche de mine, marchait à côté de la charrette. Il avait un grand emplâtre sur le visage, qui lui couvrait un œil et la moitié de la joue, et portait un grand fusil sur son épaule, dont il avait assassiné plusieurs pies, geais et corneilles, qui lui faisaient comme une bandoulière au bas de laquelle pendaient par les pieds une poule et un oison qui avaient bien la mine d'avoir été pris à la petite guerre. »

Le troisième compagnon, un vieillard, n'a pas meilleur aspect, vêtu qu'il est, lui aussi, pour partie, de ses oripeaux de scène : pourpoint fatigué, turban bariolé, chausses et brodequins « à l'antique », gâtés par la boue. La canaille, trop heureuse du divertissement, fait une escorte bruyante à ce pitoyable chariot de Thespis; les bons bourgeois s'émeuvent, et la police, en la personne d'un lieutenant de prévôt, vient s'enquérir de l'identité des inconnus : « Le jeune homme prit la parole et, sans mettre les mains au turban, parce que, de l'une il tenait son fusil et de l'autre la garde de son épée, de peur qu'elle ne lui battît les jambes, lui dit qu'ils étaient Français de naissance, comédiens de profession; et que son nom de théâtre était Le Destin, celui de son vieil camarade La Rancune, et celui de la demoiselle qui était juchée comme une poule en haut de leur bagage, La Caverne. » A quoi, bien sûr, la foule s'esclaffe. Une aubergiste au grand cœur, passionnée de romans et de comédies (indication intéressante), finit par offrir gîte et couvert aux trois acteurs contre une représentation dans son établissement.

Faisons la part de la satire et rappelons que la troupe de Molière, d'ailleurs plus étoffée et qui comptait des comédiens d'expérience, comme la Béjart, n'offrait pas, dans les années 1650, un aspect aussi famélique; et son impécuniosité ne devait pas être chronique, puisque Du Parc avait pu disposer de 3 000 livres pour la dot de Marquise. Mais enfin il faut savoir que la future interprète d'Andromaque a, pendant cinq ans de sa vie, mené l'existence des baladins; que, « juchée comme une poule » sur les bagages et accessoires, elle a souffert, et souvent enceinte, la fatigue de ces trajets en charrette, ou en barque au fil des rivières; qu'elle a subi à l'étape, dans les méchantes auberges, les compliments ridicules des *doucereux* de province, ou les privautés des *patineurs* (ainsi nommait-on ceux qui ne se contentaient pas de complimenter). Il faut savoir que la suspicion des autorités civiles ou religieuses l'a parfois chassée, avec ses camarades, du gîte où elle venait d'aborder, que les exigences des mêmes (réduction autoritaire du prix des places, représentations gratuites pour les pauvres des hôpitaux) ont d'autres fois réduit la recette, et donc ses gains, à néant. Il faut savoir qu'elle a joué sur des places publiques, dans des granges, dans des tripots, au mieux dans des jeux de paume, puisqu'il n'y avait pas à proprement parler de théâtres en province. Quant au public, comment aurait-il été moins grossier et moins indiscipliné que celui de Paris qui, même dans les salles « officielles », urinait, crachait, tirait l'épée? D'aucuns arrivaient avec leur chien, le chien sautait sur la scène, effarouchant les comédiens, interrompant la représentation, au milieu des rires et des encouragements du parterre. Ces spectateurs du parterre, d'autant plus impatients qu'ils restaient debout, refusaient absolument d'écouter ce qui leur déplaisait et, si les acteurs n'obtempéraient pas assez vite à leurs injonctions, les sifflaient, les huaient, les bombardaient avec tout ce qui leur tombait sous la main. Qu'au contraire une scène les amusât, et ils exigeaient que les comédiens la reprissent, une fois, deux fois, trois fois, jusqu'à l'épuisement! Les loges, quand il y avait des loges, étaient mieux fréquentées, mais, par cela même, objet d'une telle demande qu'on allait jusqu'à s'embrocher ou à assommer le portier pour y avoir accès, certains spectateurs pourtant, une fois qu'ils s'y trouvaient, ne s'occupant plus que d'y converser ou d'y lutiner les dames. Lutiner est un mot faible : dans l'obscurité propice, tout pouvait se passer et tout se passait en effet.

Oui, Marquise a vécu cela. Mais, par ailleurs, que de satisfactions! D'abord si, de par son sexe, la comédienne n'a pas plus de droits que les autres femmes, de par sa profession elle en a de bien précieux. Les troupes étant des sociétés, elle est sociétaire avant la lettre, elle vote, comme ses camarades hommes, pour décider du choix des pièces et du choix des étapes, et elle se voit attribuer sur la recette une « part » qui n'est fonction que de son talent. Et puis que d'horizons nouveaux, que de rencontres, qui sont autant d'enrichissements pour l'esprit! A Pézenas, chez le prince de Conti, Marquise n'a pas connu que Sarasin, mais bien d'autres gens de lettres, parmi lesquels Guilleragues, le futur auteur des *Lettres portugaises;* sur les chemins du Midi, la troupe a ramassé et gardé un temps avec elle le poète-musicien Dassoucy; à Avignon, on a logé chez le peintre Nicolas Mignard, frère d'un autre peintre, le bientôt célèbre Pierre Mignard, qui revient tout juste d'Italie et sait en décrire les beautés. Sans compter que le grand monde lui-même ne traite pas toujours les comédiens en baladins. Les parrains du troisième enfant de Marquise seront François de Rebé, archidiacre de Lyon, et Catherine de Neuville, fille d'un maréchal de France, gouverneur de la même ville. Le XVIIe siècle a vu une timide mais réelle promotion sociale des comédiennes; d'abord parce qu'aux siècles précédents, c'était des hommes qui jouaient les rôles féminins, mais aussi parce que le théâtre en soi est devenu, malgré les mauvaises manières de spectateurs néophytes, un divertissement de choix et des plus courus, grâce à la floraison d'auteurs dramatiques des années 1620-1650. On a vu qu'en 1641 Louis XIII, à l'instigation de Richelieu, avait fait défense aux comédiens de prononcer ou représenter en scène des grossièretés; mais il faut savoir que cette rigueur était la contrepartie du droit qu'on leur reconnaissait enfin d'exercer *sans préjudice* leur profession, profession qui, ajoutait le roi, « peut innocemment divertir nos peuples de diverses occupations mauvaises ». Au reste, quand le cardinal-ministre lui-même faisait représenter des comédies dans son palais et composait des tragédies, quand la reine Anne d'Autriche anoblissait l'auteur du *Cid,* à cause du *Cid,* les rigoristes du clergé pouvaient bien continuer à tonner : ils n'avaient aucune chance de mettre fin à l'engouement général et de ramener les comédiens et comédiennes, d'ailleurs presque tous catholiques pratiquants, au rang des réprouvés. Que l'archidiacre de Lyon, c'est-à-dire le délégué de l'archevêque, ait tenu un enfant du ménage Du Parc sur les fonts baptismaux reflète cette évolution.

Mais, bien sûr, le plus grand profit qu'a tiré Marquise de ces années d'errance est d'ordre professionnel. En écoutant Molière, metteur en scène précis, minutieux et novateur, en regardant la de Brie et surtout la Béjart, qui passait avec aisance du comique au tragique, en interprétant elle-même, dans de si difficiles conditions, de petits rôles mais de vrais rôles dans de vraies comédies, Marquise a appris son métier et elle pourra bientôt devenir la Cathos des *Précieuses ridicules* avant d'être l'Elvire de *Dom Juan.*

Bref, ce n'est plus une débutante qui arrive à Rouen au printemps 1658. C'est une femme qui peut se dire comédienne, qui a acquis l'usage du monde et dont la beauté fait déjà quelque bruit.

Comment nous représenter cette beauté? Tous les admirateurs de Marquise s'accordent à lui trouver une taille divine, un teint de lis, un ravissant timbre de voix et ce fameux *je ne sais quoi* qui fait battre les cœurs. Mais il est curieux que cette séduisante créature, qui continuait à se livrer en scène à des exhibitions qui découvraient ses jambes et parfois ses cuisses (« par le moyen d'une jupe fendue des deux côtés, avec des bas de soie attachés au haut d'une petite culotte »), ait pu passer aux yeux de certains pour une beauté froide et apprêtée. C'est sans doute qu'elle prenait un peu trop de soin de cette beauté et se souciait plus d'inspirer l'amour que de le ressentir. Marquise était coquette aux deux sens du mot : dans *L'Impromptu de Versailles,* elle reprochera à Molière de lui donner des rôles de « façonnière ». Et puis Marquise avait un « port d'impératrice » et un visage régulier, un peu romain, de tragédienne.

Ceci n'échappa point à Pierre Corneille. Mais qui était Pierre Corneille en cette année 1658?

Agé de cinquante-deux ans, marié depuis dix-huit ans, père de sept enfants et marguillier de sa paroisse, cet illustre Rouennais, bien qu'anobli, faisait figure de parfait bourgeois. Il s'habillait de sombre, cachait sa naissante calvitie sous une petite calotte d'ecclésiastique et ne s'en laissait pas conter sur les questions d'intérêt. Pour ce qui était de la littérature, il travaillait à une traduction en vers de l'*Imitation de Jésus-Christ* et déclarait ne plus vouloir écrire pour le théâtre. La vérité est que l'échec de *Pertharite,* six ans auparavant, l'avait profondément blessé. Mais celui que ses proches, et même son frère Thomas, appelaient « le grand Corneille » ne pouvait oublier le tonnerre d'applaudissements qui l'accueillait naguère quand il pénétrait dans une salle où l'on jouait une de ses œuvres. D'ailleurs le grand homme avait encore de chauds partisans. Le tout-puissant Fouquet, surintendant des finances, eût aimé se l'attacher et le lui faisait savoir. Pour décider Corneille à revenir au théâtre, il ne fallait qu'un choc. Ce choc, la Du Parc le donna.

Les deux Corneille connaissaient déjà Molière et la Béjart. Après les avoir applaudis au jeu de paume des Braques, ils allaient les voir chez eux, dans le logis qu'ils avaient loué sous les piliers des halles. On se retrouvait aussi rue de la Pie, dans la maison à colombages qu'habitait Pierre Corneille et dans celle, contiguë, de Thomas. Les deux frères avaient épousé deux sœurs et vivaient en étroite union. Si la femme de Pierre Corneille n'ignorait pas, comme plus tard la femme de Jean Racine, ce qu'étaient les rimes masculines et féminines, elle ne semblait pas en revanche se douter des ravages que pouvait exercer une jeune et jolie comédienne sur un dramaturge quinquagénaire. On se voyait donc fort librement, on parlait métier, on jouait aux cartes; on allait parfois (c'était le printemps) en partie de campagne dans la maison des champs que possédait Pierre Corneille à Petit-Couronne.

Le résultat de tout cela fut une lettre du 9 juillet 1658, adressée par Corneille à l'abbé de Pure.

Monsieur,

Je vous envoie un méchant sonnet que je perdis hier au jeu contre une femme dont le visage et la voix valent bien quelque chose. C'est une bagatelle que j'ai brouillée ce matin. Vous en aurez la première copie. Il y a un peu de vanité d'auteur dans les six derniers vers.

Sonnet

Je chéris ma défaite, et mon destin m'est doux,
Beauté, charme puissant des yeux et des oreilles;
Et je n'ai point regret qu'une heure auprès de vous
Me coûte en votre absence et des soins et des veilles.

Se voir ainsi vaincu par vos rares merveilles,
C'est un malheur commode à faire cent jaloux;
Et le cœur ne soupire, en des pertes pareilles,
Que pour baiser la main qui fait de si grands coups.

Recevez de la mienne, après votre victoire,
Ce que pourrait un roi tenir à quelque gloire,
Ce que les plus beaux yeux n'ont jamais dédaigné.

Je vous en rends, Iris, un juste et prompt hommage.
Hélas! Contentez-vous de me l'avoir gagné,
Sans me dérober davantage.

A part la dernière strophe où, mû par la « vanité d'auteur », Corneille se souvient qu'il est Corneille, rien de très remarquable, on le voit. Nous sommes en pleine galanterie et l'on ne s'étonne pas que le poète, qui n'avait jamais passé pour « bon galant » et le savait, ait envoyé à l'abbé de Pure, si fort lancé dans les ruelles, cette pièce bien propre à lui rallier les suffrages des précieuses. Mais les choses vont bientôt changer de face et Corneille va cesser d'envoyer à Paris, pour qu'ils y soient montrés, les vers qu'il adresse à Marquise-Iris. Car il n'arrête plus d'en écrire. Inattendue et tardive floraison, que le désir d'être à la mode ne suffit pas à expliquer.

Après le sonnet perdu au jeu, autre *bagatelle* (c'est le titre). Marquise, qui sait à qui elle a affaire, a demandé des vers, cinquante-deux vers exactement, autant que l'âge de Corneille compte d'années. « Le nombre m'épouvante », dit le poète. Euphémisme. Ce qui l'épouvante, c'est l'idée que Marquise pourrait lui céder et que

Le vieux garçon de cinquante ans
Qui n'en fait guère en beaucoup de temps

pourrait ne pas la combler :

On doit s'efforcer jusqu'au bout
Et ne rien faire ou faire tout.
Il faut donc que je m'évertue,
Que je me débatte et remue,
Que je pousse de tout mon mieux,
Dussé-je en crever à vos yeux :
Aux grands coups on voit les grands hommes.

Ne craignons pas de trop entendre. Corneille appartient à une génération qui ne craint pas la gaillardise; il ne garde ses pudeurs que pour les salons et jamais, dans la vie, il ne s'est comporté avec les femmes comme ses héros à la scène. N'a-t-il pas avoué ailleurs :

Je suis de ces amants grossiers
Qui n'aiment pas fort volontiers
Sans aucun prix de leurs services
. . . .
Et l'union des esprits est pour moi sans délices
Si les charmes des sens n'y prennent quelque part.

Marquise est un peu surprise du train qu'ont pris les choses, un peu choquée aussi. Ce n'est pas ainsi qu'on courtise les dames. On doit avant toutes choses leur parler d'estime et Corneille le sait mieux qu'un autre. Ou bien juge-t-il qu'une comédienne ne mérite pas tant d'égards?

Aussitôt le poète change de ton. Plus de gaillardises. Mais la résignation est loin d'être définitive et le jeu se prolonge. On passe d'un sonnet tendre à un sonnet irrité, des soupirs aux reproches. Un jour, Corneille prétend qu'il sait « l'art d'échapper aux charmes les plus forts », le lendemain il supplie. Pourquoi – cet éternel *pourquoi* des amants dédaignés – le recevoir, l'encourager, si l'on ne veut rien lui accorder?

Hélas! Si vous vouliez, que je serais heureux!

Mais Marquise ne veut pas. Elle juge, elle a toujours jugé que Corneille était trop vieux, et elle le dit, sinon à lui-même, du moins à des tiers, qui, naturellement, le répètent. Cette fois, le poète se rebelle et ce sont les superbes, les célèbres stances, où Corneille rappelle à Marquise, comme naguère Malherbe, comme jadis Ronsard le rappelaient à d'autres jeunes coquettes, qu'il y a des vieillesses dont on ne se moque pas, car ce sont celles du génie et qu'au génie toujours appartient le dernier mot.

Marquise, si mon visage
A quelques traits un peu vieux,
Souvenez-vous qu'à mon âge
Vous ne vaudrez guère mieux.

Le temps aux plus belles choses
Se plaît à faire un affront,
Et saura faner vos roses
Comme il a ridé mon front.

Le même cours des planètes
Règle nos jours et nos nuits :
On m'a vu ce que vous êtes;
Vous serez ce que je suis.

Cependant j'ai quelques charmes
Qui sont assez éclatants
Pour n'avoir pas trop d'alarmes
De ces ravages du temps.

Vous en avez qu'on adore,
Mais ceux que vous méprisez
Pourraient bien durer encore
Quand ceux-là seront usés.

Ils pourront sauver la gloire
Des yeux qui me semblent doux,
Et dans mille ans faire croire
Ce qu'il me plaira de vous.

Chez cette race nouvelle
Où j'aurai quelque crédit,
Vous ne passerez pour belle
Qu'autant que je l'aurai dit...

Après quoi, Corneille, rassemblant son courage, fit ce qu'il devait faire et cessa ses visites.

Le bel été avait fini son cours. Septembre s'achevait et la troupe de Molière s'apprêtait à quitter Rouen pour Paris. Marquise s'en irait-elle sans dire adieu à Corneille? Que non! Le grand homme était trop utile à sa gloire. Elle le rappela. Il revint... mais ce fut pour découvrir que de ces longs jours d'absence, qui lui avaient tant coûté, la bien-aimée ne s'était pas même formalisée.

Quoi? Vous me revoyez sans vous plaindre de rien?
Je trouve même accueil avec même entretien?
Hélas! et j'espérais que votre humeur altière
M'ouvrirait les chemins à la révolte entière;
Ce cœur, que la raison ne peut plus secourir,
Cherchait dans votre orgueil une aide à se guérir
Mais vous lui refusez un moment de colère;
. . . .
Marquise, dites donc ce qu'il faut que je fasse!

Rien. Il n'y a rien à faire. C'est bête, mais c'est ainsi : le génie ne suffit pas à métamorphoser en prince charmant un marguillier quinquagénaire.

En octobre 1658, la troupe de Molière arrivait à Paris. On savait dans la capitale que Marquise avait ému l'auteur du *Cid* et l'on y attendait sa venue avec curiosité. Quand, le 24 octobre, la troupe représenta *Nicomède* devant le jeune Louis XIV, dans la salle des gardes du vieux Louvre, la noble assistance fut particulièrement satisfaite « de l'agrément et du jeu des femmes ».

La tragédie achevée, Molière demanda à Sa Majesté, qui « avait bien voulu souffrir leurs manières de campagne », de lui permettre de compléter le spectacle par « un de ces petits divertissements qui lui avaient acquis quelque réputation et dont il régalait les provinces ». Ce fut *Le Docteur amoureux,* qui fit rire le roi et sacra Molière auteur comique.

Dorénavant patronnée par Monsieur, frère du roi, et dotée d'un théâtre, celui du Petit-Bourbon, la troupe semblait promise à un bel avenir. Tout n'allait pas sans difficultés, bien sûr, et nous savons qu'en 1659 Molière se plaignit à Chapelle des exigences contradictoires de ses « trois grandes actrices » (la Béjart, la de Brie, la Du Parc) pour la distribution de leurs rôles. « En vérité, grand homme, répondit Chapelle, vous avez besoin de toute votre tête en conduisant les leurs »; et il ajoutait : « Surtout, tiens-toi neutre! », ce qui donne à penser.

Il est évident que les rivalités professionnelles se

doublaient de rivalités sentimentales que le temps n'avait fait qu'irriter. Bien fin qui pourrait dire si Molière avait définitivement renoncé à séduire cette belle Du Parc qu'il côtoyait tous les jours. Il lui avait, quelques années plus tôt, adressé des vers, d'ailleurs assez médiocres et qui n'ajoutent rien à leur gloire à tous deux. Nous en savons trop peu pour parler d'une grande passion contrariée. Présumons seulement que, fidèle à une tradition qui s'est perpétuée, le chef de troupe tentait sa chance auprès de ses nouvelles recrues, quand elles étaient jolies. Mlle de Brie n'était pas jolie (trop maigre pour les canons de l'époque), mais elle avait du feu, peu de morale et Molière s'était consolé avec elle des dédains de la Du Parc. Madeleine Béjart, l'amante et l'amie de toujours, qui avait maintenant passé la quarantaine, supportait de plus en plus difficilement cette situation. Et pourtant le pire pour elle restait encore à venir. Armande, sa très jeune sœur (sa propre fille, s'il faut en croire certains), supplantait peu à peu toutes ses rivales dans le cœur de Molière. Le contrat de mariage fut signé en janvier 1662, mais le repas de noces n'eut lieu qu'en février après une représentation « en visite ».

Métier oblige. Au milieu de ces drames domestiques, on n'arrêtait pas de jouer et de jouer ensemble. En 1661, Molière – extraordinaire fécondité! – porte à la scène *Dom Garcie de Navarre, Les Fâcheux, L'École des maris*. Est-ce au Palais Royal, où la troupe se produit maintenant, ou bien dans son appartement de la rue Saint-Thomas-du-Louvre que Marquise, en 1662, vit un jour réapparaître Corneille? Oui, Corneille, quatre ans après!

Encouragé par l'accueil fait à *Œdipe,* le dramaturge avait quitté Rouen pour Paris. Ce qui lui valait son regain de succès, c'était la « tendresse » toute nouvelle qui régnait dans ses vers, c'étaient ses personnages de « vieillards amoureux ». Qui les lui avait inspirés? Les gens avertis s'en doutaient bien.

Le vieux Martian de *Pulchérie*, comme le vieil Attila et comme le vieux Syphax de *Sophonisbe*, ne retrouvent-ils pas, pour exprimer la mélancolie, voire la « rage » de leur vieillesse dédaignée, les mêmes accents, parfois les mêmes mots qu'employait le vieux Corneille en s'adressant à Marquise? La souffrance a toujours été d'un bon rendement pour les poètes et Corneille n'avait pas tout à fait fini de souffrir. Il avait retrouvé une Marquise plus aimable, mais aussi plus aimée que jamais, une Marquise désormais lancée et dont les cavaliers à la mode, comme les gens de lettres, se disputaient les faveurs. La mort de Gros-René, mari trop confiant (28 octobre 1664), ne fit que grossir la cour de cette jeune veuve, qui ressemble comme une sœur à celle que Molière allait mettre à la scène, dix-huit mois plus tard, sous le nom de Célimène.

Que Marquise ne fût plus alors, et depuis un certain temps déjà, une fidèle épouse, cela ressort non seulement du genre d'éloges que tout un chacun adressait à cette « grande tentatrice » (comme disait Robinet dans sa *Gazette*), mais de deux bien curieux actes notariés de 1660. Par ces actes, François de Béthune, marquis de Chabris et conseiller du roi, se reconnaissait débiteur d'une somme de 11 000 livres envers Marquise et, pour la rembourser, lui faisait constituer par un tiers une rente annuelle de 550 livres. Il ne peut s'agir que d'une libéralité déguisée. Où Marquise eût-elle trouvé 11 000 livres, pourquoi les aurait-elle prêtées à un aussi puissant personnage et comment aurait-elle pu le faire sans l'accord de son mari? Elle avait épousé René Du Parc sous le régime de la communauté et avait fait de lui, par contrat et selon la loi, « son procureur général, spécial et irrévocable ».

Un jour de 1665, avant de regagner Rouen, Corneille adressa à Marquise ce mélancolique et définitif adieu :

Je suis vieux, belle Iris, c'est un mal incurable;
De jour en jour il croît, d'heure en heure il accable :
La mort seule en guérit; mais si de jour en jour
Il me rend plus mal propre à grossir votre cour,
Je tire enfin ce fruit de ma décrépitude,
Que je vous vois sans trouble et sans inquiétude,
Sans battement de cœur, et que ma liberté
Près de tous vos attraits est toute en sûreté.

. . . .

Je vis auprès de vous dans une paix profonde,
Et doute, quand j'en sors, si vous êtes au monde.
Pardonnez-moi ce mot qui sent le révolté;
Avec le cœur peut-être il est mal concerté,
Vos regards ont pour moi toujours le même charme,
M'offrent mêmes périls, me donnent même alarme,
Et je n'espérerais aucune guérison,
Si l'âge était chez vous mon seul contre-poison.
Mais grâces au bonheur de ma triste aventure,
A peine ai-je loisir d'y sentir ma blessure;
Grâces à vingt amants dont chez vous on se rit,
Dès que votre œil m'y blesse, un autre œil m'y guérit.
Souffrez que je m'en flatte et qu'à mon tour je cède
Au chagrinant rival qui comme eux vous obsède,
Qui leur fait presque à tous déserter votre cour,
Et n'ose vous parler ni d'hymen ni d'amour.

Le *chagrinant rival, qui n'ose parler ni d'hymen ni d'amour,* c'est Racine; Racine qui n'est pas encore célèbre, mais qui a vingt-cinq ans, belle carrure, beau visage. Il arrive d'Uzès, où, pendant dix-huit mois, il a rongé son frein auprès d'un oncle chanoine, dans l'espoir de décrocher un bénéfice. Espoir déçu. *La Thébaïde,* avec laquelle il comptait bien conquérir Paris, et que Molière a montée en juin 1664, est un autre échec. Mais Racine a déjà une deuxième tragédie en chantier, l'*Alexandre.* C'est sans doute pendant les répétitions de cette pièce, à l'automne 1665, qu'il se lia avec Marquise, puisque celle-ci y interprétait son premier grand rôle tragique, celui d'Axiane.

Quand, à Pâques 1667, Mlle Du Parc quitta la troupe de Molière pour suivre Racine à l'hôtel de Bourgogne, plus personne ne douta qu'elle ne fût la maîtresse du poète et que celui-ci ne l'eût incitée à cette désertion.

Déjà, de Port-Royal, la mère Agnès de Sainte-Thècle avait écrit à son neveu :

« J'ai appris avec douleur que vous fréquentiez plus que jamais des personnes dont le nom est abominable à toutes les personnes qui ont tant soit peu de piété, puisqu'on leur interdit l'entrée de l'église et la communion des fidèles, même à la mort [...] Je vous conjure donc [...] de rentrer dans votre cœur pour y considérer sérieusement dans quel abîme vous vous êtes jeté; [...] mais si vous êtes assez malheureux pour n'avoir pas rompu un commerce qui vous déshonore devant Dieu et devant les hommes, vous ne devez penser à nous venir voir [1]. »

Comment envisager cette liaison célèbre? Que le jeune Racine ait aimé ardemment cette comédienne de six ans son aînée, dans la plénitude de sa vogue et de sa beauté, ne paraît pas douteux. Il est même probable que Marquise fut son premier amour (je dis bien amour et non pas aventure), puisque, avant de quitter Uzès pour Paris, il écrivait à La Fontaine que son cœur était toujours « sain et entier ». Quant à Marquise, libre et adulée, pourquoi eût-elle cédé à Racine si elle ne l'aimait pas? Il faut tout de même remarquer qu'à cette liaison elle gagnait plus que lui. On connaît la confidence de Boileau : « M. Racine était amoureux de la Du Parc, qui était grande, bien faite, et qui n'était pas bonne actrice. Il fit *Andromaque* pour elle; il lui apprit ce rôle; il la faisait répéter comme une écolière. » Sans Racine-Pygmalion, Marquise eût-elle jamais accédé au rang des tragédiennes?... Qu'il

1. Cette janséniste exagère. L'Église ne demandait aux comédiens que de renoncer, *à leur mort*, au métier qu'ils avaient exercé toute leur vie.

dut être doux pour l'auteur et l'interprète le triomphe d'*Andromaque*! Un triomphe tel qu'on n'en avait pas vu depuis *Le Cid.* Et pour la fille de Jacomo de Gorla, quel chemin parcouru depuis les tréteaux de Lyon!

Un autre lien, qu'on a longtemps ignoré, unissait aussi les deux amants. C'est en 1939 que Mme Dussane eut la chance et le mérite de mettre au jour la copie d'un carnet de comptes de Racine qui contenait les mentions suivantes :

« Tant pour la nourrice de ma f[*ille*]

« Ce jour[...], donné tant pour les cordes du luth de Mlle Du Parc.

« Tant... pour l'enterrement de ma fille. »

Ainsi Racine et Marquise avaient eu un enfant ensemble!

On est assez tenté d'expliquer par l'existence de cette petite fille les accents que trouve Clytemnestre (dans *Iphigénie*) pour parler de l'amour maternel : accents assez rares dans le théâtre du XVIIe siècle et fort inattendus chez un jeune poète célibataire.

Comment s'appelait cet enfant de l'amour? Nous l'ignorons. Nous savons seulement qu'elle ne vécut que huit ans. Elle dut naître à l'automne 1667; c'est au printemps de cette année-là que Racine avait fait quitter à sa maîtresse la troupe de Molière. Marquise ne devait reparaître à la scène que le 17 novembre suivant, pour créer *Andromaque* à l'Hôtel de Bourgogne. Il y a donc là une période de cinq à six mois, pendant lesquels la comédienne, éloignée de ses anciens camarades et ne paraissant pas sur les planches, a pu, dans le secret, mener à terme sa grossesse.

Quoi qu'il en soit, voici les deux amants père et mère. Marquise, nous dit Boileau, ne s'embarrassait guère de ses enfants. Pourtant nous savons qu'à défaut de la nouvelle-née clandestine, confiée à une nourrice, elle avait avec elle ses filles du premier lit. Ne voyons-nous pas Racine, en mai 1668, assister à un baptême en compagnie de Marie-Anne Du Parc, alors âgée de dix ans? Le petit Jean-Baptiste René, qui n'avait que cinq ans, devait bien, lui aussi, partager de temps en temps la vie de sa mère et de ce Monsieur Racine. On avait, il est vrai, des domiciles séparés (elle, rue de Richelieu, lui, rue Montorgueil), mais cela ne trompait personne.

On se prend à rêver d'une existence quasi familiale, un peu bohème aussi. Marquise, comme beaucoup d'artistes, avait l'hospitalité généreuse : elle avait recueilli chez elle, pendant un temps, une de ses nièces et elle entretenait plus ou moins la seconde femme de son père défunt, Benoîte de Gorle.

Ne rêvons pas trop. Le 17 juillet 1668, Bussy-Rabutin écrit à l'une de ses correspondantes : « J'admire l'étoile de la Du Parc qui a donné mille passions à mille gens et jamais une médiocre. Si le chevalier de... l'épouse, ce sera un grand triomphe pour l'amour : il est beau pour son honneur qu'il arrive de temps en temps des choses extraordinaires dans son empire; cela le fait respecter. »

Et nous lisons dans une gazette de Hollande, en date du 14 juillet : « On a donné des gardes au chevalier de Genlis pour l'empêcher de se marier avec la demoiselle Du Parc, comédienne. »

On ne sait à peu près rien sur ce chevalier, sinon qu'il était militaire et appartenait à la famille de Brûlart de Genlis. Mais là n'est pas l'important. L'important, c'est qu'au plus fort de sa liaison avec Racine, la Du Parc avait donné assez d'espoir à l'un de ses admirateurs pour qu'il songeât à l'épouser. Et puisque la famille de Genlis en était à prendre des mesures de coercition contre le chevalier, on peut difficilement admettre que celui-ci était un fou, qui espérait contre toute vraisemblance. Mais c'est peut-être ainsi que Marquise l'avait dépeint à Racine. Comment ne pas songer encore à Célimène et particulièrement à cette scène où Alceste, faisant allusion à ses rivaux, demande à la jeune femme :

Qu'ai-je de plus qu'eux tous, madame, je vous prie?

CÉLIMÈNE

Le bonheur de savoir que vous êtes aimé.

Racine se contenta-t-il de cette réponse? Jusqu'au projet de mariage peut-être, mais ensuite?... Toujours est-il qu'on ne sait plus rien sur ses rapports avec Marquise jusqu'à la date du 10 décembre de cette même année 1668.

Ce soir-là, on donnait *Les Plaideurs* au château de Saint-Germain. Louis XIV rit beaucoup et c'en fut assez pour assurer le succès de la comédie, qui était tombée à Paris. Tard dans la nuit, les comédiens, rentrant dans la capitale, s'en vinrent héler Racine sous les fenêtres de son appartement pour lui apprendre la bonne nouvelle. Nul ne leur répondit. Racine n'était pas là. Racine était chez la Du Parc, qui se mourait.

Marquise rendit l'âme le 11 décembre. Son corps fut inhumé le 13 aux Carmes des Billettes... et le temps passa. Racine, qu'on avait vu suivre le convoi « à demi trépassé » de douleur, s'afficha deux ans plus tard avec une autre comédienne et, à s'en tenir aux apparences, le scénario de ses amours avec la Champmeslé ne différa pas beaucoup du précédent. Elle le trompa; il lui écrivit des rôles et les lui fit répéter. La Du Parc avait triomphé dans *Andromaque* : la Champmeslé triompha dans *Bérénice, Bajazet, Mithridate, Iphigénie...* La différence est que la liaison dura tant bien que mal sept années et fut rompue, non par la mort, mais à la suite d'une ultime infidélité de la Champmeslé (dont le Genlis s'appelait Clermont-Tonnerre).

En effet, on apprenait coup sur coup, en 1677, que Racine renonçait au théâtre et à la Champmeslé, qu'il se réconciliait avec Port-Royal et qu'il se fiançait à une jeune et vertueuse bourgeoise, Catherine de Romanet.

Le mariage fut célébré le 1er juin. En septembre, Racine était nommé historiographe du roi et recevait une gratification de six mille livres. Deux années de prospérité et d'apparent bonheur suivirent. Puis vint l'année 1680. Et le 11 janvier 1680, le magistrat Bazin de Bezons reçut du ministre Louvois le billet suivant : « Vous trouverez ci-joint les ordres nécessaires pour faire arrêter la dame Larcher; ceux pour l'arrêt du sieur Racine vous seront envoyés aussitôt que vous le demanderez. »

Qu'était-il arrivé? Rien de moins que le plus formidable scandale du siècle : l'affaire des Poisons.

Quand les enquêteurs découvrirent que Catherine Montvoisin, dite la Voisin, était non pas seulement la « devineresse » qu'elle prétendait, mais une empoisonneuse, une avorteuse et une sorte de chef de bande, ils élargirent leurs interrogatoires à tous ceux et à toutes celles qui, depuis des années, avaient pu lui servir de complices ou de rabatteurs. C'est ainsi qu'en novembre 1679, la Boutier, une ancienne servante de la Voisin, déclara que, parmi les femmes qui venaient jadis chez sa maîtresse, elle avait souvent aperçu « la Du Parc, comédienne ».

Les enquêteurs demandèrent alors à la Voisin comment elle avait connu la Du Parc, et l'on imagine quel dut être leur étonnement quand, à cette question, ils obtinrent la réponse suivante : « Oui, dit en substance la Voisin, j'ai bien connu la Du Parc et j'avais d'ailleurs l'intention de vous déclarer qu'elle était probablement morte empoisonnée. » L'auteur de cet empoisonnement : Jean Racine. Du moins le bruit en avait-il couru à l'époque, bruit auquel la Voisin était d'autant plus tentée d'ajouter foi que Racine lui avait interdit de pénétrer chez la Du Parc pendant sa maladie. Par ailleurs les filles de la comédienne « lui avaient marqué que ce Racine était la cause de leur malheur ». Quant à Benoîte de Gorle, belle-mère de Marquise, elle lui avait dit... Mais lisons plutôt ce témoignage qui a fait couler tellement d'encre :

« De Gorle lui a dit que Racine, ayant épousé secrètement la Du Parc, il était jaloux de tout le monde et particulièrement d'elle répondante *(Voisin)* dont il avait beaucoup d'ombrage, et qu'il s'en était défait par poison et à cause de son extrême jalousie. Et pendant la maladie de la Du Parc, ce Racine ne partait point du chevet du lit de la Du Parc, à laquelle il tira de son doigt un diamant de prix, et avait aussi détourné les bijoux et principaux effets de la Du Parc, qui en avait pour beaucoup d'argent; que même on n'avait pas voulu la laisser parler *(la Du Parc)* à la nommée Nanon, sa femme de chambre *(de la Voisin)*, qui est sage-femme, quoiqu'elle demandât la Nanon et qu'elle lui fît écrire pour venir à Paris la voir aussi bien qu'elle, répondante. »

Nous n'allons pas revenir sur cette affaire que je crois avoir, ailleurs, réduite à ses justes proportions [1]. Racine n'a pas tué la Du Parc, mais la Du Parc a voulu tuer un enfant qu'elle portait et elle est morte des suites de ces manœuvres abortives. Ce n'était pas la première fois, semble-t-il, qu'elle s'adressait à la Voisin et à son acolyte, cette Nanon « qui était sage-femme », pour des interventions de ce genre. La grossesse, au XVIIe siècle, c'est « l'écueil des veuves », comme dit Bussy-Rabutin. Et à qui Marquise pouvait-elle faire endosser cette paternité? Pas à Racine, puisqu'elle l'avait trompé ouvertement avec Genlis; et pas à Genlis puisqu'on avait, par contrainte, éloigné celui-ci pour qu'il ne l'épousât pas.

Pauvre Marquise! Elle avait, comme on disait à l'époque, mal pris ses mesures. Et pourtant qui saura jamais si elle n'est pas morte pour rien? Racine avait tant accepté d'elle qu'il eût peut-être encore accepté cet enfant, quel qu'en fût le père. C'est lui en tout cas, et lui seul, de tous les amants et admirateurs, qui est

1. Voir notre article « L'assassinat de la Du Parc » dans *La Revue des Deux Mondes*, 1er avril 1965, pp. 334-344.

accouru au chevet de Marquise. Il a sans doute deviné ou appris (peut-être de sa bouche) l'origine de sa mystérieuse et subite « maladie », ce qui explique qu'il ait aussi obstinément refusé à la Voisin l'entrée de la rue de Richelieu. Que pouvait-il faire de plus? Appeler un médecin? Étant donné la législation, c'était risqué, mais il l'a peut-être fait. Inutilement du reste. La médecine n'était pas plus capable de sauver Marquise que tant d'autres femmes qui mouraient de leurs couches ou de leurs avortements. La seule chose dont nous soyons sûrs est que Racine a fait venir un prêtre et qu'avant sa mort la comédienne a renoncé à la comédie, évitant ainsi la damnation éternelle, idée qui bouleversait son âme pieuse, car elle était pieuse, ce sont là les contradictions de l'époque... Quant aux bijoux, on pense bien que Racine ne les a pas volés. Sans doute a-t-il voulu les soustraire à ces charognardes qu'étaient la Voisin et la de Gorle; à moins que, de lui-même ou sur instructions de Marquise repentante, il n'ait voulu les restituer aux admirateurs qui les avaient offerts.

Marquise Du Parc n'a pas « changé la vie »; elle n'a même pas essayé. Mais peut-on dire qu'elle a seulement brûlé la sienne? Non, et nous lui devons beaucoup de reconnaissance. Racine avait vingt-cinq ans quand il l'a connue. C'était un jeune homme léger, « voluptueux », « un loup parmi les loups » (comme il le confiait à La Fontaine), et pour qui l'amour se confondait avec le plaisir. Sur le plan littéraire, c'était un jeune poète doué, mais qui n'avait à son actif que deux tragédies manquées. Marquise survient, et voici *Andromaque.* Il n'est que de relire cette œuvre après *La Thébaïde* et *Alexandre* pour mesurer l'abîme qui sépare l'une des autres : dans celles-ci on parle d'amour, dans celle-là, c'est l'amour qui parle; les mots sont les mêmes et c'est une autre langue.

C'est par Marquise que Racine a découvert l'irrationalité de la passion, les tourments de la jalousie, l'impossibilité du bonheur. C'est par elle qu'il a découvert les abîmes et les remords du péché. Par elle, l'horreur de la mort, cette mort qu'on souhaite parfois, follement (comme Hermione), à ceux qui nous font souffrir, mais dont on mesure, quand elle a frappé, qu'elle est la souffrance irrémédiable.

Par qui enfin, sinon par Marquise, Racine a-t-il découvert ce qu'on appelle les dessous du Grand Siècle : superstitions, magie, haines, vengeances, avortements et « ces poisons que Médée apporta dans Athènes »? Où a-t-il pris le modèle des affranchis et des confidents de ses tragédies – les Narcisses, les Pallas, les Œnones – ces mauvais conseillers, entremetteurs à l'occasion et tueurs à gages qui, comme la Voisin et ses semblables, servaient leurs propres intérêts en servant les instincts, les faiblesses ou les vices de leurs contemporains? Tout ce qui, enfin, donne à son œuvre une dimension particulière; tout ce dont, éblouis par les grâces de la société louis-quatorzième, nous ignorerions encore la réalité et la source, si quelques dossiers n'avaient échappé aux autodafés prescrits par Louis XIV, justement épouvanté par les révélations de l'affaire des Poisons?

Avec sa beauté, sa grâce, son médiocre talent et son incurable coquetterie, Marquise, si critiquable et si pitoyable, fut pour Racine l'instrument du génie.

Anne

Le 15 mai 1643, Anne d'Autriche, régente de France depuis la veille par la mort de son mari, Louis XIII, faisait son entrée solennelle dans Paris. Parti de Saint-Germain-en-Laye vers onze heures du matin, le carrosse où elle avait pris place avec ses deux enfants n'atteignit le Louvre qu'à six heures du soir. Un record, même à l'époque! C'est que, malgré l'escorte de mousquetaires gris et de mousquetaires noirs, de chevau-légers, de gardes suisses, écossaises et françaises, le cortège n'avança plus qu'au pas à partir de Nanterre, tant la foule était dense. On ne se souvenait pas d'avoir vu un tel concours de peuple et un tel enthousiasme depuis l'entrée dans la capitale de cette même Anne d'Autriche, alors jeune mariée de quatorze ans, en 1615. Ce n'était, dit Retz, qu'applaudissements et bénédictions.

Si l'on faisait fête à la reine régente, c'était d'abord parce que la France ingrate n'en pouvait plus de Louis XIII et de Richelieu (mort quelques mois avant son maître). Si on lui faisait confiance, alors qu'elle n'avait jamais eu part aux affaires du royaume, c'est parce que, de ce roi et de ce ministre qui subordonnaient tout à la raison d'État, elle était l'antithèse. Avec cette femme aimable et belle encore, gracieuse, compatissante, et à qui ses longues infortunes d'épouse négligée et d'Espagnole soupçonnée prêtaient plus de charmes qu'elle n'en avait peut-être, on aurait la clémence après la « tyrannie », la libéralité après l'austérité, la gaieté après la morosité. On aurait, détail non négligeable en monarchie, une cour digne de ce nom où les Grands viendraient briller de tous leurs ors, les poètes de tout leur esprit, sans craindre, les uns et les autres, qu'une repartie trop impertinente, qu'une épigramme trop moqueuse ne les renvoie dans cette Bastille qui, sous le défunt cardinal, était l'endroit le mieux fréquenté du royaume.

Que la régente, sitôt qu'elle le put, quittât le Louvre pour le Palais Royal, ce palais tout neuf construit par Richelieu dans un quartier tout neuf, n'était-ce pas symbolique? Palais, au XVIIe siècle, c'est la traduction de *palazzo,* rien de plus, mais rien de moins; autrement dit, une somptueuse villa italienne où tout est fait pour l'agrément et la commodité. Après le Louvre, ce perpétuel chantier, si vaste, si triste, où l'on entrait encore par un pont-levis, quel changement! De hautes et larges fenêtres, point de murailles, point de fossés. On le regrettera pendant la Fronde, mais, en ces joyeux débuts de la régence, qui aurait songé à craindre le bon peuple de Paris? On peut dire que, pendant ces premières années, Anne d'Autriche vécut au Palais Royal des jours heureux, sans pour autant échapper à l'étiquette et à la publicité qui la fatiguaient tant.

Indolente de nature, bien que douée d'une robuste santé – inestimable atout –, elle s'éveillait tard, extraordinairement tard pour l'époque : entre dix et onze heures du matin. Celle de ses femmes qui couchait dans sa chambre (c'était l'usage) annonçait alors son réveil et les principaux officiers de sa maison entraient pour lui faire leur cour, suivis de quelques dames qui l'informaient des misères à soulager et lui servaient d'intermédiaires pour ses aumônes. Point de fondations pieuses que la reine ne patronnât ou protégeât de quelque manière. Pour aider des malheureux, il lui était arrivé dans sa jeunesse, lorsqu'elle avait tant de mal à obtenir de l'argent d'un Trésor toujours impécunieux, d'engager ou de vendre de ses bijoux.

Après les premières audiences matinales, Anne se levait, passait une robe de chambre, faisait une prière (la seconde, déjà) puis déjeunait de grand appétit (elle avait toujours été gourmande). Ses fils, Louis XIV, cinq ans, et Philippe d'Anjou, trois ans, venaient lui souhaiter le bonjour; c'est le petit roi qui lui présentait sa chemise en l'embrassant, et cette coutume dura longtemps. Une fois mis son « corps de jupe » et un peignoir, Anne se faisait dire la messe, puis commençait sa toilette. Elle avait au Palais Royal, comme elle eut plus tard au Louvre, un luxueux « cabinet des bains », encore que la baignoire n'y fût qu'une cuve qu'on remplissait à la main. Elle y passait un fort long temps, étant extrêmement propre. Son nécessaire de toilette se composait de vingt accessoires d'or : miroirs, brosses à cheveux, boîtes à épingles, etc. Les cuvettes, pots de chambre et « bassins d'affaires » étaient d'argent, comme les bassinoires et brasiers (pourquoi disons-nous braseros?)

« Il y avait un plaisir non pareil, écrit Mme de Motteville, à la voir coiffer et habiller; elle était adroite et ses belles mains, en cet emploi, faisaient admirer toutes leurs perfections. Elle avait les plus beaux cheveux du monde; ils étaient fort longs et en grande quantité; ils se sont conservés longtemps sans que les années aient eu le pouvoir de détruire leur beauté. » Les cheveux d'Anne d'Autriche n'avaient plus cette blondeur solaire qu'on leur voit dans le célèbre et si beau portrait de jeunesse par Rubens· ils étaient maintenant châtain clair, et la reine avait renoncé à sa coiffure ronde, frisée au petit fer, pour adopter le chignon à la mode, orné d'une résille ou d'un serre-tête, et dont quelques longues boucles, encadrant les joues, adoucissaient la rigueur. Coquette, Anne d'Autriche? Oui, encore; on le devine entre les lignes trop louangeuses de Mme de Motteville. Point d'or ni d'argent sur ses habits, puisque, pour donner l'exemple, elle avait renoncé à ces coûteux ornements, mais enfin elle se vêtait « avec le soin et la curiosité permise aux personnes qui veulent être bien sans luxe ». Un peu plus que cela... Le raffinement de la reine était extrême; elle aimait « avec passion » les bonnes senteurs, et il fallait laver dans plusieurs eaux la toile de ses draps et de ses chemises pour l'adoucir. Mazarin, plus tard, l'en plaisantera, lui disant que, « si elle allait en enfer, elle n'y aurait d'autre supplice que de coucher dans des draps de Hollande ». Comprenons que la toile de Hollande, pour fine qu'elle fût, ne l'était pas encore assez pour la reine qui ne voulait que de la batiste.

Jusque sur son lit d'agonie Anne d'Autriche prendra le plus grand soin de son apparence. Son inventaire après décès nous apprend qu'elle possédait trois cent cinquante et une paires de gants et qu'elle portait toujours, accrochée à ses vêtements, une petite montre d'or. Elle avait bien d'autres bijoux et leur faisait honneur. On peut voir sur presque tous ses portraits ou bustes son rang de trente grosses perles pesant 300 carats et estimé à 105 000 livres. Ses pendants d'oreille et sa croix de perles et diamants étaient estimés plus cher encore : 120 000 livres chacun. Et les ferrets de diamant de Buckingham, la reine régente de France les portait-elle encore? Ils figurent en tout cas dans son inventaire.

Depuis son veuvage, Anne avait cessé de se farder; auparavant elle abusait, paraît-il, du rouge à joues, selon la mode des Espagnoles. Les dames de son entourage renoncèrent, pour l'imiter, au maquillage, et ce fut pour la reine un petit plaisir de vanité que de l'emporter sur elles, à quarante ans passés, par le seul éclat naturel de son teint. Comme toutes les femmes un peu grasses, elle conserva longtemps une chair lisse et sans rides.

Outre ses réveils tardifs, Anne avait coutume de garder la chambre quelques jours par mois, particulièrement les samedis où elle ne sortait que pour aller entendre la grand-messe à Notre-Dame. Les fêtes religieuses (et Dieu sait qu'il y en avait alors, chaque église honorant son saint patron!) lui étaient d'autres occasions d'éviter les importuns; elle les passait souvent au Val-de-Grâce dont elle était en train de dresser les nouveaux plans avec François Mansart. Elle dînait vers deux heures, rarement en public, mais dans ce qu'on appelait son petit cabinet, servie par ses femmes. Sa vaisselle d'or comptait 31 pièces estimée à 30 743 livres, plus quelques pièces en « vermeil doré usé », estimées à 5 417 livres. Un de ses officiers, qui portait le titre de garde-vaisselle, était responsable de tout cela... assez peu de chose, en vérité, comparé aux fastes futurs de Versailles.

Après le dîner (notre déjeuner), la reine tenait cercle ou sortait, sauf les lundis et jeudis, jours de conseil. Le « cercle » était un exercice très fatigant pour les dames de la cour, qui devaient rester debout, seules les duchesses ayant droit au fameux tabouret, objet de tant de convoitises. La toute jeune duchesse de Ventadour était une charmante créature qu'on avait mariée à un affreux débauché. La première fois qu'elle vint, en sa nouvelle qualité, au cercle de la reine, on tarda à lui apporter un tabouret. « Hélas, qu'on le lui donne, il lui coûte assez cher! », murmura Mme de Sévigné.

A la fin de l'après-midi commençaient les visites : celles du duc d'Orléans, le beau-frère de la reine, de Condé, premier prince du sang, accompagné de son fils, le duc d'Enghien, et du cardinal Mazarin « qui n'y manquait jamais ». Pendant un moment la conversation entre ces hauts personnages était générale et publique et la petite foule des privilégiés se pressait pour y assister. Gaston d'Orléans, après un entretien privé avec sa belle-sœur, se retirait et la laissait seule avec Mazarin. Le tête-à-tête, qu'on appelait « petit conseil », durait une bonne heure. Les portes restaient ouvertes, mais personne n'entrait.

La régente revenait ensuite souhaiter le bonsoir à la foule des courtisans qui, après son départ, restaient dans ce qu'on appelait le grand cabinet, dont une façade, entièrement vitrée, donnait sur le jardin, et qu'éclairaient, le soir, des chandeliers d'argent ornés de figures de Maures. C'est là et c'est alors, dit Mme de Motteville, « que se pratiquait sans doute tout ce que la galanterie et les folles intrigues pouvaient produire ».

De quelque façon qu'elle eût employé sa journée, Anne la terminait comme elle l'avait commencée : par la prière. Son oratoire était un vrai sanctuaire à l'espagnole, brillant de reliquaires enrichis d'or, de cristal et de pierres précieuses. Son inventaire n'en mentionne pas moins de vingt-sept, sans parler des trente-sept chapelets et rosaires. Il y avait même des reliquaires qualifiés de « portatifs » qui la suivaient dans ses moindres déplacements.

Quand Anne sortait de son oratoire, il était près de onze heures du soir et elle soupait. Le souper terminé, ses dames en mangeaient les reliefs, se servant « pour tout appareil de sa serviette à laver et du reste de son pain », écrit Mme de Motteville, qui ajoute : « Quoique ce repas fût mal ordonné *(c'est le moins qu'on puisse dire),* il n'était point désagréable par l'avantage de ce qui s'appelle privauté, pour la qualité et le mérite des personnes qui s'y rencontraient quelquefois. » S'étant levée à dix heures du matin, Anne ne pouvait pas se coucher. Après son souper, elle s'entretenait encore avec ses femmes, « conversation libre et gaie » qui durait jusqu'à près d'une heure du matin. « Vous ne vous êtes jamais pu résoudre à vous coucher tôt », lui écrira un jour Mazarin, en la suppliant de ne pas donner même habitude au roi son fils.

Point d'autres divertissements? Oh si! Toutes les sorties de la reine n'étaient pas pour les églises et les cérémonies; Mme de Motteville avoue qu'elle n'avait pas encore renoncé à tous les plaisirs qui lui avaient plu autrefois. On la voyait au Cours-la-Reine, au jardin de Renard, ce petit casino que le traiteur Renard avait établi aux Tuileries et qui était un *must* pour la société mondaine. Du bal, Anne avait perdu le goût, mais elle aimait toujours autant le jeu et surtout le théâtre; même pendant son deuil, elle y allait incognito, masquée et se dissimulant derrière une de ses dames. Au Palais Royal, un petit escalier privé lui permettait de descendre directement de son appartement à la loge qui lui était réservée dans la salle de spectacle construite par Richelieu. Elle ne se faisait pas même scrupule, elle si dévote, d'y applaudir les comédiens italiens, réputés beaucoup plus licencieux que les français.

Les enfants d'Anne d'Autriche, ces deux enfants si tardivement venus après vingt ans de mariage et sans lesquels elle n'aurait pas obtenu la régence, tenaient une grande place dans sa vie : elle les gardait dans sa chambre autant qu'elle le pouvait, prenait, quand ils furent plus grands, ses repas avec eux, supportant sans gêne apparente le « bruit désespéré », comme dit Henri Arnauld, que faisait le petit Louis XIV, qui, déjà d'humeur martiale, n'aimait qu'à jouer à la guerre et battre du tambour. Mais ne nous y trompons pas : Anne n'oubliait jamais que Louis serait, était déjà le roi de France, et jamais, contrairement à ce que répètent des historiens pressés sur la foi de ragots de valets de chambre, elle ne négligea son éducation. Ce lui était d'ailleurs un plaisir infini que de l'initier à ce métier de roi qu'il dira plus tard « noble, grand, délicieux ». Avec lui elle recevait les ambassadeurs, avec lui elle allait à Notre-Dame entendre les *Te Deum*, avec lui aux bois de Boulogne ou de Vincennes pour assister aux parades des régiments des gardes.

On ne réforme jamais le caractère profond d'un être, et Anne devait mesurer plus tard, parfois à ses dépens, à quels excès son fils pouvait pousser l'orgueil et la rancune. Mais les manières parfaites de Louis XIV, sa majesté, son élégance, son bon goût, l'art de tenir une cour, c'est de sa mère qu'il les apprit. Anne avait elle-même reçu une éducation d'infante, dans la cour la plus cérémonieuse d'Europe, et n'oubliait jamais ce qu'on lui devait. Le plus espagnol des deux fut pourtant son fils. Chez elle, ni l'éducation, ni les épreuves n'avaient réussi et ne réussirent jamais à étouffer ce primesaut qui se traduisait par des accès de gaieté allant jusqu'au fou rire, mais aussi par des bouffées de colère, au cours desquelles, dit Retz, sa voix prenait un ton aigre de fausset (qui n'était sans doute que la raucité de son accent espagnol soudain resurgi).

Entre le cercle, la comédie, l'oratoire, le cabinet des bains et les jeux des enfants, y avait-il place dans la vie de la reine régente pour les affaires de l'État? Oui, et c'est pour cela qu'une régence si heureusement commencée faillit, avant terme, s'achever en tragédie.

Si l'on attendait d'Anne d'Autriche qu'elle fît en tout le contraire de son mari, ceci s'appliquait d'abord à la politique. A l'extérieur, on ne voulait plus de la guerre fratricide qui opposait entre elles les puissances catholiques d'Europe : l'Autriche et l'Espagne des Habsbourg contre la France des Bourbons; on voulait la paix, « qui valait mieux que des victoires », comme l'avait dit l'avocat général Omer Talon en recevant la reine au Parlement; car « les palmes et les lauriers » ne nourrissent point le peuple : un peuple, en effet, écrasé d'impôts et recru de souffrances diverses par les invasions ennemies.

A l'intérieur, on voulait ce qu'on appelait tantôt le rétablissement de « l'ancienne forme de gouvernement », tantôt le respect « des lois anciennes et ordinaires de l'État ». Formules nécessairement vagues, puisque la France n'avait pas de constitution, et qui auraient pu se traduire par : « Plus jamais de Richelieu ! » En instituant un premier ministre, innovation rendue plus funeste encore par l'autoritarisme du ministre en question, Louis XIII s'était coupé de son peuple et de là venaient, pensait-on naïvement, tous les malheurs du royaume. Il fallait revenir à cette monarchie patriarcale qu'avait si bien incarnée la figure vénérée d'Henri IV, dont le règne, aux yeux du souvenir, apparaissait comme un âge d'or. On oubliait que le Vert-Galant, si le couteau de Ravaillac n'avait prématurément mis fin à sa destinée, aurait dû, lui aussi, encourir l'impopularité en s'opposant par les armes aux ambitions de ces Habsbourg qui contrôlaient plus de la moitié de l'Europe (sans parler de l'Amérique).

Si le peuple rêvait de poule au pot, les Grands et les parlementaires songeaient surtout aux prérogatives dont Richelieu les avait privés. Quand ils disaient : « Plus d'intermédiaire entre le roi et les Français », il fallait comprendre : « Pas d'autres intermédiaires que nous-mêmes. »

Il y avait toutes les raisons du monde pour qu'Anne d'Autriche leur donnât satisfaction sur tous les points. Elle était espagnole, avait souffert et souffrait encore plus que quiconque de la guerre entre ses deux patries. Sa longue disgrâce venait beaucoup moins du flirt avec Buckingham (un baiser volé dans un jardin, à tout prendre qu'est-ce?...), moins aussi de sa stérilité de vingt ans (dont elle n'était pas seule responsable), que de son opposition constante, et qui était allée jusqu'à la trahison, à la politique anti-Habsbourg menée par son mari et Richelieu. Qui donc, mieux qu'elle, s'efforcerait de mettre fin au conflit, dans les plus brefs délais et à n'importe quel prix?

Quant aux Grands, l'éducation, le caractère et les amitiés de la reine devaient naturellement l'incliner à penser qu'ils étaient naturellement destinés à exercer les plus hautes charges de l'État. D'ailleurs, la persécution inouïe dont ils avaient été victimes – châteaux rasés et têtes coupées, la hache n'épargnant même pas un Montmorency, premier baron du royaume – leur donnait droit à des compensations à la mesure de ce qu'ils avaient subi.

Les mêmes raisons jouaient en faveur des parlementaires, à qui, de plus, Anne devait l'essentiel de son pouvoir : n'avaient-ils pas cassé le testament de son mari, qui ne lui concédait qu'une régence limitée, pour lui accorder une régence absolue?

On s'était bien un peu étonné, qu'après cela, la reine se fût contentée d'épurer sa maison, qu'elle eût conservé les ministres de son mari, et qu'enfin, allant au-delà de l'ultime souhait de celui-ci, elle eût, non seulement gardé, mais nommé chef du conseil le cardinal Mazarin, créature de Richelieu. Sans doute s'agissait-il d'une prudence transitoire. Et puis cet Italien, si différent de son prédécesseur, semblait inoffensif. « L'on voyait sur les degrés du trône, d'où l'âpre et redoutable Richelieu avait foudroyé plutôt que gouverné les humains, un successeur doux, bénin, qui ne voulait rien, qui était au désespoir que sa dignité de cardinal ne lui permettait pas de s'humilier, autant qu'il l'eût souhaité, devant tout le monde, qui marchait dans les rues avec deux petits laquais derrière son carrosse » (Retz).

En outre, Mazarin était un homme de conciliation,

un négociateur habile et qui l'avait déjà prouvé en quelques occasions. On l'utiliserait pour faire la paix avec l'Espagne et l'on verrait ensuite.

On vit très tôt, et ce qu'on vit déjoua toutes les prévisions, fit mentir tous les augures. Sur le plan intérieur, aucun des anciens factieux écartés par Richelieu ne fut rappelé au gouvernement, et quelques-uns, qui avaient cru pouvoir le prendre de haut, repartirent pour l'exil dont ils venaient de rentrer ou pour la prison dont ils venaient de sortir (mais, à la différence de son mari, Anne ne coupa jamais de têtes).

Les anciens partisans de la reine furent frappés de stupeur avant de céder à la fureur. Évoquant l'inexplicable comportement d'Anne d'Autriche, La Rochefoucauld, un des déçus de la régence, parle d'ingratitude et de légèreté : « L'arrêt du Parlement qui la fit régente la déchargea dans sa pensée de tout ce qu'elle avait cru devoir jusqu'alors; elle fut persuadée que ce n'était pas à une princesse qui disposait de tout à payer ce qu'on avait fait pour une princesse qui ne pouvait rien. » Et ailleurs, ce mot étonnant sous la plume d'un homme aussi intelligent : « On fit qu'elle affecta de désavouer tout autre intérêt que celui de l'État. » Mais non, ce n'était pas une affectation! La reine était sincère, seulement elle avait changé de sincérité. Grand avantage, en fin de compte, que d'avoir appartenu soi-même à la race des comploteurs : on les perce à jour! Anne comprenait maintenant que ceux qui avaient intrigué contre son mari étaient capables d'intriguer contre elle, parce qu'ils faisaient passer leurs intérêts particuliers avant ceux du royaume, parce que c'est au pouvoir qu'ils en avaient, en quelques mains qu'il se trouvât. Elle comprenait qu'en les persécutant, et son mari et Richelieu n'avaient fait que leur devoir. Elle ferait le sien. La fonction avait saisi la femme.

Ce phénomène – il y en a d'autres exemples dans l'Histoire – est toujours surprenant. En l'occurrence, il était bouleversant dans tous les sens du mot, à cause, bien sûr, du passé politique de la reine, mais surtout et précisément parce qu'il s'agissait d'une femme, et qu'une femme était *a priori* jugée incapable d'une telle prise de conscience. Quand La Rochefoucauld attribue au seul Mazarin, et pour des motifs qui n'ont rien de politique, le revirement de la reine, il cède, sans peut-être s'en rendre compte, au traditionnel antiféminisme qui voulait que les femmes n'agissent que par passion. Autre erreur, car il n'y avait *pas*, en ces débuts de la régence, de relations privilégiées entre la reine et son ministre, et celui-ci ne pouvait donc jouer sur la corde sentimentale pour influencer celle-là. Que Mazarin n'ait rien négligé, dès avant la mort de Louis XIII, et pour se faire choisir par la future régente, et pour lui faire comprendre certaines vérités politiques, assurément. Mais elle aurait pu ne pas le choisir et ne rien comprendre.

Anne confia un jour à Mme de Motteville qu'elle avait appris de son mari l'art de dissimuler. Soyons sûr que, pendant la dernière maladie de celui-ci, et peut-être avant, elle avait, sans le dire, beaucoup réfléchi. Face à la complexité des affaires de l'État, elle avait mesuré ses propres lacunes et la rareté des hommes valables. Il n'en existait que deux ou trois qui pussent l'aider à diriger le royaume, et Mazarin avait sur ses rivaux plusieurs avantages : n'ayant pas été banni, il était au courant des affaires; n'appartenant à aucun de ces clans princiers aux dents longues qui se disputaient la France, mieux encore, étant un étranger et dont les deux seuls protecteurs venaient de mourir, il dépendrait entièrement d'elle, Anne d'Autriche, et donc ne servirait qu'elle.

Mais cette sagesse initiale de la reine pouvait n'être que tactique : elle n'impliquait pas le choix d'une stratégie. A la limite, il était même permis de n'attribuer la mise au pas des intrigants qu'à l'orgueil d'une Espagnole et d'une reine enfin régnante. Pour l'essentiel, c'est-à-dire pour la paix, Anne pouvait imposer à son ministre la politique qu'elle souhaitait. Or que se passa-t-il?

Le 19 mai 1643, la régence naissante de la reine était inondée de gloire par la victoire de Rocroi, qui révélait en même temps à l'Europe le génie d'un capitaine de vingt-deux ans, le duc d'Enghien, que l'histoire a retenu sous le nom de Grand Condé.

La première allégresse passée, une question se posa : que faire maintenant? La célèbre infanterie espagnole étant quasi anéantie, ne convenait-il pas de négocier en position de force? Tout le monde le souhaitait à l'égal de la reine. Mazarin en jugeait autrement; il voulait qu'on exploitât le succès obtenu en entreprenant une action d'envergure, à savoir le siège de Thionville, place clé des Pays-Bas espagnols, qui verrouillerait notre frontière de l'Est contre les invasions et nous ouvrirait le chemin de l'Allemagne. Au conseil, tout le monde se prononça contre le projet, jugé trop hardi. Mazarin le fit pourtant adopter, et grâce à l'appui de la reine; il a expliqué pourquoi et comment :

« Mes raisons les plus fortes furent que la victoire remportée à Rocroi serait attribuée aux ordres du feu roi ou à l'ardeur d'un prince jeune et avide de gloire qui commandait les armées, mais que, si l'on ne tirait aucun fruit de ce grand succès, on l'imputerait à la faiblesse de la régence et l'on dirait que dans la tombe du feu roi avait été ensevelie toute vigoureuse résolution. Ce qui, non seulement enhardirait les ennemis [...], mais de plus nos alliés songeraient à se mettre en sûreté en consentant à une paix particulière avec la Maison d'Autriche, par laquelle ils étaient continuellement sollicités. Ils penseraient d'autant plus à se séparer de la France que, *la voyant gouvernée par une reine sœur du roi d'Espagne, ils seraient persuadés que, si l'on ne profitait pas de la victoire, cela viendrait de l'attachement et de la sympathie que Sa Majesté avait pour sa maison et de quelque intelligence avec les ministres du roi son frère à l'effet de suspendre les hostilités.* »

On a bien lu; ce que Mazarin a dit à la reine,

c'est : vous devez abattre la Maison d'Autriche, vous plus qu'aucune autre, parce que vous y appartenez. Et ce langage, Anne, visitée par Dieu sait quelle illumination, l'a compris. Oh! ce ne fut pas sans hésitations. Mazarin ne se fiait pas à ses seules forces; deux généraux, entre tous, approuvaient son plan : Rantzau et Turenne. Il les supplia d'aller parler à la reine pour « l'affermir dans la pensée de cette entreprise ». Mais enfin, si l'on songe que la victoire de Rocroi fut connue à Paris le 21 mai et que les premiers ordres pour le siège de Thionville partirent le 27, on voit que la reine n'a pas balancé longtemps et qu'on ne peut attribuer à la seule persuasion de Mazarin, de Turenne et de Rantzau une décision si contraire à tout ce qu'elle avait jusqu'alors souhaité.

Anne d'Autriche continua donc la guerre contre son frère le roi d'Espagne et son cousin l'empereur. Avec celui-ci la paix devait être conclue en 1648 à Münster (traités de Westphalie), mais il faudrait attendre 1659 pour que cessent les hostilités avec l'Espagne. Pendant ces quinze années, Anne, qui avait choisi Mazarin pour faire la paix, ne faiblit pas. On assista même à des scènes étonnantes : la reine, à l'annonce de la victoire de Nordlingen, se dirigeant, rayonnante, vers son ministre, et celui-ci obligé de la modérer en disant : « Madame, il y a beaucoup de morts... »

Anne aurait-elle faibli, si elle n'avait été que régente? Je veux dire si elle n'avait eu pour fils le roi de France? Voilà quel fut en elle l'autre facteur de la métamorphose, la vraie *passion* déterminante. Peu de gens en mesurèrent l'importance; seuls, quelques familiers de la reine (Mme de Motteville, Brienne) ont perçu que c'était l'amour sans réserves qu'elle portait à ses enfants qui avait « effacé de son cœur » l'affection tout aussi vive qu'elle vouait, avant ses maternités, à sa famille d'Espagne. Peut-être Louis XIII l'avait-il, lui aussi, compris; sinon il n'aurait pas même accordé à sa femme un simulacre de régence.

Mazarin joua constamment sur l'amour d'Anne

pour ses enfants; il joua constamment sur la « gloire » qu'elle se devait de procurer au petit roi de cinq ans. Il écrivait à notre ambassadeur à Venise :

« Vous aurez su les courageuses résolutions qu'on a prises ici depuis la mort du feu roi et comme, après le gain de la plus fameuse bataille de ce siècle, la reine a voulu de son mouvement qu'on assiégeât la plus importante place des Pays-Bas [...] Il ne fut jamais princesse d'inclination plus française qu'elle, ni de mère qui eût plus de passion pour la gloire de son fils et pour le bien de ses affaires. »

C'était vrai. Nous nous sommes interrogé au cours de ce livre sur la force du sentiment maternel chez les femmes du XVIIe siècle. Voilà une réponse. A partir du moment où la monarchie a été incarnée par son fils, Anne a compris la nécessité de cette raison d'État qui, sous son mari et Richelieu, ne lui avait paru que l'effet d'une haïssable tyrannie.

Qu'elle n'ait jamais faibli, ni moralement, ni physiquement, elle si indolente, n'implique pas qu'elle n'ait jamais ressenti la lassitude, le découragement, peut-être même le désespoir. Bien des larmes furent versées dans le secret de l'oratoire. Quand on a incarné, à tort ou à raison, l'innocence persécutée, il est affreux de symboliser à son tour la tyrannie; quand on a été adorée, affreux d'être honnie et vilipendée comme Anne le fut pendant la Fronde. Les plus virulents de nos pamphlétaires n'oseraient écrire ce qu'écrivirent alors les auteurs des mazarinades :

Elle consent, l'infâme, au crime d'Italie
Et croirait sa débauche être moins accomplie
Si son cul n'avait part à ses sales ébats...

Pour une femme orgueilleuse, du double orgueil de la reine et de la Castillane, ce fut peut-être une pire humiliation que de se voir contrainte, tantôt à fuir sa capitale, tantôt à s'y trouver prisonnière. Et Dieu sait pourtant qu'Anne ressentit cruellement ces atteintes à son autorité de régente et à la majesté – sacrée, ne l'oublions pas – de son fils! Même la Fronde terminée, il resta bien long encore, et semé d'embûches diverses, le chemin qui menait au rétablissement de la toute-puissance royale, et à la paix par le mariage de Louis XIV avec l'infante Marie-Thérèse.

C'est dans toutes ces épreuves que Mazarin fut irremplaçable. Un autre n'aurait pas compris qu'une femme au pouvoir n'a pas seulement besoin d'un ministre et qu'il lui fallait donc établir avec cette femme-là des rapports que je ne qualifierai, prudemment, que d'affectifs. C'est qu'il y a des modes en histoire et que la mode, aujourd'hui, bannit le sentiment et presque la psychologie. On en arrive à oublier la spécificité du régime monarchique. Monarchie signifie règne d'un seul; aucun ministre ne pouvait donc alors mener quelque politique que ce fût sans obtenir d'abord et par tous les moyens la confiance du monarque. Louis XIII et Richelieu étant ce qu'ils étaient, ce fut le drame permanent du second que de ne pouvoir satisfaire par lui-même au besoin d'affection du premier. Ce prêtre en fut réduit à procurer des Cinq-Mars à son roi, prenant ainsi le risque, évité de justesse, de voir sa créature le supplanter entièrement, jusque dans l'esprit du maître.

J'ai dit qu'au départ il n'y avait pas de relations sentimentales entre Anne d'Autriche et Mazarin. Comprenons : ce n'est pas parce qu'elle l'aimait qu'elle l'a choisi comme ministre; c'est parce qu'il était son ministre qu'elle a fini par l'aimer. Mazarin fut à la fois plus habile et plus chanceux que Richelieu. Étant par nature un charmeur, ayant affaire, non plus à un roi, mais à une reine et dont l'affectivité était moins tortueuse que celle du défunt Louis XIII, il put jouer à la fois les deux personnages, celui du conseiller, celui de l'ami de cœur. Il fut, dans tous les sens du terme, le favori.

Il y a dans le mot *jouer* une ambiguïté qu'il faut ici accepter. Si nécessaire était pour Mazarin ministre la possession et du cœur et de l'esprit d'Anne d'Autriche que nous ne pourrons jamais déterminer l'exacte sincérité de l'homme. Mais c'est le seul doute qui subsiste quant à cette liaison de dix-huit années que la mort seule rompit. On peut bien nous rappeler que Mazarin était cardinal (encore qu'à la différence de Richelieu, il ne fût pas prêtre, ce qui change tout!), on peut bien nous faire observer que les protestations passionnées appartiennent au style épistolaire de l'époque : il restera toujours à expliquer comment un ministre qui n'eût été que ministre pouvait employer pour écrire à sa souveraine le ton qu'emploie Mazarin en écrivant à Anne d'Autriche.

« Mon Dieu! Que je serais heureux et vous satisfaite si vous pouviez voir mon cœur [...] Jamais il n'y a eu une amitié approchante à celle que j'ai pour vous. Je vous avoue que je ne me fusse pu imaginer qu'elle allât jusqu'à m'ôter toute sorte de contentement lorsque j'emploie le temps à autre chose qu'à songer à vous; mais cela est... »

Ou, quand il se voit au moment de rentrer d'exil, car la Fronde l'avait contraint à la fuite : « Tout périra ou je vous verrai dans quinze jours. En disant cela, je suis hors de moi. Songez, je vous prie, à ce qui arrivera quand 26 (*lui*) verra 22 (*elle*). »

Même constat en lisant les lettres d'Anne d'Autriche. Comment une souveraine aurait-elle pu écrire à son ministre, s'il n'avait été que son ministre, les lettres que cette souveraine-là écrit à Mazarin?

« Je ne sais plus quand je dois attendre votre retour, puisqu'il se présente tous les jours des obstacles pour l'empêcher Tout ce que je vous puis dire est que je m'en ennuie fort et supporte ce retardement avec beaucoup d'impatience et si 16 (*lui*) savait tout ce que 15 (*elle*) souffre sur ce sujet, je suis assurée qu'il en serait touché. Je le suis si fort en ce moment que je n'ai pas la force d'écrire longtemps ni ne sais pas trop bien ce que je dis. J'ai reçu de vos lettres tous les jours presque et, sans cela, je ne sais ce qui arrivera. Continuez à m'en écrire aussi souvent puisque vous me donnez du soulagement en l'état où je suis [...] Adieu, je n'en puis plus... »

Quant aux formules finales... Lui : « Je suis jusqu'au dernier soupir, *, *, *, et encore mille fois *. » Elle : « Je suis un million de fois ǂ et jusques au dernier soupir. »

Ces signes, qu'ils appellent des « marques », sont en effet les marques utilisées pour exprimer leurs sentiments respectifs, * désignant ceux de Mazarin, ǂ ceux d'Anne d'Autriche. Ils résument tout et c'est pourquoi Mazarin, en fin de lettre, quand il veut abréger ses protestations, écrit : « Je ne vous en dirai davantage, car vous savez le reste à cause de ǂ et de * »; ou : « Je ne saurais vous dire autre chose, pour vous dire tout, si ce n'est que * ne cède pas à ǂ et qu'il y aura toujours compétence (*compétition*) entre eux. »

Toujours?... Si Anne d'Autriche, dans ses dernières lettres, à cinquante-neuf ans, trouve en elle-même de quoi écrire à Mazarin sur le même ton qu'aux premiers jours de leur séparation, on sent parfois chez lui, homme d'État harcelé et harassé, une pointe d'agacement devant cette presque sexagénaire qui avait encore besoin d'être aimée et de se l'entendre dire.

N'importe, c'est une bien belle histoire! En un siècle où les femmes étaient vieilles à trente ans, cette femme-ci connut, à plus de quarante, ce que tant d'autres de ses contemporaines ne connaissaient jamais. Mariée à quatorze ans, et sans amour, à un homme qui ne combla ni son cœur ni ses sens, elle a pu croire en abordant la vieillesse que ses bonheurs de femme se réduiraient à ses seules maternités. Mais non! La vie, toujours imprévisible, lui tenait en réserve cette tardive récompense.

Une bien belle histoire aussi sur le plan national. Cette reine espagnole et ce cardinal italien, tous deux saisis par la France, sauvant le trône du plus symbolique de nos rois et lui laissant en héritage un royaume agrandi de l'Artois, l'Alsace, le Roussillon, la Cerdagne et partie de la Flandre!

Quand, en 1666, Anne d'Autriche rendit l'âme, dans son grand lit de velours bleu à ramages, un courtisan murmura : « Elle mérite d'être mise au rang de nos plus grandes reines. » Non, rectifia Louis XIV, « de nos plus grands rois ». Acceptons ce masculin : c'était, à l'époque, le plus beau des hommages.

Ninon

Tout le monde la connaît, mais comment éviter de parler d'elle? C'est un monument incontournable que Ninon de Lenclos, et sans elle le siècle ne serait pas tout à fait ce qu'il fut.

Chateaubriand (dans sa *Vie de Rancé*) l'a mal jugée : « philosophe et courtisane », ce mélange lui déplaît.

Mais Ninon ne courtisait pas les hommes, elle les choisissait. On distinguait entre ses *favoris,* ses *caprices* et ses *martyrs.* Il est vrai qu'elle eut aussi des *payeurs.* Autres martyrs, à qui elle ne reconnaissait parfois que le droit de payer. Cela faisait partie de sa « philosophie ».

Comment vivre au XVIIe siècle quand on n'a pas de fortune ni de vocation pour le mariage? A vingt-trois ans Ninon dut bien se résoudre à agréer les hommages d'un barbon. Sa mère, lasse de la surveiller, avait fermé les yeux. Son père, un petit gentilhomme aimable, artiste et débauché, avait fui la France depuis longtemps déjà, après un duel qui ressemblait fort à un assassinat.

De nos jours, Ninon aurait gagné sa vie. On l'imagine assez bien en femme d'affaires, car elle savait régler ses dépenses et placer son argent. Tallemant nous dit qu'elle ne souffrit les payeurs que jusqu'au jour où elle eut de quoi s'en passer. Son train de vie était sans rapports avec le luxe d'une vraie courtisane. Entre elle et une Marion de Lorme les contemporains firent toujours la différence : alors que Retz traite

Marion de « prostituée », aucun mémorialiste, pas même le vertueux Saint-Simon, n'ose donner ce qualificatif à Ninon.

Tiendrions-nous enfin une femme libre? Disons qu'elle l'a été autant qu'on pouvait l'être au XVIIe siècle. Mais l'important est ailleurs : elle a aidé à libérer les autres. Comme les précieuses, dont elle était contemporaine (trente ans en 1650). L'étonnant est que leurs démarches respectives aient été si différentes alors qu'elles partaient des mêmes constats : la condition féminine est inacceptable et il faut la changer; la supériorité masculine n'est qu'un mythe; le droit à la liberté, à l'amour et au savoir ne saurait, sans une monstrueuse injustice, être accordé à un sexe et dénié à l'autre; le mariage, cet esclavage, doit être refusé ou rompu, et sa conséquence la plus révoltante, les maternités, doit être évitée par tous les moyens possibles.

Mais les précieuses n'ont pas osé mettre leurs principes en pratique. S'il est vrai qu'on observe à partir de 1650 dans la société dite précieuse (et qu'il vaudrait mieux dire mondaine), un relâchement du lien matrimonial, se traduisant par un nombre accru de séparations de droit ou de fait, peu de femmes, dans l'ensemble, ont osé faire le saut dans l'inconnu et devenir des irrégulières. Celles qu'on appelait les précieuses, malgré la virulence de leurs revendications, répugnaient à aimer en marge de la société : elles voulaient que la société se modifiât pour leur permettre d'aimer.

En attendant, que faire? La compensation qu'offrent les joies de l'esprit peut-elle tout suppléer? Le cœur murmure, quoi qu'on en ait. Comment satisfaire à ses aspirations? Par l'amitié, disent les précieuses, ou plus exactement par la tendre amitié. La tendresse, explique Mlle de Scudéry, c'est un sentiment qui a tout le charme de l'amour sans en avoir le dérèglement. La tendre amitié, c'est l'union des âmes; elle requiert des efforts, des sacrifices, de la persévérance, un long parcours plein d'embûches qu'a illustré et immortalisé la *Carte du Tendre*, imaginée par la même Scudéry et son « tendre » ami Pellisson. Mais, dès lors qu'il ne s'agissait plus, comme dans ce cas, d'une vieille fille sans charme et d'un plumitif qui abusait du droit qu'ont les hommes d'être laids, ces couples d'amis pouvaient-ils résister à explorer ces « Terres inconnues » que défendent, sur la fameuse carte, les récifs de la « Mer dangereuse »?

On se rit de ces prudences chez Ninon. On ne cherche pas l'absolu, comme ces « jansénistes de l'amour » que sont les précieuses, et l'on ne jette pas un voile pudique sur les appétits des sens. S'il est vrai que les femmes ont les mêmes droits que les hommes et si « tout le bon sens ne va qu'à se rendre heureux » (Ninon *dixit)*, la chasteté est exclue, de même que la fidélité. Le seul danger, c'est la satiété. A l'un de ses « caprices », Ninon disait : « Je crois que je t'aimerai trois mois : c'est l'infini pour moi. » Le bail pouvait être plus court, car – encore un fait que les précieuses ignorent ou feignent d'ignorer – parmi tous ces mâles, si vains généralement de leurs qualités viriles, combien y a-t-il de partenaires satisfaisants? Le Grand Condé lui-même... On se rappelle l'anecdote. Le héros était assez velu. Au matin, Ninon, le voyant se rhabiller après une nuit sans gloire, se souvint de l'adage latin *Pilosus aut fortis aut libidinosus* et s'exclama : « Ah! Monseigneur, il faut que vous soyez bien courageux! »

Les mots d'esprit de Ninon sont autant de coups d'épingle destinés à crever les baudruches des conventions. Exemple : « Il est plaisant qu'on ait fait une loi de la pudeur aux femmes, qui n'estiment dans les hommes que l'effronterie. » D'où cette leçon donnée à un jouvenceau entrant dans la carrière : « Abandonnez aux Céladons les propos sublimes, les beaux sentiments; laissez-leur filer le parfait amour. Je vous le dis de la part des femmes : il est des instants où elles aiment mieux être un peu brusquées que trop ménagées; les hommes manquent plus de cœurs par leur maladresse que la vertu n'en sauve. »

Dire cela « de la part des femmes », c'est tenir un discours subversif à une époque où les femmes se donnent tant de mal pour paraître *cruelles* (la fortune de cet adjectif au XVIIe siècle!...) et, dans une certaine mesure, y réussissent, puisque même un Bussy-Rabutin en arrivait à croire (dans sa jeunesse, il est vrai) que pour gagner un cœur – et un corps, mais chut! – il ne fallait que « soupirer, prier, pleurer, écrire ».

N'allons pourtant pas déduire des aphorismes de Ninon qu'elle refusait d'entretenir avec les hommes d'autres commerces que charnels. Bien au contraire. Elle tenait salon, elle aussi, et un salon fort couru, car elle savait, dit Somaize, retenir par le charme de son esprit, qui était infini, ceux que n'avait pas séduits sa beauté, qui était médiocre (ce qui, au XVIIe siècle, signifie : moyenne). La conversation n'était pas moins nécessaire à Ninon que l'amour; aux soupers qu'elle offrait, les propos pétillaient autant que le champagne (ou plutôt davantage, ce vin n'étant pas encore ce qu'il allait devenir) et cette buveuse d'eau s'avouait « ivre dès la soupe ».

On ne peut dissocier Ninon de son petit cénacle où figurèrent tant d'esprits remarquables, que parfois elle influença (Molière lui soumit son *Tartuffe)*, mais qui, plus souvent, bien sûr, l'influencèrent, l'aidant ainsi à devenir ce qu'elle fut, au plan intellectuel. Parmi eux, le chevalier de Méré, un théoricien de « l'honnêteté », qui aimait à jouer les maîtres à penser, surtout auprès des femmes. Il admirait en connaisseur la grâce de Ninon, qui le faisait songer à « une belle stance de Malherbe ». Plus tard, il écrira d'elle : « Ces femmes qui ont été galantes ne sont jamais pédantes. » Pour ces gens d'esprit, policés par les salons, le pédantisme était la tare sans rémission.

Ce sont des questions de ce genre que Méré abordait avec ses amis. C'est à l'intention du maréchal de Clérambault, qui avait été l'amant et restait l'ami de Ninon, qu'il écrivit la plupart de ses essais sur *les agréments, la justesse, la conversation...* Car Méré était un sceptique qui ne croyait qu'à l'honnêteté, un moraliste qui ne s'intéressait qu'à l'esprit de société, mais il y a intéressé Pascal et c'est beaucoup, encore qu'il ne l'ait peut-être pas fait exprès. Je veux dire que, pour des raisons qu'on comprend aisément, Pascal ne pouvait être que fasciné et irrité par ces honnêtes gens pour qui l'honnêteté n'avait plus rien à voir avec la morale chrétienne.

A cette espèce appartenait aussi Saint-Évremond et peut-être en offre-t-il une plus parfaite incarnation que Méré, car, si l'honnête homme est celui qui ne se pique de rien, il faut avouer que Méré se piquait un peu trop d'être honnête homme. Saint-Évremond était moins sentencieux, plus insinuant et plus aimable, encore qu'assez laid. A son propre dire, il jouait auprès de Ninon un personnage qui n'était ni de simple ami ni de véritable amant et qui le satisfaisait pleinement, car il avait toujours considéré « le commerce particulier d'une femme belle, spirituelle, raisonnable » comme le plus agréable et le plus rare de tous ceux qu'on pût former. Ninon disait qu'il fallait choisir entre aimer les femmes ou les connaître : Saint-Évremond les connaissait et les aimait à la fois. C'était l'homme des demi-teintes, des sentiments subtils et mesurés. En amour comme en amitié, il refusait les partenaires exigeants qui apportent de « l'incommodité » dans l'existence. Tout sentiment exclusif lui paraissait antisocial, c'est-à-dire criminel : « Se réduire à n'aimer qu'une personne, c'est se disposer à haïr toutes les autres. »

Avec Ninon, ce danger n'était pas à craindre. C'est en observateur complice et amusé que Saint-Évremond la regardait séduire les hommes et choquer la société. Il l'approuvait de dédaigner à la fois la fausse pudeur et la fausse galanterie, d'aller droit à son but – l'amour – sans pour autant négliger l'amitié. Il l'admirait surtout de ne pas permettre à ses sens d'aveugler son jugement et, pour tout dire, d'avoir comme lui plus d'esprit que de cœur.

Le cœur, pour Saint-Évremond, est à la source de toutes nos folies. Les peintres et les poètes, écrit-il, ont tort de représenter l'Amour aveugle. C'est le cœur qui est aveugle et fait méchant usage de l'amour; c'est le cœur qui trahit tant de femmes remarquables, fait échouer les entreprises dont leur esprit seul fût venu à bout, et justifie finalement la défiance observée de tout temps à l'égard du beau sexe en ce qui concerne le maniement des affaires. Saint-Évremond aimait à rappeler le mot que la conduite des frondeuses avait inspiré au cardinal Mazarin : « Telle qui gouvernerait sagement un royaume aujourd'hui, se fera demain un maître à qui on ne donnerait pas douze poules à gouverner. »

Aimons donc, mais avec discernement. C'est la première règle à observer. Il en est deux autres, que notre dignité nous impose : n'aimer qu'une personne à la fois, et ne pas aimer au-dessous de soi. A ces réserves près, Saint-Évremond permettait tout. Son indulgente curiosité s'étendait jusqu'à l'homosexualité des Anciens, qu'il expliquait par leur éclectisme et leur « répugnance pour la sujétion : amoureux de tous agréments, ils se gardaient la liberté de passer d'un sexe à l'autre à leur fantaisie ».

Aussi bien Ninon ne reprochait-elle pas à leur ami commun, Boisrobert, d'aimer les petits laquais, mais de n'aimer qu'eux. « Vous ne vous y entendez pas, répondait-il; la livrée, c'est le ragoût. » Le XVIIe siècle étant le siècle des contrastes, on ne le dira jamais assez, il ne faut pas manquer de rappeler, et que Boisrobert était abbé et que cet abbé avait été un protégé du terrible Richelieu. C'est lui qui, pour consoler le cardinal auteur du succès du *Cid,* avait composé l'immortelle parodie : « Rodrigue, as-tu du cœur? – Je n'ai que du carreau... »

Saint-Évremond contribua beaucoup à donner à Ninon cet « air de philosophie » qui fit sa gloire. En effet, le mode de vie qu'elle avait adopté se rattachait à une doctrine dont beaucoup de libertins se réclamaient, mais que Saint-Evremond avait particulièrement méditée et dont il sut, mieux qu'un autre, lui expliquer les beautés et aussi les rigueurs, je veux dire la doctrine épicurienne.

C'est bien évidemment à Épicure que s'identifie Saint-Évremond quand, dans une lettre « à la moderne Leontium » (c'est-à-dire à Ninon, qui recevait et propageait ses leçons comme la courtisane grecque avait fait de celles d'Épicure), il trace ce portrait du philosophe : « Indulgent aux mouvements de la nature, contraire aux efforts, ne comptant pas toujours la chasteté pour une vertu, mais toujours la luxure pour un vice, il voulait que la sobriété fût une économie de l'appétit, et que le repas qu'on faisait ne pût jamais nuire à celui qu'on devait faire [...] Il dégageait les voluptés de l'inquiétude qui les précède et du dégoût qui les suit. » Au reste, il y a bien de la différence entre les *sensuels* qui « s'abandonnent grossièrement à leurs appétits » et les *voluptueux* qui « reçoivent une impression sur les sens qui va jusqu'à l'âme ».

Le grand mérite de Saint-Évremond, c'est d'avoir dissocié le libertinage de la débauche; son originalité, c'est d'avoir, avant le XVIIIe siècle, fait du bonheur un idéal. Cela posé, faut-il, à son propos, parler de morale ou de philosophie? Il s'agit plutôt d'un art de vivre, celui d'un homme très intelligent, très raffiné et assez égoïste. Ne lui faisons pas gloire d'avoir préféré Corneille à Racine : il n'a profondément senti ni l'un ni l'autre, car l'intelligence n'y suffisait pas. Oreste lui paraissait un fou, atteint de cette « mélancolie noire qui fait tous les misanthropes ». Généralisant à partir de ses amis parisiens, Saint-Évremond écrit que l'amour en France n'a « rien de fort extravagant [...] ni dans les manières dont on le fait, ni dans les événements ordinaires qu'il y produit. Ce qu'on appelle une *belle passion* a de la peine même à se sauver du ridicule, car les honnêtes gens partagés à divers soins ne s'y abandonnent pas ».

Les héros de Corneille plaisaient à Saint-Évremond, et à Ninon, en ceci que, comme les « honnêtes gens », ils faisaient passer « divers soins », ceux de leur gloire, de leur carrière, avant l'amour. Mais au prix de quels sacrifices, c'est ce que nos deux amis ne pouvaient pas comprendre, puisqu'ils n'avaient jamais senti en eux-mêmes « ce combat intérieur de la passion et de la raison ».

En ce qui concerne l'athéisme, Saint-Évremond n'eut pas moins d'influence sur Ninon, mais, curieusement, une influence modératrice. Sans doute, pas plus qu'elle il ne croyait qu'on a besoin de la religion pour conduire sa vie, pas plus qu'elle il ne faisait consister la vertu dans la mortification des sens (« inutilité sèche et triste »), pas plus qu'elle il n'admettait la pénitence. Néanmoins il estimait que la religion était utile à la police d'un royaume et que la tolérance ne pouvait être à sens unique. S'il était bon de combattre les dévots et surtout les dévots de profession, cette race haïssable qui allait bientôt faire interdire *Tartuffe*, il était inutile d'agresser les vrais croyants et la vraie foi par ces impiétés publiques et scandaleuses dont quelques-uns des propres amis de Saint-Évremond, dont Condé lui-même, dans la licence de la Fronde, avaient donné l'exemple. Exemple trop volontiers suivi par Ninon et qui venait de lui coûter cher.

En 1651, déjà elle avait failli tâter de la prison. Elle habitait alors faubourg Saint-Germain. Un prêtre de Saint-Sulpice, passant sous ses fenêtres un jour de carême, reçut un os sur la tête [1]. Il se précipita chez le curé; le curé se précipita chez le bailli du quartier et demanda des sanctions. Mais Ninon avait de puissants amis : le duc de Candale et le marquis de Mortemart (c'étaient peut-être les coupables) intercédèrent pour elle. On la tint quitte pour cette fois. Mais, quatre ans plus tard, en 1656, les dévots réussissaient à la faire enfermer. L'ordre serait venu d'Anne d'Autriche,

1. Il faut savoir que le carême était alors si strictement observé que les bouchers fermaient boutique.

inquiète de l'influence qu'exerçait Ninon sur les jeunes seigneurs de la cour qui se donnaient rendez-vous chez elle.

La pécheresse est envoyée aux Madelonettes. Les religieuses, embarrassées par la présence d'une pensionnaire aussi fameuse, la traitent avec tant de ménagements qu'elle écrit à Boisrobert : « Je pense qu'à votre imitation, je commencerai à aimer mon sexe. »

Pour éviter un siège (on voit, aux fenêtres des maisons voisines, des jeunes gens évaluer la hauteur des murs du couvent), Mazarin fait transférer Ninon à Lagny, chez les bénédictines, dont le monastère, de règle moins stricte, devient aussitôt le rendez-vous de la cour et de la ville. Les aubergistes font fortune. Ninon voit un jour entrer dans sa cellule un étrange personnage, vêtu à la diable et coiffé d'un feutre noir dont les longues plumes laissent apparaître une perruque d'homme. C'est une femme pourtant, mais quelle femme!... La reine Christine de Suède, en personne, qui vient proposer à la belle prisonnière de l'emmener en Italie. « Ce fut, écrit Mme de Motteville, à Ninon seule de toutes les femmes que Christine de Suède vit en France, à qui elle donna quelques marques d'estime. » Mais Ninon n'était pas du bois dont on fait les favorites; d'ailleurs cette estime-là dut lui paraître un peu trouble. Elle refusa l'offre de Christine, qui lui rendit néanmoins le service d'intercéder pour elle auprès de Mazarin.

Ninon retourna s'établir dans son cher Marais, le quartier de sa jeunesse (au 36 de la rue des Tournelles, la maison existe encore). Sa mésaventure et Saint-Évremond l'avaient assagie. Non point certes qu'elle eût renoncé à l'athéisme et à l'amour, mais, à trente-sept ans, la provocation lui paraissait moins nécessaire. Elle entamait en fait une longue marche vers l'honorabilité, bannissait Chapelle de son salon parce qu'il s'enivrait et s'offrait le luxe de refuser un bal chez la présidente Lescalopier, la jugeant trop « décriée »!

Les dames, pourtant, n'osaient encore se montrer

rue des Tournelles, à moins qu'elles ne fussent particulièrement affranchies ou que leur situation sociale ne leur permît pas d'autres fréquentations. Ce dernier cas était celui de Mme Scarron.

C'est en 1652 que Françoise d'Aubigné, orpheline de dix-sept ans sans fortune, avait accepté l'infirme pour échapper au couvent et à la misère. Scarron avait toujours prétendu ne vouloir épouser qu'une p..., pour avoir une injure toute prête à décocher à sa femme, le jour où elle lui reprocherait scs infirmités. La pitié le fit changer d'avis et aussi la beauté de la jeune fille : avec une telle femme à ses côtés, il ne manquerait pas de visiteurs.

La jeune Mme Scarron parvint à conserver sa réputation au milieu des ripailles qui se tenaient chez son époux. On ne peut guère lui reprocher qu'une faiblesse, qui n'alla peut-être pas jusqu'à l'abandon : la belle « tête brune » du marquis de Villarceaux l'avait troublée. Ninon, sans rancune, favorisa auprès de Françoise les assiduités de ce héros d'alcôve qui avait été le plus durable de ses caprices. S'il faut l'en croire, elle aurait même prêté plusieurs fois sa « chambre jaune » à Villarceaux et à Françoise; il est vrai qu'elle dit aussi que cette femme, si charmante dans la conversation, était « trop gauche pour l'amour ». Plus tard, elle écrira : « Mme de Maintenon était vertueuse par faiblesse d'esprit. J'aurais voulu l'en guérir, mais elle craignait trop Dieu. »

Ninon n'en était plus pourtant à proposer aux femmes une inconduite systématique. Avec l'âge, elle reconnaissait qu'il y a « des âmes privilégiées, capables de trouver dans l'amour des raisons d'aimer davantage ». Et elle se rendait compte que la plupart de scs contemporaines, n'ayant ni son indépendance ni sa force d'âme, couraient de terribles risques en s'abandonnant à l'amour. A un jeune homme, qui lui avait fait confidence d'un amour naissant, elle écrivait : « Soyez persuadé qu'elle (*votre maîtresse*) est cent fois plus enchantée des charmes de sa figure que de tout l'étalage de vos sentiments. Cependant, si quelque jour elle se rend à vos empressements, souvenez-vous, en recevant son cœur, qu'elle dépose entre vos mains le bonheur de sa vie, qu'elle vous rend l'arbitre suprême de sa destinée. »

Les familiers de Ninon s'amusaient de la voir transformée en pédagogue :

Tous les blondins vont chez moi à l'école

lui faisait dire Saint-Pavin dans une chanson quelque peu épigrammatique. C'était pourtant vrai et ce le devint de plus en plus. Les anciens amants ou amis de Ninon lui envoyaient eux-mêmes leurs fils pour qu'ils apprissent à son contact cette grâce de l'esprit et des manières, cette délicatesse d'expression, dont, comme tous les pères, ils trouvaient la jeune génération dépourvue. « Chez elle, écrit Saint-Simon, tout se passait avec un respect et une décence extérieure que les plus honnêtes princesses soutiennent rarement avec des faiblesses [...] Jamais ni jeu, ni ris élevés, ni propos de religion ou de gouvernement. »

Ninon avait toujours été un personnage : elle devenait une institution. Louis XIV s'enquérait de ses mots d'esprit; des ministres fréquentaient son salon, où l'on verra même, dans les années 1690, le futur Régent, Philippe d'Orléans, alors adolescent; sa mère, la Palatine, l'encourageait à ces visites innocentes, mais pour nous symboliques : c'est le libertinage du XVIIIe siècle donnant la main à celui du XVIIe.

Les dames elles-mêmes se rendaient maintenant chez Mlle de Lenclos; elles y couraient même, « comme d'autres gens y couraient autrefois », écrivait Mme de Coulanges. Une exception : Mme de Sévigné. Non point que notre marquise n'ait su apprécier l'esprit de Ninon, dont elle cite souvent des mots, mais pouvait-elle décemment se rendre chez une femme qui lui avait pris successivement son mari et son fils?

Ninon rendait les visites. On la vit même, elle qui s'était tant moquée des précieuses, chez Mlle de

Scudéry. Mais elle se plaisait surtout chez Mme de la Sablière, sa cadette de trente ans, qui avait su réunir dans son salon l'heureux mélange d'écrivains, d'artistes et de libertins de bon ton dont Ninon elle-même avait toujours aimé à s'entourer. Pourquoi fallut-il que cette exquise et sage La Sablière cédât à la passion? La fidélité du marquis de la Fare, qu'elle avait distingué, ne dura pas trois ans : il aimait trop le jeu et les filles d'Opéra – nouvelle espèce, issue d'un nouvel art, l'une et l'autre promis à un bel avenir. Mme de la Sablière rompit d'elle-même avec une dignité qui fit l'admiration de ses amis. Ninon, toujours persuadée que l'amour est « un goût fondé sur les sens, un sentiment aveugle, qui ne suppose aucun mérite dans l'objet qui le fait naître, ni ne l'engage à aucune reconnaissance », ne pouvait blâmer La Fare, mais elle plaignait beaucoup Mme de la Sablière : « C'est un cruel présent du Ciel que l'excès de la sensibilité et les choses de tendresse font plus souffrir qu'elles ne portent finalement de joie. » Elle tenta, mais en vain, d'arracher son amie à la solitude dans laquelle elle s'enfonçait. Déçue par l'amour humain, Mme de la Sablière ne concevait d'autre recours que l'amour de Dieu. C'est, au XVIIe siècle, le parcours classique des vraies amoureuses.

La Fare faisait partie de ceux qu'on appelle les derniers libertins du siècle, dont le salon d'élection était celui de la duchesse de Bouillon, une des célèbres nièces de Mazarin. On y rencontrait, parmi d'anciens familiers de Ninon, de nouvelles gloires, telle, pour ne citer qu'une femme, Mme Deshoulières, qui passait pour la plus grande poétesse du siècle et qui était académicienne... d'Arles, il est vrai. Des grands seigneurs aussi, qui n'étaient pas moins libres de mœurs que d'esprit : le duc de Vivonne délaissait sa femme pour des prostituées, voire pour des jeunes garçons; le duc de Vendôme, homosexuel notoire, ne favorisait à la cour et à l'armée que des homosexuels. Son frère, le grand-prieur de Vendôme, avait sur lui, dit Saint-

Simon, « l'avantage d'être au poil et à la plume [...] et de ne s'être jamais couché le soir que porté dans son lit ivre mort ».

Philippe Mancini, duc de Nevers, frère de la duchesse de Bouillon, passait lui aussi pour aimer les hommes, ce qui ne l'empêchait pas de porter à sa sœur une affection qui faisait jaser.

Mais, après tout, ni l'homosexualité ni même l'inceste n'étaient choses nouvelles. Pourquoi donc Ninon jugeait-elle que ces libertins fin de siècle, malgré tout leur esprit, ne valaient pas leurs prédécesseurs? Cette buveuse d'eau se choquait-elle seulement des beuveries de ce petit clan? La montée de l'alcoolisme, notamment chez les femmes, est indéniablement un trait de mœurs de cette fin du siècle. Nous approchons des temps où le Régent s'enivrera en compagnie de sa propre fille. L'excuse qu'on peut trouver à cet alcoolisme mondain et à tous ces débordements, Ninon ne l'a pas retenue ni, peut-être, perçue : c'était l'ennui, mal nouveau, sécrété par le conformisme de la cour, maintenant que le roi vieilli y travaillait à son salut sous l'austère Maintenon, si différente, elle aussi, de la charmante jeune femme qu'elle avait été.

Les provocations auxquelles, jadis, s'étaient livrés Ninon et ses amis avaient pu paraître scandaleuses, mais elles constituaient en fait la justification de ce qu'on appelait leur débauche. Il s'agissait alors d'affirmer quelque chose – une certaine forme de liberté, le droit à l'épanouissement de l'individu. Ce travail étant accompli, la débauche des grands seigneurs ivrognes, homosexuels ou incestueux des années 1680 ne signifiait plus rien qu'un égoïste et grossier abandon à l'instinct. Des « sensuels », peut-être, mais sûrement pas des « voluptueux » au sens où l'entendait Saint-Évremond d'après Épicure.

C'est pourtant au titre de glorieuse ancêtre de ce libertinage qu'ils comprenaient si mal, que Mme de Bouillon et ses amis s'efforçaient d'attirer Ninon. Elle se montrait parfois chez eux; on tentait de la retenir par les hommages et par la bonne chère, mais son esprit n'appréciait plus ceux-là et sa santé ne supportait plus celle-ci. Elle sortait de moins en moins, se confinait à un cercle restreint d'amis. A propos du marquis de Clérambault (fils du maréchal), qui venait parfois la visiter, elle écrivait à Saint-Évremond : « M. de Clérambault me demande souvent s'il ressemble par l'esprit à son père. Non, lui dis-je, mais j'espère de sa présomption qu'il croit ce *non* avantageux. Quelle comparaison du siècle présent avec celui que nous avons vécu ! »

Survivante d'une société disparue, elle se plaignait que sa longévité l'obligeât à tracer « l'épitaphe du monde ». Une maxime de La Rochefoucauld, mort, comme tant d'autres, hantait son esprit : « L'enfer des femmes, c'est la vieillesse. » En vain Saint-Évremond, vivant mais exilé, la rassurait-il : « Votre vie, ma très chère, a été trop illustre pour ne pas être de même jusqu'à la fin. Que l'enfer dont parle M. de la Rochefoucauld ne vous épouvante pas : c'était un enfer médité, dont il voulait faire une maxime. Prononcez donc le mot amour hardiment et que celui de *vieille* ne sorte jamais de votre bouche [...] Quelle ingratitude d'avoir honte de nommer l'Amour à qui vous devez vos mérites et vos grâces! [...] Avouez toutes vos passions pour faire valoir toutes vos vertus [...] Vous êtes née pour aimer toute la vie. Les amants et les joueurs ont quelque chose de semblable : qui a aimé aimera. »

A la différence de Ninon, Saint-Évremond, peut-être parce qu'il jugeait en homme, ne pensait pas que l'amour fut malséant aux vieillards : n'était-ce pas pour eux le seul moyen de se sentir vivants? « *Je pense donc je suis,* sur quoi roule la philosophie de M. Descartes, est une conclusion pour eux bien froide et bien languissante; *j'aime donc je suis* est une conséquence toute vive, toute animée, par où l'on rappelle les désirs de la jeunesse jusqu'à s'imaginer quelquefois d'être jeune encore. » Sur quoi, joignant le geste à la parole, Saint-Évremond envoyait à Ninon un jeune et charmant seigneur anglais. « A quoi songez-vous... », répondait-elle.

De fait, ces tentations n'étaient plus de saison : Ninon avait soixante-dix ans, elle lisait Sénèque et s'efforçait au stoïcisme. Sans grand succès d'ailleurs. Elle était désespérée, au sens étymologique. Point d'avenir : la terre était vide, le ciel aussi. Le passé n'apportait que des regrets et le présent se réduisait au fil ténu de sa correspondance avec Saint-Évremond. Or même devant l'ami, le confident de toujours, ce désespoir ne versait jamais dans les plaintes et dans l'effusion. La voix ne montait pas d'un ton et l'on aurait pu s'y tromper sans ces constats lucides et sans appel, qui, parfois, en fin de lettre, tombaient sec comme un couperet : « Vous disiez autrefois que je ne mourrais que de réflexions : je tâche à n'en plus faire et à oublier le lendemain le jour que je vis aujourd'hui. Tout le monde me dit que j'ai moins à me plaindre du temps qu'un autre. De quelque sorte que ce soit, qui m'aurait proposé une telle vie, je me serais pendue. »

Et pourquoi ne se pendait-elle pas?

Les Français de la génération de Ninon n'avaient pas coutume de hâter leur fin. Aux croyants, la religion l'interdisait; aux incroyants, la bienséance. Les deux motifs jouèrent sans doute pour notre héroïne.

Qu'est-ce à dire? Cette athée se serait reniée avec l'âge? Cette pécheresse aurait fait une bonne fin, comme Marion de Lorme? Ce n'est pas tout à fait cela. Marion n'avait jamais cessé de croire en Dieu, tout en ne cessant de l'offenser. A l'heure de la mort, son âme superstitieuse et timorée fut envahie par la terreur de l'enfer : plusieurs fois de suite, elle fit revenir à son chevet le prêtre de sa paroisse, par crainte d'avoir oublié quelque péché.

Ninon n'éprouvait ni peur ni remords. Elle ne croyait pas à la chaudière bouillante où l'on plonge les femmes de mauvaise vie, mais, comme elle le répétait, elle cherchait des consolations. Après avoir tâté de

Montaigne et de Sénèque, pourquoi ne pas essayer les Évangiles?

Elle fut honnête dans sa quête. Refusant d'accepter la religion sans bénéfice d'inventaire, elle demanda à des prêtres de l'instruire. Ils se précipitèrent chez elle avec un empressement qui eut tôt fait de ralentir son zèle. La modestie n'ayant jamais été son fort, elle voyait bien qu'ils ne s'intéressaient à sa conversion que pour les avantages qu'ils en pourraient tirer. L'un escomptait un chapeau de cardinal, l'autre une grasse abbaye. Elle écrivait à Fontenelle : « Vous savez le parti que j'aurais pu tirer de mon corps : je pourrais encore mieux vendre mon âme : les jésuites et les jansénistes se la disputent. »

Mais le temps des grands saints était révolu avec celui des grands libertins : en ces années 1700, il ne se trouva aucun prêtre capable de convertir Ninon. L'académicien et abbé Testu s'y essaya. Mais comment Ninon aurait-elle pris au sérieux ce trop galant ecclésiastique, qui, disait-elle, n'était bon que pour « un évêché femelle »?

Faute de mieux, Ninon, quand elle sentit venir la fin, fit appel au curé de sa paroisse, un prêtre obscur du nom de Brunet. En optant pour une mort chrétienne, elle se souvint peut-être du pari d'un certain Pascal, que son ami Méré avait bien connu.

Elle se confessa, communia, laissa de l'argent à Brunet pour qu'il fît dire des messes pour le repos de son âme. Elle s'éteignit le 17 octobre 1705, à quatre-vingt-cinq ans, après trois jours de souffrance.

Elle léguait par testament une somme de mille francs au fils de son notaire, un enfant de douze ans, qui lui avait paru vif et gentil, pour qu'il pût s'acheter des livres. Cet enfant, c'était Voltaire.

CHAPITRE VI

LES FEMMES ET LE DIABLE

Le diable dans la vie quotidienne des femmes? Oui. Pendant l'épidémie de sorcellerie qui ravagea la France et une partie de l'Europe du milieu du XVIᵉ siècle au milieu du XVIIᵉ, on brûla en moyenne trois à quatre femmes pour un homme, parce que trois à quatre femmes pour un homme se reconnaissaient ou étaient reconnues sorcières. Et l'on sait que les grandes affaires de possession diabolique (Loudun, Louviers..), qui défrayèrent la chronique, eurent pour siège non des couvents d'hommes, mais de femmes.

En 1606, une enfant de treize ans, Madeleine des Aymards, fille d'une veuve qui travaille comme servante, fait aux juges de Riom, sans y être contrainte, sur la seule incitation de la patronne de sa mère, la confession suivante.

Elle a rencontré le diable pour la première fois dans sa petite enfance, alors qu'elle demeurait à Pontgibaud chez un de ses oncles, laboureur de son état. Elle couchait seule dans une pièce écartée. Une nuit, réveillée en sursaut, elle voit, à la lueur de la lune, un homme d'un certain âge, tout habillé de noir, avec bottes, éperons, épée, qui se tient auprès de son lit. « Si tu cries, je te tuerai, dit-il. Mais si tu te donnes à moi, je te rendrai riche. » Elle accepte. L'homme – le diable – la fait alors renoncer au baptême, à Dieu, à la Vierge, aux saints et saintes du Paradis, à l'Église et à tous ses parents. Puis il lui imprime sa marque en la mordant à l'œil droit, mais sans lui faire trop de mal, car l'enfant a manifesté quelque appréhension. Néanmoins, depuis cette nuit-là, elle a toujours mal vu de l'œil droit. Le pacte étant ainsi conclu et la marque apposée, le diable prend charnellement possession de Madeleine. Étant donné qu'elle était alors, selon ses propres termes, en bas âge, les juges demandent des précisions, et l'enfant les fournit : le diable s'est dévêtu, couché auprès d'elle, il a pris dans sa propre main son membre viril pour mieux le faire pénétrer en elle. La douleur a été vive et Madeleine a crié. « Il ne faut pas crier », a dit le diable, et il l'a fait taire.

Aussi longtemps que Madeleine est demeurée chez son oncle, le diable lui a rendu périodiquement visite, pas toujours sous la même forme : il lui arrivait de prendre l'apparence d'un chien ou d'un chat noirs. Il l'emmenait environ une fois par mois au sabbat, sur un balai, après l'avoir enduite d'un onguent; le départ se faisait par la cheminée qui vous aspirait dans les airs. Au sabbat, qui se tenait au sommet d'une montagne, Madeleine rencontrait une multitude de diables, d'hommes et de femmes, vêtus ou dévêtus, et même d'ecclésiastiques. Le diable disait la messe à l'envers, sur un autel recouvert de drap noir, avec un calice noir, des hosties noires, de l'eau noire en guise de vin. Pour eau bénite, sa propre urine. Les assistants allaient ensuite l'adorer, c'est-à-dire lui « baiser le cul », ou, mieux encore, « les parties honteuses », qu'il leur présentait complaisamment, s'étant courbé, robe retroussée autour des reins. Après l'adoration, le diable faisait l'obscurité en éteignant toutes les chandelles et l'orgie commençait : danses dos à dos, accouplements multiples entre diables et sorcières, sorciers et sorcières. Madeleine, la première fois, a été connue charnellement par « un homme qui commençait à vieillir et grisonner », d'autres fois par des hommes jeunes ou vieux et de conditions diverses. Le sabbat se terminait par l'interrogatoire des participants, qui devaient faire le récit des maléfices qu'ils avaient commis; le diable leur distribuait ensuite des poudres et des graisses pour qu'ils pussent en commettre d'autres.

Une fois terminé son séjour chez l'oncle laboureur, Madeleine, revenue auprès de sa mère dont elle partageait le lit, n'a plus reçu la visite du diable. Puis la mère a changé d'emploi (ce qui lui arrivait fréquemment, semble-t-il) et Madeleine s'est de nouveau trouvée coucher seule. Alors elle a été reprise en mains par le diable et tout a recommencé comme avant. Pourquoi s'est-elle finalement confiée à l'une des patronnes successives de sa mère? On ne sait. Madeleine ajouta à sa confession n'avoir jamais commis de maléfices et ne fut pas condamnée. Une chance, car d'autres enfants de son âge périrent dans les flammes. Soyons précis : on les étranglait d'abord, adoucissement apporté à leur peine, eu égard à leur jeunesse. Après quoi, bonne administration oblige, les autorités municipales établissaient le décompte des frais; rien n'y manquait : le prix des planches pour l'échafaud, des fagots et des bottes de paille pour le bûcher, le déplacement du charpentier, du bourreau, du confesseur, du fossoyeur, du charretier (pour le transport du cadavre) et même le coût du dîner qu'il avait fallu servir à tous ces participants à l'exécution : à Maubeuge, en 1677, 40 sols, « attendu la grande cherté du temps », comme le précise le greffier. La somme, en effet, n'était pas négligeable, représentant le dixième des frais totaux. On avait dû faire bonne chère. Et c'était les héritiers des suppliciés qui payaient...

Il est naturellement tentant de ne voir dans le récit de Madeleine des Aymards qu'une obsession déclenchée par un viol ou une tentative de viol de l'oncle laboureur ou de quelque voisin : on aura remarqué que les hommes d'un certain âge reviennent souvent dans l'histoire. Plus simplement encore, le cas de Madeleine peut s'expliquer par les frayeurs nocturnes d'une toute petite fille séparée de sa mère et contrainte à coucher seule dans une chambre isolée d'un hameau étranger. Et peut-être en effet tout commença-t-il ainsi, par un de ces faits déplorables, mais *naturels*. Chez une autre fillette, Catherine Polus, huit ans, qui, en 1662 à

Valenciennes, s'accusa et accusa son père de sorcellerie, on discerne très bien, en filigrane de ses aveux, le choc émotif qui avait engendré la psychose : la mère venait de déserter le foyer conjugal.

Mais tous les cas ne sont pas aussi clairs. Et comment expliquer que des milliers de sorcières de tous âges et de toutes régions racontent *la même* histoire que Madeleine, à quelques enjolivements près?

Dans les années 1640, en France, le philosophe Gassendi, renouvelant une expérience déjà tentée ailleurs, avait fait la preuve de ce que nous connaissons trop bien aujourd'hui avec la montée de la toxicomanie : certains sucs ou mélanges de sucs de plantes (et nos ancêtres étaient familiers avec ces *simples* que sont le pavot, l'aconit, la jusquiame, la belladone, le datura ou « herbe au diable ») pouvaient susciter des illusions sensorielles, de profonds sommeils peuplés d'hallucinations chez des sujets qui, à leur réveil, racontaient comme réellement vécues les aventures diaboliques qu'ils avaient rêvées. Notons aussi que les extraits de plantes utilisés par les expérimentateurs avaient été, non point administrés par voie orale, mais appliqués en massages prolongés sur le corps. Ce qui nous ramène à l'onguent avec lequel le diable enduit le corps de Madeleine et de tant d'autres avant de les emmener au sabbat, et dont d'innombrables estampes, du Moyen Age au XVIIIe siècle, nous montrent la fabrication dans les antres obscurs, grouillants et visqueux des sorcières. Certaines de ces estampes, par les expressions et les postures qu'elles prêtent aux sorcières en train de se préparer à l'envol ou de s'envoler, semblent d'ailleurs illustrer par anticipation l'argot moderne des drogués : *planer, voyage*... Et si l'on ne *fumait* pas au XVIIe siècle, il arrivait néanmoins qu'on machât du pétun (nicotiane). C'était généralement pour tromper la faim, comme l'a observé en 1609 Pierre de Lancre, le célèbre démonologue et bourreau du Pays basque; mais il se trouve que la nicotiane suscite aussi des rêves, ce que Lancre semble ignorer; obsédé comme il l'est par le diable, le seul lien qu'il établit entre cet usage et la sorcellerie est que les Basquaises, étant habituées à l'odeur « puante » du pétun, devaient sans difficultés s'habituer à l'odeur encore plus puante du cul du diable, qu'elles allaient, en si grand nombre, adorer!

Mais enfin les villages de l'ancienne France n'étaient pas de petits Katmandou et l'explication par la drogue ne peut être que d'appoint. Que des femmes se soient enduites d'onguents dans l'espoir de « faire le voyage », un vrai voyage dans les airs qui les auraient amenées au sabbat, c'est fort possible; qu'elles se soient, avec ou sans drogue, rassemblées en certains lieux prétendument magiques pour y attendre le diable, le fait est avéré. Mais c'est *parce qu'elles avaient entendu parler du sabbat.* Leurs rêves, comme leurs aveux, étaient conditionnés. Des filles de treize et huit ans, comme Madeleine des Aymards et Catherine Polus, n'auraient pu tirer de leur propre fonds ce qu'elles racontèrent.

Croire au diable n'a rien que de naturel pour un chrétien, et Satan avait toujours été présent dans le discours clérical et dans l'imagerie qui en découlait. Pourquoi, à partir du XIVe siècle et pendant trois cents ans, est-il devenu omniprésent? Pourquoi, comme l'écrit Pierre de Lancre, s'est-il mis à jouer sur le théâtre du monde « une infinité de divers et dissemblables personnages, [...] cette bête sanglante étant toujours en quête de quoi elle pourra remplir cet enfer qui ne dit jamais : C'est assez »? A cette question d'innombrables ouvrages ont tenté de répondre. Les résumer ici déborderait notre propos; au reste, tâche surhumaine et, pour la mener à bien, l'auteur en viendrait, lui aussi, à vendre son âme au diable! Retenons seulement que la période paroxystique de la chasse aux sorcières (fin XVIe – première moitié XVIIe) coïncide avec celle des grands troubles religieux – troubles de la rue et trouble des âmes – engendrés par les deux Réformes. (Il est d'ailleurs intéressant de noter qu'à l'extrême fin du siècle, alors que la vague de sorcellerie, possession et

« illuminations » en tous genres avait partout reflué, elle ne reprit avec quelque vigueur que chez les camisardes persécutées.)

On peut renvoyer dos à dos catholiques et protestants. Ceux-ci, dans les pays où ils étaient les maîtres, ne se montrèrent pas moins obsédés et virulents contre cette forme d'hérésie qu'était la sorcellerie. On sait que Luther voyait, à la lettre, le diable partout, jusque dans son lit entre lui et sa femme, et l'on se rappelle que le premier *Faust* est celui de l'Anglais Marlowe, en 1581. Le roi d'Angleterre lui-même, Jacques Ier, le protecteur du beau Buckingham, composa un traité de démonologie en 1597 et le fit rééditer en 1603.

Pour combattre une peur obsessionnelle, on met en œuvre des moyens exceptionnels. Ces traités, nombreux depuis la fin du XVe siècle, et que l'invention de l'imprimerie contribua à répandre dans toute l'Europe, codifiaient les manifestations diaboliques et les rites sabbatiques, fournissant ainsi aux juges des schémas d'interrogatoires précis et détaillés. Même sans torture, il devenait alors impossible à des suspects, généralement incultes, de ne pas avouer ce que des juges instruits et motivés voulaient leur faire avouer. Et ces aveux, ces procès, destinés à illustrer l'éternel combat du Bien et du Mal, s'ils se terminaient par le triomphe du « Bien », avaient néanmoins pour conséquence de propager le mal, en accréditant plus largement encore le folklore diabolique.

Comment échapper à l'obsession quand la suspicion des autorités, et fort tard encore dans notre XVIIe siècle, s'en prenait même aux plus classiques *ébats* paysans? Un exemple : les veillées, qui rassemblaient en quelques lieux clos et parfois écartés des filles et des femmes à la lueur d'une même lampe et à la chaleur d'un même feu, n'étaient pas bien vues du clergé. Il arrivait en effet que les garçons de village, et même des étrangers (« soldats du roi » campés dans la région) y pénétrassent pour rencontrer le sexe opposé dans des conditions de relative liberté, qu'ils s'arrangeaient pour rendre plus favorables encore « en soufflant la lampe »! Le curé champenois à qui l'on doit cette indication pourrait nous dire avec réalisme (le réalisme des confesseurs, par exemple) ce qui s'ensuivait et de quoi ces souffleurs de lampes se rendaient coupables. Mais non, il emploie une formule lourde de sous-entendus : en soufflant la lampe, les garçons incriminés « font voir qu'ils n'ont d'autre envie que de faire œuvre de ténèbres ». Effleuré ici, le thème diabolique se précise ailleurs; dans le texte suivant (1674) d'un autre curé, poitevin celui-ci, l'assimilation est faite entre les ténèbres du péché et celles de l'enfer :

« Les femmes et jeunes filles s'assemblent tous les soirs en certaines roches de la paroisse pour filer, où elles demeurent jusqu'à minuit et après. Et la plupart des valets et garçons de la paroisse et, le plus souvent, des circonvoisines, se rendent [là] tous les soirs pour y faire un sabbat et une vie diabolique, et quelquefois se battent comme des chiens. »

Ou : de l'art de transformer en sabbat un ébat, qui, on l'aura compris, n'avait rien que de rabelaisien. Et si l'on observe que le mot même d'ébat désigne parfois un petit sabbat, que, dans bon nombre de procédures, celui-ci est simplement appelé « assemblée nocturne » ou « danse nocturne », on comprend mieux comment les prétendues sorcières en venaient à avouer un bien plus grave crime que celui qu'elles avaient (peut-être) commis à la faveur de l'obscurité avec les garçons de leur village, dans les grottes ou masures où elles allaient veiller.

La sorcière n'aurait donc été qu'un produit de la persécution? Oui et non. La responsabilité des juges fut de croire à la réalité de la sorcellerie, c'est-à-dire de transformer en alliés et auxiliaires de Satan toutes sortes de suspects et particulièrement, bien sûr, ceux qui se mêlaient ou passaient pour se mêler de magie, voire, comme l'écrit un évêque, tous ceux « qui pratiquent et croient les superstitions ». Car les théologiens avaient admis, depuis la fin du XVe siècle, qu'il y avait un *pacte tacite* avec les démons dans toutes les pratiques superstitieuses.

Et puis la chasse aux sorcières, une fois lancée, crée sa propre dynamique. Elle s'alimente des jalousies locales, des vieilles haines recuites du monde clos des villages. La vie était rude et précaire dans les campagnes de l'ancienne France. Que survînt un malheur supplémentaire et l'on cherchait un bouc émissaire. Ce n'est pas par hasard que la Lorraine, six fois ravagée entre 1562 et 1591 par les mercenaires allemands avant d'être occupée et démantelée par les Français, fut une terre fertile en sorcières. Ce n'est pas par hasard qu'aux calamités naturelles (grêle, orages) et qu'aux épizooties on trouvait des sortilèges pour origine. Rien de plus important que le bétail dans la France massivement rurale du XVIIe siècle. Quand une, puis deux, puis des douzaines de brebis ou de vaches mouraient, à quoi leurs possesseurs pouvaient-ils attribuer ce désastre, puisque de toute façon ils en ignoraient les causes véritables? Comme ils ignoraient celles de tant de maladies, les plus spectaculaires (épilepsie, hystérie, crises d'aliénation) et, à l'inverse, celles qui se traduisaient par un lent dépérissement sans cause immédiate (*langueurs* de l'anémie ou de la tuberculose) étant régulièrement attribuées à l'action du Malin par sorcière interposée.

Les juges, donc, n'avaient pas à chercher bien loin des dénonciateurs. La plupart du temps ils n'agissaient même *que* sur dénonciations ou plaintes. Et il faut dire tout de suite que ce sont aussi des juges, ceux des plus hautes instances (parlements et surtout parlement de Paris) qui, refusant de plus en plus, dès la fin du XVIe siècle, de condamner les sorciers et sorcières en tant que tels, finirent par éteindre les bûchers (avant que le pouvoir n'officialisât leur point de vue). En intitulant *Magistrats et sorciers au XVIIe siècle* son célèbre ouvrage, Mandrou a mis d'emblée l'accent sur cette évolution des mentalités de la société cultivée, *mais de celle-là seulement*.

Car la croyance aux sorciers subsista, car le recours à la magie était bien une réalité et le resta (ne survit-il pas encore?...) Cela, les juges ne l'ont pas inventé, et les condamnations qu'ils prononcèrent trop longtemps resteraient incompréhensibles si l'on minimisait la crédulité, les superstitions, le paganisme résiduel d'une masse qui, avant que la Contre-Réforme n'eût porté ses fruits, était sans doute plus christianisée que chrétienne.

Il n'y avait pas un village de France où le quart au moins des habitants ne se mêlât de magie. C'est notre curé poitevin de tout à l'heure qui le dit, et il faut qu'il ait raison puisque tous les évêques sans exception, dans leurs statuts synodaux et mandements, ordonnent qu'on extirpe ces superstitions.

Remarque accessoire, mais qui relie entre eux le monde obscur où nous pénétrons et le monde éclairé que nous avons évoqué, un des plus modérés parmi les évêques fut Godeau : un poète, qui avait dans sa jeunesse fréquenté l'hôtel de Rambouillet où on le surnommait « le nain de la princesse Julie »; un lecteur enthousiaste de *L'Astrée*, qui rejoignit son diocèse de Grasse avec une houlette dans ses bagages. Est-ce pour cela qu'on le voit plus indulgent aux superstitions et pratiques rurales? Il ne tonne pas, il ne parle pas, comme d'autres, de « rigueurs », de « peines juridiques et arbitraires », encore moins d' « extermination »; il dit seulement : « Les curés emploieront tous leurs soins pour bannir de leurs paroisses les superstitions populaires et nous donneront avis de celles qu'ils trouveront les plus importantes et les plus enracinées, afin d'aviser aux moyens propres pour les arracher sans bruit et sans péril. »

Ces superstitions, ces pratiques de magie, qu'on ose à peine qualifier d'occultes, tant elles étaient courantes, le curé Jean-Baptiste Thiers, bachelier en théologie, leur a consacré un traité en 1674. Certaines, dit-il, sont communes à tout le royaume, ce qui n'empêche pas chaque paroisse d'avoir les siennes propres. Un tel état de choses ne peut s'expliquer que par l'ignorance des fidèles et celle du bas clergé. C'est pour éclairer les uns et les autres que Thiers a rédigé son ouvrage, en s'abstenant toutefois d'énumérer toutes les pratiques connues et d'en donner le détail, crainte de leur assurer une diffusion plus large encore.

Que serait-ce s'il eût été exhaustif! Car le lecteur reste confondu par la quantité et la variété des rites énumérés. Négligeons les simples superstitions, nous n'en finirions pas et peut-être aussi ressentirions-nous quelque gêne en apprenant qu'au XVIIe siècle, déjà, rien ne paraissait plus ridicule aux esprits « raisonnables » que la crainte d'être treize à table. Parlons seulement des rites magiques. Recourir à la magie, c'est, disent les théologiens, prétendre agir sur la nature et le destin par des moyens dont les vertus propres, à supposer qu'ils en aient, ne peuvent en aucun cas provoquer les effets qu'on en attend.

La masse de nos ancêtres pensait exactement le contraire. Ils recouraient à de tels moyens pour, dans l'ordre, protéger leur santé et se guérir, eux et leurs bêtes, trouver l'amour, conserver leurs biens, se venger, recouvrer les objets perdus et les « trésors cachés », évoquer tel visage aimé et disparu, deviner leur avenir et mettre toutes les chances de leur côté avant de se lancer dans une entreprise. Si quelques évêques accusent et recommandent de surveiller principalement « les femmelettes et les idiots », tous reconnaissent que le reste de la population n'est guère moins superstitieux, les femmes n'ayant pour particularité que de recourir plus fréquemment à la magie d'amour.

Certaines plantes (verveine, valériane, thym, myrte...), certains métaux et minéraux (argent, saphir, jaspe vert...), qui passaient pour dépendre de Vénus, étaient censés provoquer l'amour. Plante de Jupiter, l'acharon ou jusquiame donnait aux hommes la puissance sexuelle (ce dont on peut s'étonner, car c'est un sédatif). Les aphrodisiaques éprouvés (clou de girofle, cantharides) entraient, bien entendu, dans la composition des poudres ou philtres d'amour, mais aussi les organes, le sang ou la moelle de certains animaux considérés comme vénusiens ou luxurieux (colombe, tourterelle, bouc, loup, taupe...) ou qui, à cause de quelque particularité morphologique, passaient pour symboliser le pouvoir d'attraction : ainsi le remora, parce qu'il porte sur la tête une espèce de ventouse qui lui permet de s'accoler à d'autres poissons ou à des navires. En vertu du même symbolisme simpliste, la pierre d'aimant, le lait d'une femme allaitant son premier enfant mâle étaient considérés comme résumant la quintessence animative ou attractive.

La magie d'amour présente généralement un caractère sympathique accusé. Il est bon de porter sur soi un objet qui a touché de près la personne aimée (lambeau de vêtement, de soulier) ou, mieux encore, provenant d'elle : poils, cheveux, rognures d'ongles. De même, les philtres seront plus efficaces si l'on y incorpore des substances résiduelles émanant du corps de l'aimé, qu'on mélangera avec les siennes propres. Cette sorte de communion était censée provoquer une fusion intime qui suscitait la réciprocité amoureuse. Une fois donc mélangées les salives, les sangs et les sueurs, on les mitonnera avec les aphrodisiaques en usage, les plantes et les organes d'animaux « vénusiens ». Faites sécher à feu vif, réduisez en poudre, incorporez à quelque aliment et servez à jeun à la personne désirée : elle ne pourra plus vous quitter, « il n'y a rien de si sûr et de si expérimenté », comme dit un grimoire. Les jeunes campagnardes en étaient persuadées, puisque, c'est Jean-Baptiste Thiers qui nous l'apprend, elles introduisaient couramment de ces « ordures » dans les gâteaux qu'elles confectionnaient et offraient à leurs promis, quand elles doutaient de leur foi. Pourtant, le philtre était plus « ordurier » encore lorsque composé par un homme, puisque celui-ci l'enrichissait d'une sécrétion supplémentaire et qu'il était seul à pouvoir fournir : son sperme.

Toutes ces compositions, de même que les charmes, figures, caractères et oraisons magiques, devaient, pour produire leur plein effet, être absorbés, utilisés ou prononcés sous certaines conditions, précisées par l'astrologie. Le jeudi, jour de Jupiter, le vendredi, jour de Vénus, étaient fastes. On prenait en considération les quartiers de la lune, les conjonctions des planètes, le lever ou le coucher du soleil. Si le second jour du mois passait pour favorable à la procréation, c'est parce qu'Ève aurait été formée au deuxième jour de la Création pour servir de compagne à l'homme. Le côté gauche, côté du cœur, devait toujours être préféré pour le port des talismans, l'apposition des charmes, de même que la main gauche pour la cueillette des herbes, etc. Toutes préférences que les théologiens qualifient d'« ineptes ».

Le syncrétisme de fait étant la règle, on croyait renforcer les rites magiques en les associant aux rites chrétiens, sans avoir du tout conscience de se rendre ainsi coupable d'« abus des choses sacrées ». La poudre, le sachet ou la ceinture remplis d'herbes, le parchemin portant des caractères magiques (et enroulé dans le tuyau d'une plume d'oie!), le crapaud même qu'on avait ramassé à l'heure de Vénus et tué en prononçant quelque formule abracadabrante (c'est le cas de le dire), tout cela était emporté à l'église pour y bénéficier, pendant la messe, de la bénédiction donnée par le curé aux fidèles. Mieux encore, si l'on parvenait à déposer et cacher ces objets sur l'autel. En fait, il était à peine besoin de ruser, beaucoup de prêtres acceptant, par ignorance plus que par cupidité, de « passer sous le calice » ou sous le corporal tel ou tel charme qu'on leur confiait à cette fin.

Si beaucoup de ces pratiques étaient innocentes dans leurs effets, elles ne l'étaient pas en intention. D'abord parce que, même dans les campagnes du XVIIe siècle, on savait que l'amour fait souffrir et l'on voulait parfois qu'il fît souffrir. Croirait-on qu'il s'agit seulement de réciprocité, donc de bonheur, quand on lit dans telle recette « pour l'amour » cette invocation aux esprits : « Allez tourmenter un tel du haut en bas, qu'en vingt-quatre heures de temps s'accomplisse ma volonté »?

Maleficæ omnes veneris mancipia sunt, écrit Del Rio, célèbre démonologue du début du siècle. Pour une fois il n'a pas tort. Du charme au maléfice, en ce domaine, il n'y a qu'un pas. Parce que, lorsqu'on n'a pu susciter l'amour, on cherche encore à faire souffrir, et beaucoup plus durablement, l'insensible ou la rivale plus heureuse. Les recettes, là aussi, sont foison. On peut rendre une femme frigide en lui faisant absorber une décoction de verge de loup brûlée, mélangée avec des poils de la même bête; ou bien, par sortilège, on peut la « cheviller », c'est-à-dire boucher ses orifices naturels, à moins qu'on ne préfère lui donner une envie permanente de « pisser » grâce à une poudre à base de geai séché et pilé. Contre l'homme on recourt au nouement d'aiguillette, déjà mentionné dans cet ouvrage, parce qu'en effet universellement redouté. C'était ce qu'on appelle un rite imitateur. La noueuse ou le noueur commençait par se procurer un membre d'animal fraîchement tué, le cachait dans ses vêtements et s'en allait attendre sa victime à la sortie de l'église, le jour de son mariage; il s'agissait alors de l'interpeller dès qu'il apparaissait et, au moment où l'on rencontrait son regard, de nouer un lacet blanc autour du membre de l'animal. Mais on pouvait aussi, plus simplement, nouer le lacet sur lui-même (ce qui explique que même des enfants pratiquaient le sortilège). En vertu de la loi de similitude, ce nœud était censé nouer l'organe viril du jeune marié qui, rendu momentanément impuissant, ne pouvait consommer son mariage. Pour se préserver de ce terrible maléfice, qui non seulement leur interdisait de goûter aux plaisirs de l'hyménée, mais pouvait frapper de stérilité, donc d'invalidité, leur union, (ce qui était arrivé à Philippe Auguste avec sa seconde épouse), beaucoup de jeunes couples refusaient de se marier de jour et dans leur paroisse; les célébrants eux-mêmes, avant de procéder à la cérémonie, avertissaient les éventuels noueurs ou noueuses d'avoir à quitter l'église, ou les menaçaient d'excommunication.

Il y avait, naturellement, des contre-charmes destinés à neutraliser les sortilèges. Les hommes pouvaient éviter les néfastes effets du nouement d'aiguillette en mâchant de la joubarbe (ou barbe de Jupiter), en portant sur eux l'ongle d'un âne ou l'œil droit d'une belette enchâssé dans une bague, en urinant à travers l'anneau nuptial tenu par leur épouse, ou le trou de serrure de la porte de l'église.

Ne rions pas trop, parce que l'engrenage était fatal. Quand tous ces charmes et contre-charmes avaient échoué, et pour cause, on descendait d'un degré supplémentaire vers l'enfer. En réalité, la frontière entre magie blanche et magie noire était des plus floues et sans cesse franchie, ce qui explique la sévérité des théologiens contre toutes les superstitions, quelles qu'elles fussent.

Mathurin Régnier, visitant le repaire d'une prostituée, y découvre, outre les habituels produits contraceptifs et instruments abortifs :

Un petit sac tout plein de poudre de mercure
[...] des tisons de feu de la Saint-Jean,
Du sel, du pain bénit, de la fougère, un cierge,
Trois dents de mort, pliées en du parchemin vierge,
Une chauve-souris, la carcasse d'un geai,
De la graisse de loup et du beurre de mai.

Cet inventaire à la Prévert est tout à fait significatif de la confusion qui régnait dans les esprits. Fougère et mercure ont tous deux des propriétés abortives, mais la première est aussi une plante magique et le second sert à tant de choses, de la fabrication des poudres vénéfiques, c'est-à-dire toxiques, à celle de l'or, qu'il est difficile de dire à quoi le destinait l'habitante des lieux. Pour les tisons du feu de la Saint-Jean, ce sont d'innocents phylactères; mais allez donc savoir à quoi vont être employés le sel, le pain bénit et le cierge... A se protéger des maléfices, à commettre des sacrilèges ou à confectionner des philtres, où entreront aussi la graisse de loup, les organes ou la carcasse du geai et de la chauve-souris? Quant aux dents de morts et autres résidus humains, il est bien connu que, pour se les procurer, il faut hanter les gibets et fouiller les cimetières; l'appel aux démons s'ensuit automatiquement. Rien d'étonnant à ce que Régnier, continuant à fureter chez sa prostituée, y découvre

Un balai pour brûler en allant au sabbat.

Pas de balai chez la marquise de Montespan. Mais quand elle fait dire des messes à l'envers sur le corps de femmes nues, avec (peut-être) sacrifices humains, pour conserver l'amour du roi, le doute n'est pas permis : on est bien dans la plus noire des magies noires. L'étonnant est qu'on y soit. Qu'à Paris, dans les années 1670, une femme d'un tel milieu, une femme éclairée qui possédait au plus haut point le fameux esprit des Mortemart, cet esprit libre et caustique qui se moquait de tout, ait pu en arriver, même par personnes interposées, à ces abominations, cela confond l'imagination, ou plus exactement *notre* imagination. Et n'oublions pas que, dans le même milieu éclairé, quand, un peu plus tard, Mme de Maintenon eut définitivement supplanté Mme de Montespan, il se trouva quelques courtisans pour penser qu'elle n'avait pu se rendre maîtresse du cœur et de l'esprit de Louis XIV que par « enchantement ».

Le huis clos exaspère les tensions et les passions, c'est bien connu. Peut-être, à ce point de vue et *mutatis mutandis,* la vie de cour reproduit-elle la vie dans les villages. Chauffées à blanc dans ce petit monde fermé, les jalousies et les ambitions conflictuelles devaient tourner à l'obsession, donc engendrer des germes de déraison et, par ce biais, incliner des gens, par ailleurs éclairés, à recourir aux procédés les plus fous. S'y ajoutait le principe corrupteur (je parle morale et non politique) de la monarchie absolue : dès lors que *tout* dépend de la faveur du maître, il n'est *rien* qu'on ne fasse pour l'obtenir. Atteindre au lit du roi et s'y maintenir était le but secret, parfois avoué, on pourrait presque dire de toutes les jolies femmes de la cour.

Au-delà de ces raisons circonstancielles, ne faut-il pas aussi prendre en compte la grande interrogation sur l'amour qui hanta le XVIIe siècle? A quoi attribuer les mystérieuses *inclinations* dont même les tenants de l'amour-estime se voient contraints de reconnaître la puissance? Charles Sorel, dans son livre *Des Talismans,* a fort bien résumé le raisonnement par lequel des gens éclairés se permettaient et s'excusaient d'en venir à la magie d'amour. Puisqu'il arrive qu'on aime ou qu'on haïsse sans savoir pourquoi, puisque la raison ne peut expliquer ces sympathies et antipathies, ni la volonté les empêcher, il faut bien recourir à l'irrationnel, c'est-à-dire à l'influence des astres. Certes, l'âme humaine, « étant spirituelle et immortelle, est libre dans ses fonctions », mais enfin ces « secrètes influences » astrales, si elles ne peuvent la contraindre, peuvent au moins lui donner des *inclinations* qui se fortifieront ensuite par l'habitude et finiront par « emporter la volonté ». D'où le port de talismans : pierres ou plaques de métaux appropriés et gravés de caractères ou figures spécifiques (femmes nues, cupidons, mains qui s'étreignent, etc.) qu'on aura fait fabriquer sous le signe de Vénus et qu'on portera sur soi en médaillons, bagues, bracelets. Pour Sorel, ce ne sont là que « rêveries, fondées sur la religion des païens ». Et peut-être, au départ, s'agissait-il aussi de *rêveries* pour une Montespan; mais, la nécessité pressant et tous autres moyens ayant échoué, pourquoi ne pas essayer de ces moyens-là? Outre qu'il pouvait paraître malséant à des esprits malgré tout religieux d'invoquer Dieu et ses saints pour obtenir un résultat aussi profane que l'amour d'un monarque ou l'élimination d'une rivale. Alors, oui, les talismans, et puis, l'engrenage étant fatal, l'appel au diable, tout désigné, lui, pour les causes profanes et que les devineresses, auxquelles on avait eu l'imprudence de se confier, se faisaient fortes de vous rendre favorables.

Parmi la tourbe qu'une affaire plus scandaleuse que d'autres – telle, à cause de la qualité des accusées, l'affaire des Poisons – ramenait de temps en temps à la surface, on a vu qu'il y avait un certain nombre d'escrocs des deux sexes pour qui la divination et la magie n'étaient que la couverture d'activités sordidement criminelles. Mais cela n'enlève rien à la crédulité de leurs clients et ne s'inscrit pas absolument en faux contre leur propre crédulité. A ce point de vue, on a peut-être eu tort de faire de la sorcellerie un phénomène essentiellement rural. Il l'est, bien sûr, quantitativement. Mais si la sorcière est celle qui croit au pouvoir du diable et à celui qu'elle tient de lui, qui nous assure qu'une majorité de ces criminelles citadines n'y croyaient pas? Chez la Voisin, qui était avant tout une avorteuse, chez son complice Lesage, qui était avant tout un maître chanteur, on décèle sans doute, au travers de leurs interrogatoires, une bonne dose de cynisme quant aux « singeries » (le mot est de Lesage) auxquelles ils se livraient pour satisfaire des clients et clientes assoiffés d'amour ou de vengeance. Mais il n'en allait pas de même chez d'autres. Si la Dufayet tirait le plus clair de ses revenus du maquerellage, elle n'en croyait pas moins fermement au pouvoir de la magie et s'y était initiée au temps où elle travaillait comme cuisinière dans l'espoir de séduire son patron et de s'en faire épouser. La Filâtre, une empoisonneuse, avoua avoir renoncé au saint-sacrement, à la messe, au baptême, au milieu d'un cercle de bougies noires, et sacrifié un de ses propres enfants au diable. Quant aux prêtres infâmes qui acceptaient de dire des messes noires sur les corps de femmes nues, de tuer des nouveau-nés sur l'autel en les égorgeant ou en leur coupant la verge, sans doute ils en tiraient quelques profits : argent et copulation (car, après la cérémonie, le célébrant copulait avec la femme sur laquelle il avait dit la messe); mais ne fallait-il pas qu'ils crussent vraiment au diable pour profaner ainsi des lieux de culte? pour arracher du corps de leurs petites victimes cœurs et entrailles afin d'en confectionner des poudres magiques? pour réciter à la consécration, devant ces cadavres pantelants, des conjurations du genre de celle-ci : « Astaroth, Asmodée, princes de l'amitié, je vous conjure d'accepter le sacrifice que je vous présente de cet enfant pour les choses que je vous demande »?

Reste à expliquer la prédominance des sorcières sur les sorciers (je veux dire de celles et ceux qu'on appelait ainsi), et la crédulité n'y suffit pas, puisqu'elle était à peu près également partagée entre les deux sexes. Pourquoi donc quatre condamnées pour un condamné?

La première explication tient, naturellement, à l'antiféminisme. Les démonologues le poussent à la puissance maximale. C'est, disent-ils, parce qu'elle est femme que la femme en vient à se donner au diable. Sexe impur, sexe fragile, elle a moins de cerveau, donc moins de prudence, que les hommes, mais elle a des « parties viscérales » plus grandes qui la dotent d'une « cupidité bestiale » (Lancre *dixit,* après Bodin et tant d'autres). Pour assouvir ses appétits ou se venger, elle ira donc à toutes les extrémités. Quand les clercs (voir premier chapitre) qualifient ses attraits de *diaboliques,* il ne s'agit pas d'une figure de style : la puissance de séduction d'un animal aussi imparfait resterait incompréhensible sans faire appel à une connivence démoniaque. La vérité est que le Malin a fait du corps de la femme son séjour de prédilection. A preuve, les exorcistes ne nomment que vingt fois le diable quand il s'agit d'exorciser un homme, trente, quand il s'agit d'une femme!

Ah! nous sommes loin ici des régions néo-platoniciennes où Beauté égale Bonté! Toujours funeste à ceux qui la regardent par les sales pensées et les mauvais désirs qu'elle fait naître, la beauté des femmes n'est qu'un piège de Satan, et c'est encore Satan qui leur inspire cette coquetterie indissociable de leur sexe.

Pour savoir jusqu'à quelles outrances ce discours pouvait aller, il faut citer l'exemple de ce prédicateur lillois qui, alors que la province, tout juste annexée par la France, était encore occupée par nos troupes, ne craignit pas, pour mieux fustiger les décolletés féminins, de s'en prendre en chaire à la propre et pieuse mère, et qui venait de mourir, du roi de France. Ne pouvant tout de même pas l'expédier en enfer, il trouva un autre biais pour montrer comment elle avait été punie de son immodestie : « Couvrez vos gorges, s'écria-t-il à l'adresse de ses paroissiennes, et prenez garde qu'étant toutes nues, il ne vous vienne quelque cancer comme à la feue reine mère Anne d'Autriche! »

La fameuse théorie des humeurs, empruntée aux médecins, concourt aussi à la diabolisation de la femme. Satan s'empare des imaginations, or les femmes ont des humeurs froides et humides et il se trouve que « l'humide s'émeut aisément et reçoit impressions et figures ». Tandis que les hommes, qui ont des humeurs chaudes et sèches, « entretiennent moins obstinément leur imagination » (Lancre).

On pourrait trouver là l'amorce d'une circonstance atténuante, et quelques rares auteurs y ont recours, mais pour être aussitôt réfutés. La faiblesse congénitale des femmes ne saurait leur servir d'excuse. Pierre de Lancre, qui distingue aussi entre les âges, précise que les vieilles « songent » plus que les jeunes, mais celles-ci n'en sont pas moins coupables, puisqu'elles se laissent instruire par les vieilles.

L'expression encore usitée de « vieille sorcière » correspond à la fois à une réalité et à une obsession du temps. Réalité, parce que les sorcières que condamnent les juges ont dans leur immense majorité plus de quarante-cinq ans. Obsession, parce que, à partir de là, toutes les vieilles femmes finissent par apparaître comme des sorcières, au moins potentielles. Il n'est que de voir comment les vilipendent les poètes et surtout les satiriques du début du siècle. Thème littéraire? En partie, mais on ne choisit pas un thème sans raisons. C'est la Renaissance qui avait renouvelé celui-là (Ronsard et du Bellay l'ont traité) et l'on peut s'en étonner d'une époque qui avait par ailleurs redécouvert, valorisé et si bien chanté les perfections féminines. Peut-être le spectacle de la décrépitude d'un être tant vanté pouvait-il justement paraître insupportable à ceux qui l'avaient vanté. Et d'autant plus que cette décrépitude était spectaculaire. Rien ne pouvait alors réparer l'irréparable outrage des ans, des maternités à répétition et de la ménopause. Ménopause plus précoce qu'aujourd'hui et qui retranchait en quelque sorte les femmes qui l'avaient subie de leur féminité.

Delumeau, dans *La Peur en Occident*, propose une explication ingénieuse : la crainte et l'horreur suscitées par la femme vieille et laide seraient une conséquence inattendue du néo-platonisme; puisque celui-ci assimile la beauté à la bonté, l'une étant le reflet de l'autre, à l'inverse la laideur, la décrépitude physique reflèteraient la méchanceté, le Mal.

Mathurin Régnier, dans les années 1600, a traité trois fois, dans cet esprit de dénigrement, le thème de la vieille femme. Il s'agit, les trois fois, d'entremetteuses, mais n'était-ce pas assez de fustiger leurs vices et leur décrépitude sans les assimiler à des sorcières et leur souhaiter le destin des sorcières?

Esprit errant, âme idolâtre,
Corps vérolé, couvert d'emplâtre,
Aveuglé d'un lascif bandeau;
Grande nymphe à la arlequine
Qui s'est brisé toute l'échine
Dessus le pavé du bordeau:

Dis-moi pourquoi, vieille maudite,
Des ruffians la calamite,
As-tu si tôt quitté l'enfer?

Vieille, à nos maux si préparée,
Tu nous ravis l'âge dorée,
Nous ramenant celle de fer.

Retourne donc, âme sorcière,
Des Enfers être la portière;
Pars et t'en va, sans nul délai,
Suivre ta noire destinée,
Te sauvant par la cheminée,
Sur ton épaule un vieil balai.

....

De moi tu n'auras paix ni trêve
Que je ne t'aie vue en Grève,
La peau passée en maroquin,
Les os brisés, la chair meurtrie,
Prête à porter à la voirie
Et mise au fond d'un mannequin.

....

Vieille sans dents, grand'hallebarde,
Vieux baril à mettre moutarde,
Grand morion, vieux pot cassé,
Plaque de lit, corne à lanterne,
Manche de luth, corps de guiterne,
Que n'es-tu déjà in pace...

On ne peut pourtant pas tout expliquer par l'antiféminisme. Ce n'est pas seulement en tant que femme que la femme faisait peur; elle n'incarnait pas que le péché (auquel, après tout, l'homme pouvait résister, avec le secours de la grâce divine), mais d'autres dangers qui tenaient à d'autres raisons : essentiellement à son statut particulier dans la société du temps. Puisque sorcière égale magicienne, la femme n'a-t-elle pas dans ce domaine une prédisposition particulière? De par ses fonctions physiologiques et ses activités traditionnelles, n'est-elle pas dans une connivence en quelque sorte organique avec les mystères de la nature, de la vie et de la mort? Exclue de la culture écrite, n'est-elle pas la dépositaire par excellence de la culture orale, c'est-à-dire des superstitions et traditions magiques?

Traçant un poétique tableau des activités du couple aux premiers âges de l'histoire, Michelet écrit dans *La Sorcière :* « L'homme chasse et combat. La femme s'ingénie, imagine; elle enfante des songes et des dieux. Elle est *voyante* à certains jours; elle a l'aile infinie du désir et du rêve. Pour mieux compter les temps, elle observe le ciel. Mais la terre n'a pas moins son cœur. Les yeux baissés sur les fleurs amoureuses, jeune et fleur elle-même, elle fait avec elles connaissance personnelle. Femme, elle leur demande de guérir ceux qu'elle aime. »

Il n'y avait pas d'apothicaires ni de médecins dans les villages de l'ancienne France et, de toute façon, puisque ceux-là même croyaient aux remèdes de « bonnes femmes », comment veut-on que celles-ci n'y aient pas cru? (D'autant que certains *étaient* efficaces.)

La « bonne femme » est détentrice d'un savoir particulier. C'est à elle que s'adressent les autres femmes pour obtenir des secrets de beauté, de santé, d'amour, et surtout de fécondité et de stérilité, ces deux grandes obsessions féminines. Tout cela se diffuse de bouche à oreille, dans le tête-à-tête et dans ces assemblées typiquement et parfois exclusivement féminines que sont les réunions au four et au lavoir, les veillées, les séances d'accouchement et visites de relevailles. Il est intéressant de noter que, dans certains villages, la sage-femme est *élue par ses concitoyennes*. Sur quels critères? On peut se le demander, puisque la formation professionnelle des sages-femmes restera un vœu pieux jusqu'à la fin du siècle, hormis dans les grandes villes, et encore!...

Du coup, on comprend mieux l'hostilité des médecins et chirurgiens contre les matrones ou sages-femmes, la surveillance que, de plus en plus au cours du siècle, tentent d'exercer sur elles les curés. Au-delà de la méfiance (justifiée) qu'inspire leur empirisme, la suspicion des uns et des autres s'étend au mystérieux savoir-pouvoir féminin, que détient, plus qu'aucune autre, la sage-femme – on dit même, avec respect, la sage-dame. De celles qui exercent ce métier, le médecin Laurent Joubert, dans ses *Erreurs populaires*, dit qu'elles « veulent être tenues pour devineresses » et « font les suffisantes à merveille ». Et c'est vrai. Ne le voudraient-elles pas qu'elles y seraient amenées par les exigences de leurs clientes. Les femmes grosses leur demandent, non seulement de *deviner* le sexe de l'enfant qu'elles portent, mais d'essayer de le déterminer en recourant à des rites appropriés; elles leur demandent de les aider, par tous les moyens imaginables, à traverser la terrible épreuve qu'était alors l'accouchement. La sage-femme utilisera donc une gamme de recettes qui vont des « belles paroles et trompeuses » jusqu'aux rites magiques, en passant par les simples superstitions. Dans la chambre de la parturiente elle allumera une chandelle ou disposera des roses de Provins, dont l'extinction pour l'une, l'éclosion pour les autres, sont liées à une heureuse délivrance. Elle continuera avec des fumigations ou applications sur le col de la matrice de compositions « échauffantes » à base d'herbes aromatiques, mais qui incluent aussi de la fiente de pigeon ou d'épervier, animaux magiques; enfin, si la parturiente souffre trop, elle la délivrera de ses douleurs en les *jetant* par sortilège sur un animal, voire sur le mari. Quand l'enfant apparaît, c'est encore la sage-femme qui, pour le ranimer, si besoin est, lui sucera la fontanelle, lui fera inhaler les vapeurs dégagées par la combustion du placenta et du cordon ombilical, l'enveloppera dans une toile filée sous certaines conditions; qui, pour le fortifier, lui crachera dans la bouche du vin qu'elle aura préalablement chauffé dans la sienne; qui, enfin, lui « réformera » le crâne en le pétrissant de ses mains pour qu'il corresponde à de mystérieux canons de beauté et de sagesse.

L'obligation que fit, au XVIIe siècle, le clergé aux sages-femmes de baptiser les nouveau-nés en danger ne semble souvent avoir servi qu'à les rendre plus « suffisantes » encore. L'évêque d'Évreux en donne, en 1644, un exemple frappant; recensant les superstitions de son diocèse, il nous apprend que les sages-femmes se présentaient à l'église pour les cérémonies de relevailles à la place des femmes décédées en couches. C'était s'attribuer un pouvoir qui dépassait largement le savoir et même l'intercession : un pouvoir réellement surnaturel, encore que, dans ce cas, bien intentionné. Car la sage-femme faisait bien d'autres choses pour le compte de sa cliente et pour son propre compte. Elle prélevait la *coiffe* de l'enfant né coiffé pour en confectionner des porte-bonheur, ou le cordon ombilical des petites filles pour l'incorporer, une fois séché, coupé, pilé, à des poudres d'amour.

Bref, comment la sage-femme, cette experte entre les expertes, douée (ou s'attribuant) de tels pouvoirs, n'eût-elle pas été accusée par les démonologues de tous les crimes de sorcellerie et particulièrement de celui qui consistait à sacrifier au diable les nouveau-nés avant baptême?

L'éternelle question, dès qu'on réfléchit sur la sorcellerie, c'est : quelle était la réalité sous-jacente? Pour les sorcières de l'affaire des Poisons, nous savons bien qu'elles étaient aussi, et souvent, d'abord des criminelles, mues par l'appât du gain. Mais les autres? Leurs aveux étaient extorqués? Certes, mais ces aveux renvoient toujours à certaines formes spécifiques de criminalité, qui renvoient elles-mêmes à la spécificité de la condition de la femme d'alors. Quelle était l'ampleur de cette criminalité-là, qu'on pourrait appeler une criminalité de sauvegarde, en ce sens qu'elle visait essentiellement à alléger les contraintes qui pesaient sur le deuxième sexe? Tant de nouveau-nés ne sortaient des entrailles maternelles que pour mourir qu'il est compréhensible qu'on ait accusé les sages-femmes de les sacrifier au diable; et peut-être, si elles se croyaient sorcières, cette effrayante mortalité néonatale leur donnait-elle un alibi pour ce faire. Mais le même alibi ne pouvait-il leur servir pour débarrasser sans trop de risques leurs clientes d'enfants non désirés?

Des sorcières basques, en 1609, avouèrent avoir pénétré dans des maisons, la nuit, pour y tuer des enfants au berceau. Classique. Mais certaines d'entre elles précisèrent que, n'ayant pu, pour quelques raisons, emporter les petits cadavres, elles les glissèrent dans le lit des parents, afin que le père, au réveil, crût que le bébé avait été « suffoqué » par la mère. La suffocation étant un moyen habituel de déguiser l'infanticide, il se peut qu'ici les sorcières basques amalgament simplement une réalité connue à leurs fantasmes (spontanés ou provoqués). Mais on peut interpréter autrement l'anecdote : ne signifierait-elle pas que certaines mères meurtrières préféraient s'accuser de sorcellerie plutôt que d'infanticide (les deux crimes étant de toute façon punis de mort)? Va dans ce sens un texte de Michaelis, autre démonologue du début du siècle. Si les sorcières, dit-il, dépassent en horreur les sorciers, c'est parce que ceux-ci, du moins, « ne se mêlent point du tout ou peu souvent » de suffoquer les petits enfants pour en faire présent au diable. Et pour cause! L'infanticide était, dans la réalité du XVIIe siècle, le plus fréquent des crimes féminins. Bien des pères devaient en être les complices, au moins tacites, mais ils laissaient à la pauvre mère le soin d'accomplir l'horrible geste que, sans eux pourtant, elle n'aurait pas eu à accomplir.

Les vénéfices, ou poudres diaboliques, suscitent le même genre d'interrogations. Le théoricien Corneille Agrippa qualifie de « magie empoisonneuse » celle qui procède par maléfices, et les juges motivent généralement leurs sentences sur le fait d'« empoisonnement et maléfices ». La difficulté est de départager l'un des autres.

Il est de fait que le poison est l'arme des faibles. Les femmes du XVIIe siècle ne pouvaient vider leurs querelles à l'arme blanche ou à coups de gourdin, comme le faisaient couramment les hommes. Recourir à la justice? Quasiment impossible pour une paysanne sans ressources. Au reste, on sait bien que la justice était misogyne et que, lorsqu'il s'agissait d'échapper à l'autorité parentale ou maritale, les lois n'en donnaient le moyen qu'en des cas rarissimes.

Il faudrait savoir de quoi les poudres diaboliques étaient composées et fort peu de procès l'indiquent; d'autant moins que Satan, pour préserver ses secrets, doue ses affidés de la « vertu de taciturnité »! Les accusées restent généralement dans le domaine de la fantaisie, récitant ce que la tradition magique, ou celle, démonologique, des juges, leur suggère : mélanges de cire vierge, beurre, eau bénite, « boulets » magiques, hosties profanées, os de chrétiens pendus, chair d'enfants vierges, etc. Passons. Mais les crapauds et les serpents, qui figurent régulièrement dans ces énumérations, donnent un peu plus à penser, parce que leur bave ou venin peuvent être toxiques et que tout cadavre d'animal peut sécréter ce qu'on appelle des poisons de putréfaction.

Il y a, çà et là, des indications plus nettement réalistes. Des sorcières basques disent utiliser du sanguin. Le sanguin désigne à la fois un arbrisseau très commun, le cornouiller, dont les graines contiennent en effet une huile toxique, et une famille de champignons, les lactaires, dont certaines variétés sont vénéneuses. Dans le Nord, une sorcière déclare que la poudre que le diable lui a remise ressemblait à des grains de pavot. C'est que les propriétés soporifiques (on disait *somnifiques)* et toxiques des papaveracées étaient bien connues et, en bonne magie, il faut commencer par endormir sa victime afin de la *maléficier* à son aise. Donc, ici encore, poison réel, comme la jusquiame, fréquemment utilisée pour la puissance sexuelle; tout était question de dosage. Ce qui n'exclut pas qu'une poudre purement magique de virilité ou d'impuissance, sans jusquiame ni autre suc de plante vénéneuse, pût provoquer une intoxication mortelle, quand elle contenait toutes les ordures énumérées plus haut.

D'autres accusées parlent d'*orpiment* et de *réalgar*. L'un et l'autre étaient d'usage courant au XVIIe siècle pour le chaulage des blés, les teintures, le tannage des peaux; les bonnes femmes et les parfumeurs en introduisaient même dans les pâtes à épiler. Or que sont l'orpiment et le réalgar? Du sulfure d'arsenic. On peut faire beaucoup de choses avec du sulfure d'arsenic, et des choses plus graves qu'une épilation. Ajoutons que le sulfure d'arsenic est un produit naturel qui ne nécessite aucune opération chimique; donc facilement utilisable par les sorcières campagnardes, qui n'avaient pas les moyens, comme celles des villes, de soudoyer des apothicaires possédant alambics et cornues.

Une paysanne de Fenain, dans le Nord, ayant avoué qu'elle avait fait mourir ses trois maris successifs en leur donnant à manger, à deux d'entre eux des tartes, à l'autre un brochet, préalablement *saupoudrés,* fut brûlée comme sorcière. Mais qu'était-elle? Une empoisonneuse? Une innocente? Les trois maris étaient morts, c'est un fait, mais de quoi? Là encore, le taux de mortalité de l'époque permet de penser qu'une femme pouvait perdre trois maris de mort naturelle. On comprend néanmoins que les juges aient conçu quelques soupçons; mais, et c'est typique, les possibles empoisonnements criminels furent attribués à une poudre diabolique et l'on ne chercha pas à savoir si l'accusée ne s'était pas tout bêtement servie d'un poison réel.

Le cas de Jeanne Harvilliers, brûlée en 1578 dans l'Oise, est plus clair et permet de démonter le mécanisme qui transforme une empoisonneuse en sorcière. Jeanne voulait se venger d'un jeune homme qui l'avait frappée, elle et sa fille. Ce pour quoi elle répandit sur la haie d'un chemin une poudre que le jeune homme en question devait nécessairement toucher et aspirer en sortant de chez lui (vapeurs d'arsenic?...) Contre toute attente, ce fut un autre, un nommé Prudhomme, qui passa par là le premier. Jeanne cria pour l'arrêter, n'y réussit pas et quand, peu après, le malheureux se trouva mal, fit tout ce qu'elle put pour le ranimer à l'aide des remèdes qu'elle connaissait : citron, rüe, pilules cordiales, mithridate, thériaque. Prudhomme mourut néanmoins. Mais de quoi? L'intéressant, ici, est que Jeanne était parfaitement consciente de la toxicité de sa poudre : à preuve, les contre-poisons dont elle usa pour sauver Prudhomme. Cette poudre, elle l'avait elle-même préparée, grâce à ses seules connaissances. C'est plus tard, quand elle fut menacée de torture, quand, comme on disait, on lui présenta la question (chevalet, brodequins, roue, coins, tenailles) qu'elle avoua tout ce qu'on voulut : le pacte avec le diable, l'assistance au sabbat, la pratique des maléfices et la remise par Satan de la fameuse poudre. Elle se rétracta ensuite, par deux fois, bien inutilement; elle était condamnée d'avance, tant son « profil » correspondait à celui de la sorcière : une marginale qu'on disait bohémienne, vivant seule avec sa fille dans une maison à l'écart, et dont la mère, déjà, avait été brûlée comme sorcière!

Évitons pourtant la politisation simplifiante. Les condamnées ne sont pas nécessairement des pauvres et des marginales qu'on soupçonne d'en vouloir aux nantis. La *Sorcière de Jasmin*, qu'a étudiée Le Roy Ladurie, était une paysanne, mais non point misérable, et bien intégrée à la vie de sa communauté. L'Alsacienne Ursula Petruss qui fut brûlée en 1628, à Turckheim, était une bourgeoise. Mais joua contre elle, comme contre l'accusée de Fenain, une succession de morts : deux de ses servantes étaient décédées à son domicile. Bien que l'autopsie de la seconde servante, demandée par le tribunal, eût révélé une « ouverture en longueur » à l'estomac, c'est-à-dire un ulcère, Ursula fut emprisonnée. Dès lors surgirent des témoins, dès lors les ragots se donnèrent libre cours : Ursula était experte en remèdes; quand elle faisait des beignets, les beignets sautaient hors de la poêle, etc. On la soumit à la question, elle avoua et périt dans les flammes. Ses héritiers, condamnés, selon l'usage, à payer les frais du procès (190 florins), s'acquittèrent, partie en argent comptant, partie en vin! (C'était courant en Alsace.)

Quand Muchembled écrit : « Les bûchers de sorcellerie proviennent d'abord d'une volonté des élites sociales et politiques du temps de faire triompher la puissance masculine à la campagne », le raccourci est audacieux et peut prêter à confusion. D'abord, parce qu'il y avait aussi des hommes et des citadines parmi les suppliciés. Ensuite, parce qu'il faut exclure du nombre de ces élites répressives une quantité non négligeable d'esprits éclairés qui s'efforcèrent au contraire de sauver les sorcières : avant tout, les parlementaires parisiens, qui montrèrent l'exemple, même lorsque les condamnées renouvelaient devant eux leurs aveux; ensuite des évêques, tels Godeau qui donna, nous l'avons vu, des consignes de modération, ou, bien avant lui, Bertrand d'Eschaux, qui tenta, en 1609, de contrer la chasse aux sorcières déclenchée dans son diocèse de Bayonne par Pierre de Lancre et qui, utilisant tous les moyens juridiques à sa disposition, réussit à sauver du moins quelques prêtres sorciers. Et l'on découvre, au hasard des procédures, que certains confesseurs, au lieu d'inciter les sorcières emprisonnées à avouer, comme on le leur demandait, les incitaient au contraire à nier et à prendre des avocats dont ils allaient jusqu'à leur glisser le nom et l'adresse. Même parmi les juridictions subalternes, si promptes à admettre le crime de sorcellerie, il se trouva des magistrats courageux, tels ceux de Turckheim, qui, s'ils durent finalement céder à la pression populaire, s'étaient d'abord adressés à la science pour connaître la vérité. Ce serait un autre chapitre – peut-être y faudrait-il tout un livre, combien passionnant! – que de faire l'inventaire de tous ces efforts épars, qui aboutirent, lentement, péniblement, mais aboutirent à ce qui reste une des gloires du XVIIe siècle : avoir mis fin à la chasse aux sorcières.

Quant à la puissance masculine, avait-elle vraiment à *triompher* à la campagne? Là comme ailleurs, elle était solidement établie et il ne s'agissait pas du tout de réprimer une sorte de soulèvement féminin anti-sexiste. Les paysannes se situaient à des années-lumière des féministes parisiennes du type précieuse. Mais si l'on assimile « puissance masculine » à culture dominante, alors oui, les campagnardes, dépositaires et propagandistes par excellence de la culture orale, *pouvaient* apparaître, en cette période où s'affirmaient l'Église de la Contre-Réforme et l'État centralisateur, comme un obstacle à la conquête culturelle, religieuse et politique des campagnes, et ce fait *pourrait* expliquer qu'elles aient fourni la majorité des sorcières, c'est-à-dire des victimes (la même explication rendant compte du nombre élevé de bergers parmi les sorciers masculins).

Quand on lit Pierre de Lancre, on voit bien que l'antiféminisme de certains représentants de « l'élite » était d'abord un racisme. Pour ce haut magistrat bordelais, le Pays basque est un pays de sauvages, et ce qu'il reproche aux Basquaises, c'est tout autant leurs singularités que leur sexe : elles ne portent pas de bonnets ni de coiffes, mais laissent leurs cheveux « voleter » sur leurs épaules; elles se trempent dans les vagues, pêle-mêle avec les garçons; elles dansent en plein air, au son du tambourin, des danses frénétiques; elles vivent maritalement avec leurs fiancés, etc., etc. Bref, elles agissent en tout différemment des femmes de la bonne société citadine. Et l'on laisse de telles créatures, nécessairement impudiques de par leur mode de vie, quêter à la messe, s'occuper de la décoration des églises et des ornements d'autel! Comment s'étonner qu'elles ensorcellent jusqu'aux prêtres et transforment les lieux de culte en lieux de sabbat?

Resterait tout de même à justifier la condamnation de principe portée par une école d'historiens contre cette impérieuse *acculturation* des masses populaires par les élites dirigeantes du XVIIe siècle. Quand on a vu à quelles dangereuses absurdités pouvaient conduire les

« superstitions » (et nous n'en avons donné qu'un mince échantillonnage), on a du mal à croire qu'elle fut la source de tout le mal et l'on se sent enclin à la nuance. Seuls les bûchers sont sans excuses. Mais cette monstrueuse dérive tient-elle au principe même de l'acculturation ou à l'intolérance et à la violence inhérentes à l'époque et qui se rencontraient à tous les niveaux de la société, à commencer par ces frustes paysans qui n'avaient que le mot vengeance à la bouche et qui, lorsqu'ils se croyaient victimes de maléfices, lynchaient les sorciers et sorcières qui avaient eu la chance d'échapper à la justice? On pourrait citer d'atroces faits divers : des femmes, condamnées seulement à la fustigation, furent arrachées par la populace aux mains de l'officier de justice pour être jetées dans les flammes; elles sautèrent hors du bûcher, une fois, deux fois, et il fallut que les exécuteurs achevassent à coups de maillet ces malheureuses à demi carbonisées, sous peine de subir le même sort, à cause de leur coupable indulgence!

Si l'on osait braver la mode, on dirait qu'au départ il était légitime et même louable de vouloir délivrer la masse de superstitions, de terreurs et d'inhibitions qui, outre qu'elles pouvaient mener au crime, n'étaient, comme dit Jean-Baptiste Thiers, pas plus conformes au culte de Dieu qu'à *la droite raison.* Ne fallait-il pas tenter d'y substituer d'autres croyances? N'était-ce pas, dans le contexte du temps, rendre service aux humains que de leur rappeler qu'on ne peut opposer au malheur que le courage, la foi, l'espérance et la prière?

A la limite, y a-t-il plus de raisons de reprocher à l'Église et à l'État du XVIIe siècle d'avoir voulu *acculturer,* dans ce sens, les masses populaires, qu'à Jules Ferry de leur avoir imposé l'instruction primaire et obligatoire? Cela aussi était une agression de l'élite contre la masse, des dominants contre les dominés, de la culture écrite contre la culture orale, laquelle, d'ailleurs, finit par en mourir, avec son folklore, ses dialectes, ses traditions et même sa morale propre. On n'arrête pas le progrès.

Sur notre lancée, nous pourrions aussi nous demander si « l'élite » fut seule responsable de l'érotisme des sorcières – une constante dans toutes ces affaires. Pas d'accusée, même centenaire, qui n'ait forniqué avec le diable. Au-delà de l'antiféminisme (la femme est luxurieuse) et de la vulgate démonologique (il faut que le diable prenne ainsi possession de sa victime), n'y a-t-il pas, là encore, une réalité sous-jacente? Quand les sorcières appellent le diable leur « amoureux », ou Joli, ou Beau-Galant, quand elles se disent satisfaites de ses étreintes (certaines précisant même : « Il aime mieux que mon mari »), quand elles se complaisent à décrire l'énormité de sa verge, n'y a-t-il vraiment rien de spontané dans leurs propos?

La luxure s'étant hissée, grâce aux deux Réformes, à la première place du *hit-parade* des péchés, Mandrou pense que les juges souffraient d'obsessions sexuelles; celles-ci trouvèrent, dit-il, un champ d'expression particulièrement riche dans les procès de sorcellerie. Et Jacques Solé, dans *L'Amour en Occident*, a décrit plaisamment les « savoureuses compensations » des inquisiteurs, tenus de chercher sur le corps des accusées la marque diabolique : « Il faut se représenter, dans l'Occident chrétien, des milliers de tortionnaires, plus ou moins doués et sans doute diversement inspirés, tentant de découvrir près des seins, des fesses, ou du sexe des femmes qu'on leur livrait, les fameuses zones analgésiques prouvant leur appartenance à Satan par une insensibilité à la douleur. Cette activité et ce spectacle sadiques furent le lot des meilleurs savants et des plus honnêtes juges du temps. »

« Savoureuses compensations », oui, peut-être, mais surtout pour les juges ecclésiastiques, nécessairement refoulés et en souffrant d'autant plus que, jusqu'à la Réforme catholique, le célibat ecclésiastique avait rarement été synonyme de continence : une visite canonique en Bavière à l'époque du concile de Trente révéla que 3 à 4 % seulement des prêtres n'y vivaient pas en concubinage! On peut donc présumer avec Delumeau « qu'une libido plus que jamais refoulée s'est changée en agressivité » et que les ecclésiastiques chargés de juger les sorcières ont projeté sur autrui, c'est-à-dire sur la femme, « ce qu'ils ne voulaient pas identifier en eux-mêmes ».

Mais en France, ce sont des juges laïcs qui, au XVIIe siècle, jugèrent les sorcières. Or c'était généralement des gens mariés dont on peut penser qu'ils ne souffraient pas de refoulement, pas au même degré, en tout cas, que les inquisiteurs ecclésiastiques. Pourquoi donc leur libido se serait-elle aussi défoulée en agressivité contre la femme? Ne faut-il pas, encore une fois, refuser la simplification et faire la part des facteurs qui autorisèrent et alimentèrent cette agressivité, ou plutôt cette inquiétude? Refoulées, sexuellement obsédées, les femmes du XVIIe siècle ne l'étaient-elles pas beaucoup plus que les hommes? Et les juges ne le sentaient-ils pas, sans nécessairement mesurer la responsabilité masculine en la matière?

Cible prioritaire, et donc victime, du discours culpabilisateur du clergé, des moralistes et même des médecins, la femme était également la victime des faits. Tout, dans les lois, usages, préjugés, était pour elle source de frustrations. Mariée contre son gré, pour de seules raisons de convenances familiales, à quelque « tyran » qu'elle n'avait pas le droit de quitter, ou condamnée à vie, pour les mêmes raisons, à la chasteté du célibat, son *honneur* ne consistait qu'à refuser le plaisir et, lorsqu'elle avait l'audace de transgresser les tabous pour en avoir sa part terrestre, elle retombait dans un autre danger : la grossesse et la maternité. Une femme, en somme, interdite de sexualité.

Certains ont souligné, avec raison, l'importance, en ce domaine aussi, du mariage tardif. Même si on les destinait à l'hymen et si cet hymen leur procurait le bonheur (cela arrivait), les filles, nous avons dit pourquoi, devaient attendre les alentours de leur vingt-cinquième année pour convoler, surtout dans les campagnes. Cette coutume, qui n'était pas compensée par une liberté sexuelle pré-conjugale, comme aujourd'hui, accroissait, en amont du mariage, le nombre des femmes en mal de mâles (il n'y a pas d'autre expression!); mais l'accroissaient aussi, en aval, le veuvage et l'abandon. Le nombre des veuves, qu'on connaît assez bien parce qu'il était pris en compte pour le calcul de l'impôt, atteignait souvent le quart, parfois le tiers de la population des villages. En 1642, à Boissy en Ile-de-France, pour cent vingt feux, « trente pauvres femmes veuves ». On peut s'étonner de ces chiffres à une époque de surmortalité féminine (à cause des maternités). Mais nous avons vu que les veuves pauvres et chargées d'enfants ne trouvaient pas à se remarier. Le veuvage provoquait leur pauvreté, et la pauvreté perpétuait leur veuvage.

Quant aux abandonnées, on en rencontre dans presque tous les villages, les études d'histoire locale le montrent. C'est la disette ou la guerre, ou les deux conjuguées qui ont jeté les maris sur les chemins. Ils ont pu être enrôlés par les armées de passage, ou partir d'eux-mêmes chercher ailleurs un gagne-pain ou l'aumône, une fois leur foyer dévasté et leurs champs *foulés* par les soudards. Les voyages étant ce qu'ils étaient, ils ne sont pas revenus auprès de leurs femmes, qui ne savent plus s'ils reviendront jamais. La prostitution ne résorbait qu'une petite partie de ces esseulées sans ressources, celles qui étaient encore jeunes et présentables. Le remède était pire que le mal? Pas tout à fait, car au moins on ne brûlait pas les prostituées.

En ajoutant au nombre des veuves et des abandonnées celui des « filles anciennes » ou « surannées », d'aucuns ont calculé que la proportion de femmes sans hommes en Europe occidentale atteignait alors jusqu'à 20 % de la population totale. Cette « profusion de femelles isolées », comme dit Solé, avait de quoi inquiéter; elle n'était pas un danger réel, mais elle concrétisait le danger virtuel qu'avait toujours incarné la fille d'Ève.

Il est frappant de constater que les sorcières du Pays basque appartiennent presque toutes au Labourd, c'est-à-dire à la région côtière; ce sont des femmes de marins-pêcheurs, nécessairement délaissées par leurs maris, pendant une moitié de l'année s'ils revenaient heureusement de Terre-Neuve, pour toujours si, ayant fait naufrage, ils ne revenaient pas. Pierre de Lancre a très bien vu l'importance de ce facteur et il nous dit que, lasses d'attendre, les Basquaises cherchaient et trouvaient « un autre père pour leurs enfants ». Mais de ces prémisses de bon sens, le démonologue obsédé qu'est Lancre tire une conclusion insensée, à savoir que les Basquaises proposaient au diable leurs enfants.

Non moins frappant, le fait que Satan, un peu partout, n'aborde guère que des isolées. Par prudence? Surtout par tactique. Il peut s'agir d'un isolement contingent, comme celui de la petite Madeleine des Aymards, temporairement séparée de sa mère; mais c'est plus souvent un isolement sentimental ou sexuel, résultant d'un veuvage, d'une séparation, d'une brouille conjugale. C'est quand la femme ne sait plus à quel homme se vouer qu'elle se voue au diable, qui profite habilement de tous les drames affectifs.

A la limite, un simple dépit peut suffire. Telle fille est devenue sorcière parce que son père lui refusait un fer à friser, c'est-à-dire la possibilité de séduire. Étienne Chavatte, un des très rares artisans du XVIIe siècle qui ait laissé un journal, raconte qu'une jeune fille de sa ville (Lille) s'était plainte de ne pas avoir d'amoureux et avait dit avec emportement : « Quand ce serait un diable ou bien un diable d'amoureux, je me promènerais avec lui. » Le jour même, un « jeune courtisan » l'aborde, engage la conversation et elle est sur le point d'accepter sa compagnie, lorsque, ayant par hasard regardé ses pieds, elle découvre qu'ils sont fourchus et tombe évanouie. Faut-il donc supposer que ce jeune courtisan marchait pieds nus? Ce détail n'arrête pas Chavatte. Il ignore qu'on trouve de semblables histoires dans tous les folklores et que, comme lui, les auteurs de ces contes fustigent l'étourderie des filles qui prononcent des paroles imprudentes et se laissent prendre aux attentions d'un inconnu, même bien habillé, en fait *surtout* bien habillé.

Si claire apparaît ici l'intention moralisatrice qu'on comprend bien qu'elle est, non pas la conséquence, mais la source même de l'anecdote. Il s'agit de prévenir des filles trop simples contre les prestiges de ces tentateurs bien réels qu'étaient les « jeunes courtisans », qui ne pouvaient leur apporter que le déshonneur. Molière a traité le thème dans *Dom Juan* sans y mêler aucunement le diable. Cependant, au-delà de la moralité, c'est encore à une contrainte et à une frustration que renvoie l'histoire : une fille n'échappe pas à sa condition; quand elle appartient au peuple, le jeune courtisan n'est pas pour elle, pas plus que le jeune bourgeois. Même dans les contes, quand un prince épouse une bergère, on peut parier sans risques qu'il s'agit d'une fausse bergère dont le dénouement révélera l'illustre naissance.

Bref, que pouvaient-elles faire, ces filles et ces femmes du XVIIe siècle, pour une raison ou pour une autre interdites de sexualité, sinon rêver, rêver jusqu'au délire à ces étreintes qu'elles ne connaissaient pas ou qu'elles ne connaîtraient plus, et, lorsqu'on les interrogeait sur leurs amours diaboliques, « en rajouter », libérant ainsi leurs fantasmes?

Le sabbat, c'est le lieu de toutes les transgressions, et c'est pourquoi « tout le monde » a envie d'y aller, comme dit une sorcière basque. Les paysannes peuvent enfin s'y offrir sans risques de beaux seigneurs, elles peuvent même y être nommées « reines » par le diable et trôner à ses côtés; les pères peuvent y prendre le pucelage de leurs filles, les mères, ceux de leurs fils, les parrains, ceux de leurs filleules; les épouses peuvent s'y accoupler avec qui elles veulent sous les yeux de leurs maris sans que ceux-ci en éprouvent la moindre jalousie; bien au contraire, c'est eux qui servent d'entremetteurs et leur amènent des partenaires. Quant au fait que le diable prenne les femmes « par- derrière » ou les sodomise, on en connaît sans doute les raisons doctrinales : il doit tout faire à l'inverse de la normale, comme à l'inverse du divin (ce qu'illustrent aussi la messe dite à l'envers, les cierges noirs, etc.). Mais il se trouve que, dans la réalité, la position *more ferarum* était condamnée par l'Église, tout comme la sodomisation hétérosexuelle, parce qu'elle s'opposait, croyait-on, à la procréation. Nous voici donc encore renvoyés à une transgression; celle-ci permet aux femmes à la fois de découvrir des plaisirs inédits et d'éviter les grossesses. En bref, plus d'interdits d'aucune sorte, plus de péché, le Mal est aboli. Le Mal, disent même quelques sorcières particulièrement hédonistes et libérées, serait « d'interdire et de prohiber un si grand contentement » (Lancre); comprenons : celui qu'on goûte et qu'on ne peut goûter qu'au sabbat, par la grâce de Satan.

Faut-il s'étonner, après cela, que le diable se soit tellement plu dans les couvents? Qu'il ait, non plus seulement ensorcelé, mais *possédé* les religieuses? Quel gibier prédestiné!... Mais les possédées ont eu plus de chances que les sorcières. Bien qu'elles avouassent participer aux mêmes activités que celles-ci (sabbat, maléfices), elles n'étaient pas livrées au bras séculier. Leur volonté avait été surprise, elles étaient irresponsables. L'Église ne les brûlait donc pas, ne les bannissait pas, ne les fustigeait pas : elle les exorcisait.

Le cas d'Élisabeth de Ranfaing, si bien étudié par Delcambre, est un cas exemplaire. Parce que, à la différence de beaucoup d'autres possédées, il ne s'agit pas ici d'une débile mentale ni d'une perverse, mais d'une femme qui, en dehors de ses crises, faisait preuve de qualités remarquables. Exemplaire aussi, car Élisabeth n'était pas encore religieuse quand ses crises commencèrent. Donc ne joua pas pour elle l'effet de contagion qui entraîna dans le délire, ou le pseudodélire, tant de couventines, de Loudun, de Louviers ou d'ailleurs, soit réellement traumatisées par la possession de leur supérieure ou d'une de leurs compagnes, soit rêvant de les égaler pour attirer même attention sur elles-mêmes. Mais le cas d'Élisabeth de Ranfaing est-il pour autant diaboliquement, c'est-à-dire, ici, sexuellement pur?

Veuve à vingt-quatre ans et ne pouvant entrer dans les ordres (elle a trois filles à élever, une situation financière à rétablir et sa santé n'est pas à toute épreuve), cette Lorraine de Remiremont décide de mener chez elle une vie pieuse et retirée, et fait vœu de chasteté perpétuelle. Elle ne reçoit aucun homme, sauf un médecin, Charles Poirot. On n'ose pas dire *son* médecin, puisqu'elle n'acceptait de lui que des conseils, sa pudeur et son vœu lui interdisant de se laisser examiner. Or voici qu'un jour de février 1618, s'étant rendue avec quelques amies en pèlerinage au monastère du Saint-Mont, elle y retrouve Poirot, prend au réfectoire un repas en sa compagnie, bref passe la journée avec lui dans cette atmosphère de relative liberté entre sexes que permettaient les pèlerinages. Disons tout de suite que Poirot était une manière de séducteur qui ne craignait pas de tenter sa chance auprès des femmes. Mais jamais – ce point est important – avec Élisabeth. Il l'admirait, indéniablement, tant pour sa beauté, car elle était belle, que pour son intelligence; mais elle lui semblait inaccessible, peut-être à cause de cette intelligence qu'il jugeait supérieure, sans doute aussi à cause de sa vertu et de son origine sociale. Un médecin, à l'époque, pouvait-il prétendre à une veuve bien née?... Poirot ne porte donc aucune responsabilité dans le drame qui va éclater, sinon d'exister et d'être le seul homme qu'Élisabeth fréquentât (c'est pour la même raison que les confesseurs étaient si souvent accusés par les religieuses possédées).

Un drame, oui, parce qu'Élisabeth s'est découverte, dès le retour du Saint-Mont, amoureuse de Poirot et que cet amour prend très vite des allures de passion incoercible. Elle est la proie de rêves et d'obsessions érotiques, elle appelle Poirot, ou plutôt elle hurle après lui, et, pour s'empêcher d'aller le rejoindre, se fait attacher à son lit. Dans ses moments de lucidité, elle est en effet tout à fait consciente de ce qu'elle a dit et fait dans ses moments de crise, et c'est là une source de tourments supplémentaires. Elle n'avait jamais cherché qu'à s'enlaidir, exposant son visage au froid puis au feu, trempant ses mains dans la chaux, pour en accélérer le vieillissement. Est-ce bien elle qui, maintenant, par impulsions subites, se précipite devant son miroir pour se parer, se friser, se farder, s'épiler les sourcils, se « pinçoter » les joues afin de leur rendre un peu d'éclat? Elle avait toujours été pudique. Est-ce bien elle qui, maintenant, rêve d'obscénités et profère des cris d'amour? Si c'est elle, le suicide est la seule issue; elle y songe, elle songe même à entraîner ses trois filles dans la mort. Puis elle se dit que non, que ce ne peut pas être elle! C'est une puissance démoniaque qui s'est logée dans son âme et dans son corps : elle est ensorcelée, et par Poirot. Au réfectoire du monastère où ils ont pris un repas en commun, n'est-ce pas lui qui l'a servie? Il a sans aucun doute versé un philtre sur ses aliments. D'ailleurs, quand par hasard elle le rencontre (difficile de s'éviter dans une petite ville comme Remiremont), ses maux redoublent, elle est même victime par moments de paralysies partielles.

Élisabeth se fait exorciser à partir de 1619 à Remiremont et à Nancy, et ces exorcismes se prolongeront sur quatre années. Poirot vient assister à l'une des séances. Hélas! Le diable, parlant par la bouche d'Élisabeth, l'accuse publiquement d'être à l'origine de la possession. Le malheureux tentera, trop tard, de fuir et sera finalement envoyé au bûcher le 7 avril 1622.

De même qu'à Loudun, en 1634, la mort d'Urbain Grandier, accusé par les ursulines de la ville de les avoir ensorcelées, ne mettra pas fin à la possession de celles-ci, de même la mort de Poirot ne délivre pas

Élisabeth de ses démons. Ce qu'elle a pensé de cette mort, nous ne le savons pas. Nous savons seulement qu'elle n'a rien fait pour l'empêcher, mais qu'elle n'a pas non plus renouvelé son accusation contre le médecin. C'est après deux autres exécutions provoquées par ses dénonciations que les crises d'Élisabeth s'espaceront. Elle entreprend alors (à partir de 1626) de longs et pénibles pèlerinages. Au cours de l'un d'eux, elle s'attache à soigner une jeune Anglaise dont les plaies purulentes et pestilentielles avaient jusqu'alors découragé les meilleures volontés. Du coup, voici le diable lui-même découragé par une aussi héroïque charité : il l'avoue par la bouche de sa victime, qu'il renoncera désormais, dit-il, à tourmenter.

La fin de la vie d'Élisabeth ne nous concerne pas. Disons seulement, pour achever de montrer les étonnants contrastes de sa personnalité, qu'elle prit rang parmi les fondatrices d'ordre, ayant créé pour le relèvement des prostituées l'institution du Refuge qu'elle dirigea et fit essaimer dans toute la France, jusqu'à sa mort en 1649.

Ne nous attardons pas, pour éclairer le cas de « l'énergumène de Nancy », à ce qui lui valut ce surnom, c'est-à-dire aux extravagances et violences dont elle donna le spectacle au cours des séances d'exorcisme. On sait bien que celles-ci, par la publicité qui les entourait (l'Église est aujourd'hui infiniment plus prudente), ne pouvaient qu'aggraver et prolonger le mal, les exorcistes n'y trouvant pas moins leur compte que les exorcisées. Une belle possession, brillamment vaincue, les mettait en vedette, eux et l'ordre auquel ils appartenaient; mieux (ou pire!), elle leur donnait l'occasion de jeter le discrédit sur les ordres rivaux, voire de vider quelques querelles personnelles, par possédée interposée. Celle-ci, dans ces moments-là, était l'instrument, au mieux suggestionné, au pire complice, d'une supercherie.

La supercherie n'est sans doute pas absente non plus des phénomènes paranormaux du type science infuse et xénoglossie. Il n'était pas au-dessus de la capacité d'une Élisabeth de Ranfaing, ni d'une quelconque religieuse sachant lire et écrire, de prononcer deux ou trois phrases en langues étrangères, de répondre à des questions difficiles... et préparées à l'avance. Quant aux acrobaties, aux prétendus phénomènes de lévitation, l'hallucination collective a pu jouer son rôle : c'est l'histoire du fakir et de la corde. Une seule chose est à retenir. Alors que d'autres possédées, celles de Loudun par exemple, au cours de leurs crises, allaient jusqu'à reproduire, avec un réalisme qui scandalisait, les « trémoussements » de l'acte de chair, Élisabeth resta toujours décente, même au cours de ses acrobaties. Qu'elle sautât en l'air ou plongeât du haut de quelque mur, ses jupes ne se retroussaient pas. Ce qui donne à penser qu'au plus fort de ses excentricités, Élisabeth gardait assez de conscience et de maîtrise d'elle-même pour faire en sorte que sa pudeur naturelle ne souffrît pas.

Restent les maux dont elle se plaignait ou dont elle donna à voir les effets : « boule » dans la gorge, troubles sensoriels, auditifs et visuels, douleurs diverses, notamment dans les flancs, étouffements, contractures, convulsions, œdèmes subits, crises de pleurs et de rires, scialorrhée, énurésie, hémorragies, paralysies partielles, pertes de connaissance et d'équilibre suivies de chutes. Poirot avait tout de suite porté un diagnostic : « fureur utérine », autrement appelée « mal de mère ». C'est aussi ce que disaient les antipossessionnistes, c'est-à-dire les sceptiques, des possédées des couvents. La fureur utérine, c'est l'hystérie. Il paraît évident qu'Élisabeth en était affligée; on peut même parler à son propos de « grande hystérie ». L'insensibilité à la douleur dont elle faisait preuve quand on la piquait avec des aiguilles a pu être chez d'autres une simulation (ou le résultat d'un truquage des exorcistes), mais il ne faut pas oublier que ces zones analgésiques sont aussi un symptôme de l'hystérie. A la même origine doivent sans doute se rattacher les fréquentes dermatoses dont souffrait Élisabeth, même en dehors de ses crises.

Ce qui complique son cas est qu'à l'hystérie se joignait le délire hallucinatoire et, dans ce domaine, l'authenticité des manifestations est encore plus difficile à cerner. Mais il est de fait que les délires de possession s'accompagnent des hallucinations psychiques et cénestopathiques dont « l'énergumène » était la proie. Elle se voyait violée jusqu'au sang par tous les démons de l'enfer, elle ressentait sur son corps et particulièrement sur ses organes génitaux des sévices exercés par une créature invisible (c'est cela l'hallucination cénestopathique).

Mais comment en était-elle arrivée là? Il faut faire appel à ce que les médecins dénomment les circonstances étiologiques (part de l'éducation et du milieu). Si l'on remonte à l'enfance d'Élisabeth, que trouve-t-on? Un père brutal, qui bat femme et enfants. Une mère déséquilibrée, ou qui du moins le devient au cours de cette union mal assortie. Double et lourde hérédité. Claude de Magnières, la mère, se réfugie dans la piété et dans l'amour maternel, qu'elle pousse, l'une et l'autre, à l'excès. Elle adore Élisabeth (la dernière de ses enfants) et pourtant ne lui passe rien, pourchassant en elle jusqu'à l'ombre du péché, lui inculquant la terreur de la damnation. A-t-elle décelé chez cette petite fille un instinct sexuel vif et précoce? C'est à cela, sûrement, qu'il faut rattacher l'extraordinaire pudibonderie dont, déjà, fait preuve Élisabeth : elle refuse de laisser voir, même à une servante, la moindre partie de son corps, elle s'interdit à elle-même de se toucher, fût-ce pour appliquer un onguent sur un genou douloureux. La piété d'Élisabeth est tout aussi vive et précoce et même un peu théâtrale : elle porte un cilice trois jours par semaine, se donne la discipline avec des chaînes de fer, couche sur le plancher de sa chambre, médite d'aller vivre en ermite dans une grotte. Comment s'étonner qu'à quinze ans elle exprime le désir d'entrer dans les ordres? Mais alors sa mère, affolée sans doute à l'idée de la perdre, fait tout pour l'en dissuader; elle lui confisque et brûle ses livres de dévotion, lui peint sous le jour le plus noir les religieuses et la vie monastique qui, dit-elle, ne feront d'elle, au bout du compte, qu'une « coureuse ». Outrances de langage qui s'accompagnent de violences morales et physiques. Après avoir été battue par son père, voici maintenant qu'Élisabeth est battue par sa mère. Cette mère aimante contraint même sa fille à se vêtir de haillons et la mène en cet accoutrement par les rues de la ville. Que faire? Élisabeth consent au mariage. On lui choisit, parce que c'est un voisin et qu'il ne demande pas de dot, un soudard de cinquante-cinq ans (elle en a seize à peine). Veuf, il a des enfants déjà grands avec lesquels elle ne s'entendra pas. Schéma classique. Non moins classiques, les six maternités en huit ans et la mort de trois des nouveau-nés. Mais M. du Bois (ainsi s'appelait le mari) aurait pu ne pas tromper sa jeune et belle épouse. Or, il la trompe, ouvertement. Faut-il croire, comme nous l'affirment les biographes quelque peu hagiographes d'Élisabeth, qu'il va jusqu'à lui imposer la promiscuité de ses maîtresses? Quoi qu'il en soit, elle déserte le lit conjugal pour aller passer les nuits en prières. M. du Bois était capitaine du château d'Arches, non loin de Remiremont, mais en pleine campagne. Imaginons ces nuits : elles sont dignes du plus noir des romans d'épouvante. Dans ce château fort médiéval, au bord de la Moselle, les brumes de la rivière s'ajoutant à celles de la forêt vosgienne, cette jeune femme transie, en larmes, réfugiée dans un oratoire contre les vitraux duquel elle entend des démons invisibles venir frapper du bec et des ongles, en vagues successives, et si fort qu'elle en tremble, craignant que, brisant les vitres, ils ne fondent sur elle! D'autres fois ce sont des corbeaux qui s'abattent sur son carrosse ou la réveillent la nuit.

La démonopathie, semble-t-il, était déjà installée, et l'obsession sexuelle, renforcée par l'insatisfaction conjugale, ne faisait que croître : quand survenait un visiteur présentable, fût-il un personnage officiel qu'elle était tenue de recevoir, Élisabeth s'enfuyait pour ne pas donner prise aux assiduités dont, pensait-elle, il l'aurait immanquablement poursuivie. L'un des hommes qu'elle envoya au bûcher en l'accusant de sorcellerie était d'ailleurs un de ces visiteurs, un familier de son ménage, dont elle avait toujours prétendu qu'il voulait la séduire.

Le vœu de chasteté que prononça Élisabeth à vingt-quatre ans, en émergeant de cet enfer, n'était pas le moyen de recouvrer la santé morale. Il ne traduisait que l'horreur de ce qu'avaient représenté pour elle le mariage et la vie familiale. La solution eût été sans doute d'épouser, non pas Dieu, mais Poirot ou quelqu'un de ces hommes qui l'avaient courtisée, s'ils l'avaient réellement courtisée et si elle était encore récupérable.

Une névropathe? Assurément, et qui l'eût peut-être été de nos jours. Mais sa folie s'en serait prise à d'autres objets. Au XVIIe siècle, l'omniprésence de Satan, telle qu'elle était enseignée et représentée (et n'oublions pas que la Lorraine était une terre de diableries), ne pouvait qu'aiguiller les « mélancoliques » vers le délire de possession diabolique. De ce type de malades mentaux, le nombre devait nécessairement chuter à partir du moment où l'Église renonçait aux méthodes visant à frapper l'affectivité, pour faire appel à une catéchèse différente. Car il serait naturellement absurde de prétendre que la croyance au diable suffit à elle seule à provoquer le délire; dans ce cas tous les athées seraient épargnés, ce qui n'est pas. La croyance au diable peut seulement, comme l'a dit Gayral, fournir « les éléments du délire, quand elle tend à devenir une réalité tangible et que cette transformation s'appuie sur des manifestations morbides de la conscience, des déviations de jugement et un terrain prédisposé ».

C'est définir le cas d'Élisabeth de Ranfaing. Le terrain était indéniablement prédisposé, le reste (la « réalité tangible » du diable) tient évidemment à son éducation et au climat moral de son époque.

Faut-il, pour autant, stigmatiser une société qui créait les conditions de la possession en condamnant les femmes au refoulement?

D'abord, sur le plan immédiat et pratique, ces grandes affaires de possession de la première moitié du siècle eurent au moins un résultat et de ce mal sortit un bien. Parce qu'il s'agissait, non plus d'humbles paysannes, mais de filles de bonne famille, le scandale fut immense et accéléra l'évolution des mentalités. Le diable avait encore de l'avenir, mais il en avait trop fait et s'exposait à être mis en question, du moins dans ses manifestations terrestres. L'abondante et vive polémique suscitée, où des médecins et des écrivains (voir Cyrano de Bergerac), exprimant leurs doutes, renforcèrent ceux des magistrats et d'une partie du clergé, ne contribua pas peu à mettre fin à cette « diabolique » période, qui, le rapprochement fait rêver, battait encore son plein au moment où Descartes affirmait que le bon sens était la chose du monde la mieux partagée.

Rappel, non pas ironique, mais nécessaire, qui nous invite à prendre la mesure exacte d'un siècle aussi dramatiquement riche en contrastes. Il eût été malhonnête, dans un ouvrage qui tente d'en évoquer le « vécu », comme on dit aujourd'hui, de passer sous silence ces déshonorants procès de sorcellerie, ces exorcismes de foires et ces condamnations d'innocents. Mais comprenons bien qu'il s'agit, non pas d'une constante, mais d'une terminaison. A ce prix, le siècle lui-même avait réussi à s'exorciser.

Que notre époque éclairée et déchristianisée ait réinventé la chasse aux sorcières, c'est une autre affaire, qui devrait d'ailleurs nous inciter à la modestie. Mais ce n'est plus au nom du Dieu des chrétiens qu'on brûle ou qu'on enferme des innocents.

Et puis enfin la religion, au Grand Siècle, ce n'est pas que la peur de Satan : c'est l'amour de Dieu. Mieux vaut donc terminer sur les « folles » de Dieu que sur celles du diable. Encore devrons-nous choisir et nous en tenir à une seule catégorie, tant il y en eut!

CHAPITRE VII

LES FEMMES DE MISÉRICORDE

En août 1617, celui qui allait devenir saint Vincent de Paul était depuis un mois curé de Châtillon-les-Dombes, dans la Bresse. Un dimanche, alors qu'il s'habillait pour célébrer la messe, on vient lui dire qu'à un quart de lieue de la petite ville, dans une maison isolée, se trouvent des indigents, tous si malades qu'aucun d'entre eux n'a la force de secourir les autres. Monsieur Vincent en parle au prône, puis, dès que ses obligations dominicales le lui permettent, c'est-à-dire après les vêpres, il se met en route, accompagné d'un bourgeois de la ville, pour aller visiter ces malheureux. Et alors... Écoutons-le : « Nous rencontrâmes sur le chemin des femmes qui nous devançaient et, un peu plus avant, d'autres qui revenaient. Et comme c'était en été et durant les grandes chaleurs, ces bonnes femmes s'asseyaient le long des chemins pour se reposer et se rafraîchir. Enfin, mes filles, il y en avait tant que vous auriez dit des processions [...] Je proposai à toutes ces bonnes personnes que la charité avait animées, etc. »

La suite, on la connaît : ce sera les Dames de la Charité, puis les Filles de la Charité, qu'on rencontrera dans tout le siècle à tous les carrefours de la misère et qui se sont perpétuées jusqu'à nous sous le nom de Sœurs de Saint-Vincent-de-Paul. Ce qui fait image et symbole, ce sont ces débuts : ces femmes, ces *bonnes femmes,* que la charité avait, comme dit Monsieur Vincent, *animées* et qui, tous milieux et toutes générations confondues, répondaient à son appel en si grand nombre qu'on aurait cru voir sur ces chemins de campagne les *processions* des jours de fête. Et c'était bien une sorte de fête qui devait réjouir le cœur du saint homme.

L'initiatrice de l'opération avait été, nous dit-il, une « demoiselle », comprenons ici : une vieille fille. Cela se conçoit. Bien que l'aumône fût la seule dépense qu'une femme pût faire sans l'autorisation et au besoin contre le gré de son mari, une célibataire était plus libre pour agir. Cela est vrai aussi pour les veuves dont on rencontre un si fort contingent dans les bataillons de la charité. Nous n'en citerons qu'une, on devinera pourquoi. Elle s'appelait Madeleine Robineau, avait épousé Christofle de Champagne, baron de Neuvillette. En 1640, revenant du siège d'Arras, celui-ci trouve la mort dans une embuscade. Madeleine était une mondaine, brillante, raffinée, frivole; « l'agencement d'un collier, l'artifice d'une coiffure, la composition d'un geste et la mignardise d'une chaussure » pouvaient l'occuper des heures, dit son biographe. Mais la mort de son mari la frappe d'un coup de tonnerre. M. de Neuvillette était-il un grand pécheur? On ne sait. Toujours est-il que Madeleine ne peut supporter l'idée qu'il soit mort sans confession et sans absolution. Elle offre à Dieu son salut contre celui de son mari; elle accepte d'aller en enfer pourvu qu'il aille au paradis. Son confesseur lui ayant remontré qu'un tel marché ne se pouvait faire, elle décide de se consacrer aux pauvres, particulièrement aux pauvres prisonniers. Et l'on voit cette femme, jadis l'ornement des salons, hanter ces cloaques qu'étaient alors les cachots de la Conciergerie, nourrissant et consolant des criminels, qui parfois l'insultent, tâchant de les aider à bien mourir et les assistant jusqu'au pied de l'échafaud. Elle assistera aussi, dans sa dernière maladie, un écrivain méconnu et libertin qui meurt dans la pauvreté : Cyrano de Bergerac. On aura reconnu Madeleine Robineau, baronne de Neuvillette : c'est la Roxane d'Edmond Rostand.

Mais enfin il serait trop simple de n'attribuer qu'au traumatisme d'un veuvage, à la relative liberté du célibat (ou à un certain conformisme chrétien) la surabondance de dévouements féminins que connut le XVIIe siècle. Ce n'est pas parce qu'on était vieille fille qu'on choisissait de secourir son prochain : c'est pour le secourir que bien souvent l'on renonçait au mariage ou, pour les veuves, au remariage. D'ailleurs une veuve pouvait être mère et dans ce cas il lui restait encore des liens à trancher, et combien puissants! Pour aller consacrer le reste de sa vie à la charité, Mme de Chantal, la grand-mère de Mme de Sévigné, dut enjamber le corps de son plus jeune fils qui s'était couché devant sa porte pour l'empêcher de partir. L'exemple est célèbre, mais il n'est pas unique.

La foi, sans doute, cette foi ardente du XVIIe siècle, explique ces vocations charitables. Mais elle expliquerait aussi bien toutes les formes que prit alors la spiritualité chez l'un et l'autre sexe. Si la charité fut une aventure essentiellement féminine, c'est parce que c'était à peu près le seul champ d'action où pussent précisément s'aventurer les femmes du XVIIe siècle; elles y trouvèrent une issue à leurs énergies et à leurs qualités inemployées. Car pour fonder, organiser, gérer, comme elles le firent, ce qu'on appelait des œuvres de miséricorde, la foi, condition nécessaire, n'était pas une condition suffisante; il y fallait aussi du sens pratique, de l'intelligence, du sérieux, de la persévérance. Eh bien d'innombrables femmes, au XVIIe siècle, démontrèrent avec éclat qu'elles possédaient ou pouvaient acquérir ces qualités qu'on avait pris l'habitude de leur dénier, et que les hommes continuèrent souvent à leur dénier alors même qu'elles en donnaient la preuve. Un exemple : il n'avait pas été prévu, à l'origine, que les confréries des Dames de la Charité dussent être exclusivement féminines : mais elles le devinrent parce que, dans celles qui étaient mixtes, les hommes et les femmes ne parvenaient pas à s'entendre, les premiers ayant l'inévitable tendance de « s'arroger entièrement » l'administration de ces œuvres, ce que les secondes supportaient mal. Or, c'est à elles que Monsieur Vincent donne raison : « Je peux porter témoignage, écrit-il, qu'il n'y a rien à redire à leur administration, tant elles ont de soin et de fidélité. » Par *fidélité*, entendons probité, rectitude dans le maniement des deniers; car c'est principalement là-dessus que les messieurs attaquaient les dames, les jugeant incapables d'établir un budget et de s'y tenir. Et Monsieur Vincent ajoutait que, si des étrangères (il pensait aux Italiennes) s'accommodaient dans ce genre de confréries de « protecteurs et de conseillers », les Françaises étaient trop évoluées et trop capables pour le supporter.

Rien n'illustre mieux ce propos que l'exemple de Mme Talon; et puisque Fléchier, autre homme d'Église, s'est lui-même gentiment moqué du zèle de cette redoutable dame d'œuvres, on nous permettra bien d'en faire autant. Il ne suffisait pas à Mme Talon, mère de l'avocat général Denis Talon, de régenter la maison et à l'occasion la vie privée de son fils. Ayant accompagné à Clermont-Ferrand, en 1665, pour les Grands Jours d'Auvergne, ce bambin de trente-sept ans, elle révolutionna la ville en s'attaquant à tous les abus et fraudes que son œil perçant y découvrait. Un jour, elle convoquait les marchands pour vérifier leur poids et mesures; le lendemain, elle faisait condamner une des portes de la cathédrale, les Clermontois ayant pris l'habitude de traverser l'édifice comme un raccourci pour aller d'une rue à l'autre; les couvents même n'étaient pas à l'abri de son humeur réformatrice : elle dénonçait les supérieures qui s'y permettaient quelques menus conforts, comme de se lever à cinq heures du matin, au lieu de quatre. N'étant point trop suivie en tout cela, Mme Talon se rabattit sur les bonnes œuvres; elle y donna toute sa mesure, instituant des assemblées de charité où elle convoquait toutes les Clermontoises de qualité, distribuant les tâches avec l'autorité d'un général en chef, exigeant de la trésorière, nommée par elle, des comptes au sol près, indiquant à l'économe comment éclaircir avec de l'eau ou épaissir avec des œufs la soupe des pauvres, terrorisant jusqu'au curé, qui ne parvenait à prendre la parole que pour se voir instantanément interrompu ou contredit.

Ce type de femme est éternel et nous connaissons encore bien des Mme Talon. Du moins les intentions de celle-ci étaient-elles pures, si ses façons d'agir étaient quelque peu éprouvantes. Elle ne représente d'ailleurs qu'une minorité. On peut dire qu'à sa différence la plupart des autres « femmes de miséricorde » ne réussirent aussi bien dans leurs entreprises que parce qu'elles les abordaient avec humilité, s'étant laissé persuader de leur infériorité. « Il est très évident, écrivait Louise de Marillac, qu'en ce siècle la divine Providence s'est voulu servir du sexe féminin pour faire paraître que c'était elle seule qui voulait secourir les peuples affligés et donner de puissants aides pour le salut. » Autrement dit, nous sommes si peu de choses, nous autres femmes, qu'on ne pourra pas attribuer nos succès à nos mérites; nous n'aurons eu que la chance d'avoir été choisies par Dieu pour sa plus grande gloire. Et c'était la plus remarquable des auxiliaires de saint Vincent de Paul qui écrivait cela!

Les efforts et les réussites de toutes ces femmes ne se peuvent apprécier à leur juste valeur que lorsqu'on sait à quels abîmes de souffrance elles se trouvèrent confrontées. Si les peuples étaient affligés, si l'on rencontrait partout des malades sans ressources, comme à Châtillon-les-Dombes, c'est parce qu'aux calamités naturelles, que l'époque ne savait ni prévenir ni endiguer, parce qu'à la surcharge fiscale qui accablait les plus humbles, s'ajoutèrent des calamités politiques (guerres étrangères et troubles civils) qui ne sévirent pas partout et en même temps, mais qui, du début à la fin du siècle, n'épargnèrent à peu près que les provinces méridionales. Pour avoir fait de la France un État et une puissance, le Grand Siècle mérite sa gloire; mais cette gloire, les Français l'ont payée cher. Il y eut dans notre pays, pendant la Fronde, des cas d'anthropophagie. Si encore on n'avait mangé que des morts! Mais on assassina jusqu'à des enfants, non pas pour les offrir au diable, mais pour se nourrir de leur chair.

Le tableau ne fut pas moins tragique à la fin du règne de Louis XIV, une série de « mauvaises saisons » (en fait, de catastrophes climatiques) superposant ses effets à ceux de la politique de guerre et de prestige. Les paysans, qu'en 1687 déjà La Bruyère décrivait comme « des animaux farouches [...], noirs, livides et tout brûlés de soleil » qui « se retirent la nuit dans des tanières, où ils vivent de pain noir, d'eau et de racines », n'avaient même plus de pain noir et ne mangeaient pas trois fois par an de la viande, s'il faut en croire Vauban; et il faut le croire, puisque Fénelon corrobore : « La France entière n'est plus qu'un grand hôpital désolé et sans provision. » Plus émouvante, peut-être, que ces grandes voix, l'humble voix du curé de Rumegies, dans le Nord, qui écrit en 1693 : « On était vraiment las d'être au monde », et, en 1709, une razzia hollandaise ayant achevé de détruire ce que le gel avait épargné, de disperser ceux que la famine avait laissés en vie : « Bon Dieu! Le jugement dernier sera-t-il plus effroyable? »

La France avait perdu, en cette fin du règne, près de deux millions d'habitants et sur les quelque dix-sept millions qu'il restait, deux autres millions étaient des mendiants : malheureux ruinés par la misère du temps, qui n'avaient plus d'autre ressource que l'aumône ou la filouterie et, s'agissant des femmes, trop souvent la prostitution.

Sans doute, dans cette France chrétienne, la charité n'avait jamais cessé d'être pratiquée à l'égard de toutes les catégories de déshérités. Ce qui caractérise le XVIIe siècle, c'est, à cause de l'ampleur du phénomène de paupérisation, un clivage entre deux attitudes, qu'illustre assez bien l'anecdote suivante. Mariée à quatorze ans à un avocat de Chambéry, Marguerite Pignier lui déclare à quinze ans : « Il faut, monsieur, désormais servir Dieu plus parfaitement que nous ne faisons. » Et tous deux, décidant de vivre en frère et sœur, ne s'occupent plus que d'aumône et de dévotion. L'entente sera parfaite jusqu'au jour où l'époux refusera, et avec emportement, que sa femme pousse la charité jusqu'à recevoir sous leur toit des « filles débauchées ».

Ce mari incarne assez bien la prudence et les préjugés des notables. Pour ceux-ci, comme pour l'État en général, les pauvres étaient trop souvent des suspects, voire des coupables, responsables de leur pauvreté : marginaux inquiétants et coûteux qu'on s'efforçait presque autant de contenir que de secourir (ce qu'illustrent les périodiques tentatives de *renfermement* destinées à purger les villes de leurs mendiants). Marguerite Pignier, au contraire, cette toute jeune femme innocente et vertueuse, s'interdit de juger des pécheresses qui pourtant devraient lui faire horreur; elle ne veut savoir de la débauche que la misère qui l'a provoquée, que les malheurs qu'elle engendre. Elle incarne la charité féminine, cette charité à tout-va qui refuse de se laisser entraver par des considérations sociales, comme d'ailleurs financières, qui entreprend plus qu'elle ne pourrait tenir si elle ne se donnait pour règle la sublime imprévoyance évangélique : Dieu y pourvoira. Ce que déjà reprochaient aux Dames de la Charité de saint Vincent de Paul les messieurs qui prétendaient les contrôler.

Nous avons évoqué les « refuges » fondés par Élisabeth de Ranfaing. Un volume ne suffirait pas à seulement énumérer tous les autres établissements de charité, « providences », « marmites », ouvroirs, crèches, écoles, hôpitaux, fondés ou restaurés, d'un bout à l'autre du siècle et du royaume, par tant de « bonnes dames », de « filles dévotes » et d'associations féminines. Dans ce désordre de charité (pour paraphraser le mot de Malraux, qualifiant de « désordre de courage » les débuts de la Résistance), il faut donc trier, mais à regret, pour ne retenir que celles dont la volonté et l'abnégation firent reculer les limites du possible.

A Baugé, en Anjou, une fille de trente-sept ans sans fortune, Marthe de la Beausse, entreprend en 1639 de créer un hôtel-Dieu (hôpital) alors que des gens « riches et entendus » y ont échoué. Si elle n'a très exactement que vingt sols d'économies, elle sait lire, écrire et compter, ce qui n'est pas rien, et elle joint à sa ténacité un enthousiasme communicatif. Elle commence par gagner à sa cause deux pieux notables et obtient par eux l'approbation de l'assemblée des habitants, l'accord de l'évêque et du lieutenant général. Des administrateurs du futur hôtel-Dieu sont nommés... mais, demandent-ils, est-il vraiment nécessaire d'édifier un hôtel-Dieu? N'y a-t-il pas, à quelque distance de la ville, une vieille aumônerie qu'il suffirait d'aménager? Marthe ne se rend point « à ces raisons d'épargne »; elle veut pour les pauvres malades un hôpital neuf et proche de la ville. Très bien, lui dit-on, mais alors chargez-vous des aumônes, ce qui veut dire du financement. Tout ce qu'on lui concède, c'est un terrain.

Après quatre années d'efforts et de démarches, la première pierre est posée en 1643, mais jamais « pierre d'attente » n'aura mieux mérité son nom, car on en restera là pendant six ans!... Marthe a pourtant tout tenté. Elle a installé sur le site de la construction un tronc pour exciter la charité des habitants et des passants, mais, par le cahier qu'elle tenait soigneusement, nous savons que pendant ces six années le total des aumônes recueillies ne s'est élevé qu'à 120 livres, 14 sols, 6 deniers : même pas le dixième de ce qu'il aurait fallu. Marthe a essayé d'emprunter, mais comment emprunter quand on ne peut fournir de caution? Elle a aposté à l'entrée de la ville et près de l'hôtellerie des « sentinelles de charité », et, chaque fois qu'elle apprenait ainsi le passage à Baugé d'une personne de qualité, elle allait la solliciter; mais elle n'a réussi le plus souvent qu'à se faire jeter dehors par les domestiques. Quand, au cours de ses visites aux malades, elle suggérait aux plus aisés d'entre eux de faire un legs à l'hôtel-Dieu avant de mourir, ce sont les héritiers, furieux, qui la jetaient dehors. Les pauvres ont été un peu plus compréhensifs. Marthe profitait des jours de marché pour haranguer les paysans, leur expliquant que c'était pour eux qu'elle travaillait. Ils ont donné, qui un peu d'argent, qui une journée de travail, qui un « charroi ». Une vieille femme, qui ne pouvait rien donner, a tout de même trouvé le moyen de participer à l'entreprise en ramassant sur son chemin des pierres qu'elle apportait dans son tablier jusqu'au chantier. En hiver, Marthe recouvrait de paille les murs ébauchés pour qu'ils ne souffrent pas trop des intempéries. Quand elle ne savait plus à quelle porte frapper, elle allait à l'église implorer le Seigneur, et en quels termes! « Mon Dieu, je ne sortirai point d'ici que vous ne m'ayez accordé ce que je vous demande. Vous avez promis que votre Père accorderait aux hommes tout ce qu'ils demanderaient en votre nom et pour l'amour de vous : je vous somme de votre parole, ô mon Jésus! J'ai besoin de cette chose, non pas pour moi, mais pour les pauvres, qui sont vos membres. »

Le Seigneur n'est pas toujours resté sourd : Marthe a obtenu les matériaux d'une chapelle en ruine (mais, au premier coup de pioche, ce qu'il restait de l'édifice s'est effondré sur les ouvriers); elle a obtenu le droit de faire abattre des chênes dans la forêt (mais avec quoi payer les bûcherons?); enfin 300 livres lui ont été offertes par un ecclésiastique des environs qui a voulu garder l'anonymat. Ce don acquis, les notables de Baugé ont fini par consentir un prêt, du double. L'hôtel-Dieu sort de terre. Il s'élève, mais, quand on en arrive au toit, les sommes recueillies sont épuisées. Marthe va trouver un couvreur du nom de Piedfourché; c'est un artisan aisé et sans enfants. Tout de même, construire gratis un toit de cette importance!... Alors Marthe a une idée proprement géniale : sachant de quel poids pèse la taille sur les petites gens, puisqu'ils sont seuls assujettis à cet impôt direct, elle demande aux autorités de la ville de bien vouloir en exempter Piedfourché sa vie durant; et les autorités acceptent cette solution qui leur épargne un nouveau débours.

L'hôtel-Dieu est achevé, mais il est vide de meubles, de personnel et de malades, n'ayant pas de crédits de fonctionnement. Marthe a bien obtenu (encore et non sans mal!) qu'on y annexât un bénéfice qui se trouvait vacant, mais les revenus de ce bénéfice sont insuffisants. La Providence met alors sur la route de Marthe une autre folle de charité, comme elle, mais qui, à sa différence, a des moyens, et considérables. C'est Anne de Melun, de la famille d'Épinoy, illustre aux Pays-Bas. Il n'y avait aucune chance prévisible que Marthe rencontrât jamais cette princesse étrangère et pût s'entretenir avec elle. Mais Anne de Melun a fui son pays et sa famille et voyage incognito en France, escortée d'un de ses frères, cherchant un lieu à l'écart où elle puisse consacrer sa fortune et sa vie au service des pauvres. Au printemps de 1650, elle se trouve à La Flèche dont l'hôtel-Dieu tout neuf, desservi par une toute nouvelle congrégation de sœurs hospitalières, a retenu son attention. Et, tombée malade, elle s'y fait elle-même hospitaliser sous un nom d'emprunt. Or Marthe, en ce début de 1650, est, elle aussi, venue à La Flèche (à pied) pour examiner, avec envie, le nouvel hôtel-Dieu et en étudier le fonctionnement. Son éloquence, sa force de conviction feront le reste. Anne de Melun choisira Baugé pour y exercer sa charité, y attirera des hospitalières et, jusqu'à sa mort, ne cessera d'améliorer, d'agrandir, de doter l'hôtel-Dieu, comme d'ailleurs d'autres établissements de la région.

A la fin du siècle, c'est la crise de subsistances de 1693 qui suscite à Saumur la vocation de Jeanne Delanoue, plus tard surnommée la Mère des pauvres. Âgée de vingt-huit ans, c'est la fille d'un mercier. A la différence de Marthe de la Beausse, elle jouit de quelque aisance, ayant hérité la boutique paternelle, et elle n'aime pas les pauvres. Apre au gain, refusant même, malgré les remontrances de son confesseur, d'interrompre son commerce les dimanches et jours de fête, elle ne garde de pain chez elle que ce qu'il lui en faut pour sa consommation personnelle : ceci afin de se débarrasser des mendiants en leur disant, sans trop mentir, qu'elle n'a rien à leur donner. Mais un jour, une sorte d'illuminée en pèlerinage dans la région, Françoise Souchet, qu'elle a accepté d'héberger, lui signale la présence dans une étable d'une famille mourant de faim et de maladie (éternelle histoire...). Jeanne Delanoue s'y rend, y trouve six enfants à peu près nus, un homme et une femme en haillons, couverts de vermine. C'est la révélation; l'étable devient pour elle la crèche, l'homme et la femme, Joseph et Marie, et les enfants « des petits Jésus ». Elle lave ces malheureux, fait bouillir leurs loques, revient leur apporter du pain, du beurre, de la viande. Dès lors, pendant neuf ans, elle ne cessera plus de courir les chemins, ployant sous le faix du bissac et du panier qui lui servent à transporter des aliments, des vêtements, des sabots, des pots de braise. Quand elle rentre à la nuit, crottée, trempée, épuisée, elle a honte de retrouver une maison, du feu, un lit. Alors elle décide de s'imposer volontairement les souffrances que la misère impose à d'autres. Elle jeûne et, quand elle se nourrit, c'est de pain moisi et de viande putréfiée; elle veille et, quand elle dort, c'est dans un coffre en bois, les jambes recroquevillées, la tête appuyée contre une pierre. Elle ne change plus de vêtements (d'ailleurs elle a donné jusqu'à ses chemises) et son corps, irrité par une grossière tunique de serge et par les poux, n'est bientôt plus qu'une plaie.

Au début, ses concitoyens l'ont admirée. Maintenant les plus riches s'irritent qu'une petite boutiquière donne plus qu'eux et presque tous la blâment de s'endetter. Quand la jeune nièce qui partage sa vie, ne pouvant plus supporter les privations et l'incessant défilé de mendiants dans la maison, tombe gravement malade, c'est la réprobation générale. Le confesseur lui-même, craignant un effet de l'orgueil, donc une tentation du Démon, dans les macérations excessives que s'impose sa pénitente, lui ordonne de les modérer, de même que ses prodigalités, et se fait un devoir de l'humilier. Plus d'autres encouragements que ceux de l'illuminée du début, cette étrange Françoise Souchet, qui réapparaît de temps en temps à Saumur, venant à pied de sa Bretagne natale. Quand Jeanne, arrivée au dernier degré du dénuement, lui confie sa détresse de n'avoir plus rien à donner, cette fille, qui a des visions et parle « en énigmes », lui répond que Dieu est le maître « d'ouvrir la grande poche au blé quand il le voudra », ou « qu'à la vérité le roi de France ne donnera pas sa bourse, mais qu'à la vérité celle du Roi des rois lui est acquise pour payer ces dettes dont elle se met en si grande peine, et qu'elle demeure tranquille ». Et en effet il se trouve toujours une bienfaitrice, quand ce n'est pas le confesseur lui-même, pour donner quelques sols, que Jeanne redistribue aussitôt. Celle qui fut plus tard sa principale collaboratrice et biographe, Marie Laigle, ne trouve d'autre explication que le miracle à cette multiplication permanente des maigres ressources et des maigres provisions de Jeanne Delanoue. Ce qui est, historiquement, plus intéressant, c'est là encore, les dons des pauvres : beaucoup tiraient de « leurs coffres » leurs économies pour les apporter à Jeanne, en disant : « Nous avons quelques sommes d'argent que nous avons gagnées à la sueur de notre visage, mais nous voulons en faire un sacrifice au Seigneur. » Cet argent caché, tiré des coffres, c'était celui qu'on dissimulait au fisc pour ne pas mourir de faim.

En 1703, alors que Jeanne a cessé ses courses charitables pour accueillir et soigner chez elle autant de pauvres qu'elle en peut recevoir, terrible coup du sort : un glissement de terrain détruit sa maison adossée à un coteau et la grotte attenante qu'elle avait aménagée pour en faire une annexe. Mais les pauvres qu'elle hébergeait échappent à la mort, sauf une petite fille écrasée sous les éboulis. Les jaloux triomphent, d'autres voient là un signe de Dieu et parmi eux le confesseur lui-même. Vous voyez bien, dit-il à Jeanne, que le Seigneur ne vous a pas choisie pour le service des pauvres, qu'il vous faut renoncer à une entreprise au-dessus de vos forces. Elle ne renonce pas, s'adresse aux pères de l'Oratoire, puissamment installés à Saumur et « bien rentés ». Ils la reçoivent assez mal; une telle fille, diront même ces religieux, devrait être éloignée une fois pour toutes : elle attire trop de pauvres.

Au-delà, peut-être, de querelles locales que nous ignorons, ces paroles traduisent assez bien la peur et l'irritation qu'inspiraient les pauvres à l'*establishment*, même ecclésiastique. La peur, parce que la pauvreté est la mère de tous les vices, de toutes les épidémies et de toutes les émeutes; l'irritation, parce qu'en effet il y a trop de pauvres dans le royaume : chaque village a les siens qu'il peut à peine secourir; comment fournir un effort supplémentaire pour accueillir un afflux de « pauvres passants » ou de « pauvres étrangers »? Plus les villes étaient importantes, plus cette réaction était marquée, parce que les pauvres, quand ils étaient chassés de leur campagne par la disette, par la guerre, etc., y venaient grossir la masse des mendiants qu'on avait déjà tant de mal à résorber.

Les oratoriens, pour se débarrasser de Jeanne Delanoue, lui concèdent une écurie; elle peut y abriter ses pauvres, mais à huit par lit ou en les couchant dans des malles qu'on glisse le soir sous les lits. Enfin, les oratoriens lui louent, mais pour cent écus par an, une maison qui n'en vaut que quarante. Encore une fois, il se trouvera une bonne demoiselle pour pourvoir au loyer, pendant neuf ans.

Toutes ces difficultés ont fait comprendre à Jeanne Delanoue l'impossibilité d'agir seule, la nécessité de donner une assise et un règlement à son œuvre. Elle dira, autrement, que c'est Dieu qui lui a fait savoir qu'elle devait fonder un ordre.

On n'en finirait pas d'énumérer les obstacles de toute nature qu'elle dut surmonter pour fonder à Saumur, non pas un ordre, mais une communauté de

« sœurs de Saint-Anne, servantes des pauvres ». L'ampleur de son dessein fut un de ces obstacles; au lieu de se spécialiser, comme d'autres, dans l'assistance à telle ou telle catégorie de nécessiteux, Jeanne, pour qui « la charité ne saurait avoir de bornes », voulait accueillir et secourir tous ceux et toutes celles qui en avaient besoin : les enfants, les malades, les mendiants, les filles en danger et ces « pauvres honteux » qu'étaient les anciens riches réduits à la misère.

Une moindre difficulté, mais la plus curieuse peut-être par le jour qu'elle jette sur les mentalités de l'époque, fut celle-ci : les premières filles qui vinrent s'offrir à Jeanne pour la seconder furent tout émues d'apprendre qu'il leur faudrait renoncer à leurs vêtements habituels (qui ne devaient pourtant pas être bien luxueux) pour adopter une simple tunique de grosse bure grise et une coiffe noire. « Tout le monde courra après nous! » s'écriaient ces pieuses créatures. C'est qu'au XVIIe siècle le costume a une signifiation sociale; bien plus qu'aujourd'hui, il marque la différence des conditions. Nos rois n'ont cessé de légiférer à ce sujet, de rappeler à l'ordre les contrevenants, les contrevenantes surtout. Il est vrai que bien des bourgeoises, pour s'assimiler aux nobles, avaient tendance à forcer sur la parure; mais, à l'inverse, des dévotes, pour s'assimiler aux pauvres, exagéraient dans l'autre sens. À la différence des auxiliaires de Jeanne Delanoue, Anne de Melun, peut-être parce qu'elle était une grande dame, poussait le mépris des vanités sociales jusqu'à ne porter que des jupes rapiécées et un bonnet de grosse laine, même lors de ses séjours à Paris, dans la riche et noble demeure de son frère. Ce qui lui valut un jour cette sévère remontrance d'un jésuite : « Vous êtes vêtue en hypocrite : vous voulez qu'on vous estime dévote; mais sachez que la dévotion ne consiste pas dans un extérieur singulier et affecté tel qu'est le vôtre [...] On voit souvent l'orgueil à travers les haillons. »

Jeanne Delanoue devait être béatifiée au XIXe siècle. On peut voir encore à Saumur la maison où ses

Servantes des pauvres s'installèrent à partir de 1705, hébergeant en moyenne une centaine de nécessiteux.

Quand on songe à la somme de foi et de courage que représentent de telles existences, on ne trouve pas de mots pour qualifier la foi et le courage de celles qui traversèrent l'Atlantique pour aller jusqu'en Nouvelle-France édifier des œuvres semblables, et l'on comprend que les Jeanne Mance, les Marie Guyart, les Marguerite Bourgeoys y soient encore si fervemment vénérées : elles furent les mères fondatrices du Canada.

Il fallait d'abord, même si l'on était majeure, convaincre son entourage de vous laisser partir vers ces terres inconnues; et, ne pouvant croire que des filles saines d'esprit se fussent librement décidées à commettre une telle folie, non seulement leurs familles, mais parfois leurs concitoyens, usaient de tous les moyens de pression pour les retenir, allant jusqu'à crier à l'enlèvement, jusqu'à s'ameuter pour empêcher par la force leur départ. Il fallait ensuite embarquer, et comment y parvenir quand le capitaine, au dernier moment, profitant de l'inexpérience de ces humbles passagères ou craignant qu'elles ne fussent insolvables, demandait le double, voire le triple du prix convenu? Il fallait surveiller de près le petit bagage, que les portefaix avaient la trop fréquente habitude d'égarer; cette mésaventure étant arrivée à Marguerite Bourgeoys, lors de sa troisième traversée (car elle fit *trois fois* l'aller et retour La Rochelle-Québec!), elle se retrouva sans aucun linge de rechange et avec dix sols en poche sur un bateau où, pour comble de malchance, elle était la seule femme. « Je me rangeai sur des étoupes et sur un rouleau de cordes, et nous ne fûmes que trente et un jours », écrit-elle. *Que* trente et un jours, *que* trente et une nuits à dormir sur un rouleau de cordages, en plein hiver et en plein océan! Était-elle sur le pont ou dans l'entrepont? Question secondaire : l'entrepont, avec son entassement de passagers, sentait si mauvais qu'il fallait ouvrir les écoutilles et le froid y était donc aussi vif que sur le pont.

Mais, trente et un jours, c'était peu en effet pour des voyages qui duraient ordinairement près de deux mois. Je ne parle que de la traversée; il arrivait que le bateau, ayant fait eau au premier grain, dût revenir s'abriter pendant des jours ou des semaines en quelque port. La promiscuité, les germes laissés par les précédents passagers déclenchaient à bord des épidémies, peste incluse, dont on ne réchappait pas toujours. Pas plus de commodités, d'aucune sorte, que d'hygiène : il fallait emporter jusqu'à sa provision d'eau douce dans des barils. Précieuse denrée, qu'on vous volait, et alors plus d'autre moyen de se désaltérer que l'ignoble *breuvage* de l'équipage : boissons fortes trempées d'eau de mer. Quand enfin l'on arrivait dans le golfe du Saint-Laurent, restait encore, pour parvenir à la bourgade de Québec, au campement de Montréal et, plus tard, aux quelques missions disséminées sur les côtes, à remonter le fleuve (huit à quinze jours) dans une chaloupe ou dans un canot d'écorce, non bâchés, bien sûr, et qui empestaient la morue; on les halait le soir sur la rive, surveillant d'un œil les crêtes boisées d'où pouvaient surgir les terribles Iroquois.

Quand elles parvenaient au but, les filles épuisées n'y trouvaient d'autre abri qu'une cabane ou qu'un grenier auquel on accédait par une échelle extérieure. Dormir sur des paillasses ou sur des litières de feuillages, s'éclairer avec des chandelles de suif, se chauffer avec des feux de souches et de branches mortes qui enfumaient la pièce, cela, beaucoup d'entre elles en avaient l'habitude, mais sous des cieux plus cléments. Tandis qu'au Canada, certains hivers – et l'hiver durait six mois – l'eau gelait en un quart d'heure dans les récipients et il fallait au petit jour dégager à la pelle la porte de l'habitation contre laquelle la neige s'était amoncelée pendant la nuit. Comment lutter contre le froid? La laine était rare, car les moutons qu'on tentait d'acclimater offraient une proie trop facile aux carnassiers. Et la nourriture, avant qu'on eût réussi à défricher, à semer, à récolter, n'était que de poisson séché, de pain noir et de bouillie. Scorbut assuré. Toute sortie était périlleuse, pas seulement à cause des Iroquois, mais faute d'équipements appropriés; une chute sur la glace, et c'était la fracture d'un membre qui pouvait vous laisser estropiée pour la vie; une chute dans un fossé de neige fraîche, et ce pouvait être la mort, à moins qu'un colon, attiré par vos cris, ne vint vous tirer de votre trou; mais il n'en faisait pas plus, trop déçu de n'avoir trouvé qu'un être humain, qu'une femme, alors qu'il avait cru à quelque animal domestique égaré. On était sauvée, mais on rentrait comme on pouvait, et la marche était un supplice dans cette neige profonde qui se prenait à vos jupes, les transformant en une chape de glace. La pauvreté, qu'on avait voulue, compliquait tout : Catherine Crollo, une des compagnes de Marguerite Bourgeoys, n'avait à dessein apporté de France qu'*une* de ses *deux* paires de souliers, et une paire de souliers au Canada ne durait qu'un hiver. Alors on se confectionnait, tant bien que mal, des mocassins, des sabots, plus tard des raquettes dont on découvrit l'inappréciable utilité. Petits travaux parmi tant d'autres qu'il fallait accomplir, d'abord pour subsister, mais surtout pour aider son prochain : colons, « sauvages et sauvagesses », puisqu'on était venue pour cela. On accueillait, on soignait, on instruisait, au prix de difficultés inouïes et dont les plus éprouvantes n'étaient pas celles du climat, de l'insécurité et de la pauvreté. Il y avait l'indifférence de la mère patrie, car l'évangélisation du Canada (on ne parlait pas de colonisation) fut jusqu'en 1663 une entreprise *privée,* voulue et commanditée par quelques âmes charitables et inspirées. Il y avait l'incompréhension et même l'hostilité des trafiquants, qui ne voyaient dans cette Nouvelle-France qu'un nouveau marché; tout leur était bon pour extorquer aux Indiens leurs pelleteries, et, par l'argent et l'alcool dont ils créaient le besoin, ils détruisaient les effets de l'évangélisation; les sauvagesses se vendaient, les sauvages s'enivraient, et cette *eau-de-feu* dont ils n'avaient pas l'habitude pouvait rendre furieux les plus doux d'entre eux. Enfin, comble d'humiliation, les pieuses filles qui n'étaient venues si loin que pour exercer leur apostolat, étaient parfois prises pour le contraire de ce qu'elles étaient, c'est-à-dire pour des aventurières, comme il y en avait, qui n'auraient cherché que le mari ou la fortune par les moyens qu'on imagine.

Ce fut là une difficulté à laquelle se heurtèrent, et plus encore en France qu'au Canada, toutes les séculières qui voulurent se consacrer à la charité en restant dans le monde. Ce qui était possible à Châtillon-les-Dombes ou à Baugé (courir seule les chemins) ne l'était pas dans les grandes villes et sur les grandes routes. Une présomption de mauvaises mœurs s'attachait aux femmes qui voyageaient seules et, à cet égard, le trajet Paris-La Rochelle était presque plus dangereux que la traversée La Rochelle-Québec! On ne vous recevait pas dans les auberges et, quand on vous y recevait, il fallait barricader sa porte pour éviter les visites nocturnes. La si charitable Anne de Melun, elle-même, chassa un jour, en la traitant de « coureuse », une pauvre lépreuse qui s'était présentée seule à l'hôtel-Dieu de Baugé pour y demander l'hospitalité. Réaction d'autant plus injuste que cette prétendue coureuse était en fait une religieuse que son ordre envoyait se faire soigner. Mais elle avait égaré son obédience [1].

Les associations bien organisées, comme celles que patronnait Monsieur Vincent, prenaient les précautions

1. L'obédience était la permission écrite par laquelle des supérieurs ou supérieures autorisaient un membre de leur communauté à se déplacer. Pour la mémoire d'Anne de Melun, disons qu'elle eut scrupule de son geste et envoya chercher la malheureuse à l'hôtellerie de Baugé où elle avait fini par trouver un coin d'écurie et de la paille pour se coucher.

nécessaires (en faisant toujours voyager leurs membres à deux ou à plusieurs, en prévoyant des gîtes d'étape) pour éviter de tels inconvénients; mais il s'en présentait d'autres, imprévisibles. A Beauvais, l'évêque ayant donné son appui à l'établissement d'une Charité, il y eut autant de confréries que de paroisses, ce qui porta le nombre des dames à près de trois cents. Le chiffre parut suspect au lieutenant du roi. C'était en 1630, Richelieu voyait des complots partout, Monsieur Vincent n'était pas encore célèbre ni protégé par Anne d'Autriche. Ce qui peut expliquer le rapport rédigé par le lieutenant du roi. Joli morceau de prose administrative, qui mérite de passer à la postérité :

« Depuis quinze jours serait arrivé en cette ville un certain prêtre nommé Vincent, lequel, au mépris de l'autorité royale, aurait, sans en communiquer aux officiers royaux ni à aucun autre corps de la ville qui y eût intérêt, fait assembler un grand nombre de femmes auxquelles il aurait persuadé de se mettre de la confrérie, à laquelle il donne le nom spécieux de Charité et laquelle il désire ériger pour subvenir et fournir des vivres et autres nécessités aux pauvres malades de ladite ville de Beauvais et aller, chaque semaine, faire une quête des deniers qu'ils voudraient bailler à cet effet; ce qui aurait été, depuis, exécuté par ledit Vincent et icelle confrérie érigée, en laquelle il aurait reçu trois cents femmes ou environ, lesquelles, pour faire leurs exercices et fonctions ci-dessus, s'assemblent souvent; ce qui ne doit pas être toléré. »

L'Église elle-même vit longtemps d'un mauvais œil ces franc-tireuses de la charité. Tant qu'il s'agissait de dames pieuses, mais laïques, pratiquant la bienfaisance à leurs moments perdus, rien à redire, bien au contraire, à condition toutefois que les susceptibilités des autorités diocésaines fussent ménagées (grands personnages, alors, que les évêques, et souvent grands seigneurs, fort sourcilleux). Mais quand des « filles » prétendaient s'associer pour se donner aux pauvres, donc à Dieu (c'était tout un) en dehors de ce que nous appellerions les filières traditionnelles, il en allait autrement. Ou bien la hiérarchie refusait de les aider, s'opposait même à leur établissement en tel ou tel lieu; ou bien elle leur demandait de se régulariser, au sens propre du terme, c'est-à-dire de devenir des religieuses à part entière, soumises à la clôture. Or c'est précisément ce que ces filles voulaient éviter, parce qu'une fois cloîtrées, elles n'auraient plus été en mesure de remplir les missions qu'elles s'étaient assignées. Il faut bien évidemment être libre de ses mouvements pour aller quêter de porte en porte, évangéliser les sauvages, secourir les malades à domicile. (Et les soins à domicile étaient indispensables, puisqu'il n'y avait pas assez d'hôpitaux et que la plupart de ceux qui existaient étaient d'abominables mouroirs où les malades craignaient plus que tout d'être transportés [1].)

Inacceptable aussi, pour les séculières, d'observer la règle du silence que certains évêques prétendaient leur imposer, comme aux cloîtrées. Comment se fussent-elles concertées entre elles, à l'intérieur de leurs communautés, pour organiser leurs tâches et, à l'extérieur, avec les malades, les bienfaiteurs et toutes ces autorités civiles et ecclésiastiques qui leur suscitaient tant de difficultés?...

Pourquoi, demandait Marguerite Bourgeoys, lorsqu'elle se trouva, comme tant d'autres, confrontée aux exigences de la hiérarchie ecclésiastique (en l'occurrence l'évêque de Québec), pourquoi les trois *états* issus des saintes femmes de l'Écriture n'auraient-ils pu être représentés dans le monde? Les descendances spirituelles de Madeleine et de Marthe s'incarnaient

1. Nous utilisons le mot hôpital par commodité, mais il ne recouvrait pas la même réalité qu'aujourd'hui. Il s'agissait le plus souvent de petits établissements d'une douzaine de lits, sans équipement et sans hygiène, qui ne s'améliorèrent que très lentement, malgré les efforts et les dons de tant de femmes (et d'hommes) charitables. Quant aux hôpitaux généraux fondés dans les grandes villes sur ordre royal, ils servaient surtout à enfermer les marginaux de toute sorte et à les mettre au travail.

dans les religieuses vouées à la contemplation et à une certaine forme d'action (instruction de pensionnaires à l'intérieur des clôtures, ou « hospitalité »), mais en qui s'incarnait la descendance de Marie? de la Vierge Marie qui, certes, s'était, après la mort de son divin Fils, retirée dans la solitude intérieure, mais avait mené une vie *voyagère,* ne refusant jamais d'aller là où l'appelaient l'apostolat et la charité. N'y avait-il donc pas de place dans le monde pour ce troisième état de filles? Et devait-on être traitée de « vagabonde » quand on l'adoptait?

En outre, quelle injustice que d'écarter du service des pauvres, donc du service de Dieu, les filles sans fortune! Car c'était les en écarter que de leur demander d'entrer au couvent, puisque les couvents n'acceptaient que des filles dotées [1]. Il importait donc de créer et d'imposer des communautés d'un type nouveau, fondées sur un libre engagement ou sur des vœux simples, qu'on pratiquerait d'abord pour les prononcer ensuite; vœux temporaires, renouvelables ou même perpétuels, mais jamais solennels, car ceux-ci impliquaient le cloître.

Il fallut bien du temps, des efforts et des contestations avant que l'Église acceptât ces communautés d'un type nouveau. C'est l'intransigeance de l'archevêque de Lyon qui, en 1616, avait fait échouer une des premières tentatives du genre, celle qu'avaient imaginée à Annecy François de Sales et Mme de Chantal. Leur Visitation dut devenir un ordre et donc renoncer aux *visites* qu'elle s'était données pour but. Les hospitalières de Saint-Joseph, fondées à La Flèche par un de ces dévots qui furent à l'origine de l'évangélisation du Canada, subirent pour les mêmes raisons, là-bas comme en France, moult avanies et humiliations et durent accepter de devenir des régulières, donc de ne plus soigner les malades que dans les hôpitaux. Deux

1. Cette dot, précisons-le, n'étant pas destinée à enrichir le couvent, mais à subvenir à l'entretien de la religieuse.

des maisons qu'elles avaient fondées résistèrent à cette transformation jusqu'à 1693. Quant aux Filles de la Croix, instituées par Marie Luillier, dame de Villeneuve, elles durent leur nom, dit-on, aux épreuves qu'elles subirent avant d'obtenir le droit à l'existence!

Nous voyons aujourd'hui tant de religieuses vivre et circuler librement dans les villes, avec ou sans habit, pour y exercer leurs activités charitables ou éducatives, que cette querelle qui agita le XVIIe siècle paraît difficile à comprendre; et l'on pourrait se tromper sur les vrais motifs des obstinations adverses de la hiérarchie ecclésiastique d'une part, des filles séculières de l'autre. Il ne faudrait surtout pas croire qu'il y ait eu chez celles-ci le moindre calcul et qu'en refusant les vœux solennels et la clôture, elles n'aient cherché qu'à favoriser et excuser l'amateurisme. Certes, le bel élan retombait parfois devant la dureté de la tâche et il y eut, dans toutes les communautés qui se fondèrent, des abandons. Minorité négligeable au regard de tant de vocations poursuivies sans défaillance jusqu'à la mort [1]. Si, outre les raisons d'efficacité, qui furent les principales, une autre joua pour inciter les séculières à refuser de devenir des régulières, c'est leur humilité : simples filles de paroisse qu'elles se voulaient, c'eût été de l'orgueil que de prétendre à l'état, bien supérieur, de religieuses.

Quant à l'Église, d'où venaient ses réticences? Combat d'arrière-garde? Volonté de puissance? Antiféminisme traditionnel? Pour ce dernier motif, il est vrai que c'est en vertu du précepte de saint Paul, *Docere autem mulieri non permittere,* que le pape Urbain VIII avait commencé par refuser à Alix Le Clerc la création d'externats pour les filles. Mais le vrai motif était ailleurs : il était dans la liberté d'action que supposait l'exercice d'activités charitables ou éducatives en

1. C'est d'ailleurs aussi pour pouvoir renvoyer celles des filles qui n'auraient eu ni la santé ni l'esprit convenables au genre de tâches qu'on leur demandait que ces communautés refusaient les engagements solennels

dehors des clôtures. Et il faut reconnaître que la condition faite aux femmes dans la société du temps justifiait toutes les inquiétudes. On pourrait croire que le pouvoir civil, quand il favorisait (car il les favorisa) l'implantation de séculières, en France ou en Nouvelle-France, était plus ouvert et plus libéral que le pouvoir ecclésiastique; il était seulement plus réaliste, et d'un réalisme qui confinait au cynisme. Quelle aubaine que des filles qui se consacreraient au soin des pauvres et à l'instruction des enfants, en vivant de leur travail sans rien coûter aux finances royales! On aurait déploré, certes, qu'elles fissent faillite, mais on s'en serait quand même lavé les mains : le roi n'était tenu de protéger que les instituts religieux.

L'Église, au contraire, eût manqué à sa vocation en se désintéressant du problème financier, parce que la survie de ces communautés commandait la survie des filles qui les composaient. Que deviendraient-elles en cas d'échec, ces pauvres filles qui avaient renoncé à leurs quelques biens et rompu leurs attaches familiales? Elles se retrouveraient à la rue sans avoir la ressource de réintégrer un couvent, puisqu'elles n'appartenaient à aucun ordre.

Autre difficulté, liée à la précédente : le recrutement. Les filles des milieux *distingués,* comme disait un ecclésiastique, ne se donneraient pas à des communautés fondées sur des vœux simples, et quand bien même elles l'auraient voulu, leurs parents s'y seraient opposés. Snobisme? Oui, il est vrai qu'il y avait un snobisme des couvents, mais surtout : intérêt. Seuls, les vœux solennels étaient indissolubles et frappaient d'incapacité juridique celles qui les prononçaient; seule, la clôture, qu'ils impliquaient, empêchait les filles qui embrassaient l'état religieux de ressortir de leurs couvents. Et il ne fallait pas qu'elles en ressortent parce qu'on avait déjà disposé de leur part d'héritage. Encore une fois, ne faisons pas le XVIIe siècle plus intéressé qu'il ne fut. L'argent y était rare, et indispensable à toute insertion sociale, le chapitre du mariage l'aura suffisamment montré. Il est donc vrai qu'une fille qui, au bout de quelques années, serait revenue au sein de sa famille aurait plongé celle-ci dans les plus grands embarras en lui demandant les moyens de subsister, ou pire, de convoler.

C'est pour cela, sans doute, que la hiérarchie ecclésiastique, faute de toujours pouvoir imposer la clôture aux séculières, leur demandait de prononcer, outre les trois vœux habituels (chasteté, pauvreté, obéissance), un vœu de *stabilité*. Mais c'est peut-être aussi pour des raisons inhérentes à l'état de la société et aux tâches spécifiques que ces filles voulaient y accomplir. Si, par exemple, le vœu de stabilité était particulièrement exigé des hospitalières, c'est parce que, certains auteurs l'expliquent, secourir et soigner les pauvres malades constituaient à l'époque des « emplois si pénibles et si répugnants à la nature » qu'on ne pouvait pas croire ni espérer que des filles qui ne s'y étaient pas obligées pussent y persévérer!

Une autre série de raisons tenait – paradoxalement – à la volonté de réforme de l'Église post-tridentine. Elle voulait effacer jusqu'au souvenir des scandaleux désordres qui s'étaient produits trop longtemps dans les communautés féminines – et je parle des régulières. Qui ne connaît la Journée du Guichet (25 septembre 1609)? Qu'une jeune abbesse, Angélique Arnauld, ait senti la nécessité de fermer à sa propre et pieuse famille la porte de son couvent montre assez d'où l'on venait. Si du moins il n'y avait eu que les familles des religieuses à être reçues dans les couvents!... A Maubuisson, sous l'abbesse Angélique d'Estrées, des jeunes gentilshommes avaient pris l'habitude « de venir passer le temps », comme écrit pudiquement Racine dans son *Abrégé de l'histoire de Port-Royal*. Le monastère, en effet, appartenait au même ordre (cistercien) que Port-Royal. Aussi est-ce la mère Angélique Arnauld qui se chargea de le réformer. Las! A peine avait-elle commencé sa tâche que Mme d'Estrées, s'étant échappée des Filles pénitentes (où on l'avait tout de même enfermée), revint à Maubuisson avec son escorte habituelle, et ces jeunes gens, pour faire place nette, ne craignirent pas de menacer de leurs armes les saintes filles de Port-Royal, qui durent abandonner les lieux. Elles ne les réintégrèrent qu'après qu'un arrêt du Parlement et l'intervention de la police eurent vidé ce monastère en folie de ses occupants (1618). Car il ne fallut pas moins.

En 1659 encore, la Grande Mademoiselle visite à Perpignan un couvent dont les religieuses « portent des guimpes de quintin plissé, mettent du rouge, se fardent et font gloire d'avoir des amants. Il y en eut une, continue la princesse, qui pria Comminges de me la présenter et de me dire qu'elle était maîtresse de Saint-Aunais. Je fus fort effrayée de ce genre de compliment. Elle me dit [...] qu'il y avait dix ans qu'elle était *sa dévote,* qui est le nom ordinaire qu'on leur donne ».

En un temps où de tels abus pouvaient se produire jusque chez les cloîtrées, comment l'Église n'eût-elle pas considéré qu'accorder une totale liberté de mouvement à des filles qui se vouaient à Dieu, c'était non seulement les exposer à la tentation, mais les encourager à la débauche? Au reste, même n'ayant prononcé que des vœux simples, ces filles seraient assimilées par le public à des religieuses et leur éventuelle inconduite rejaillirait sur l'Église.

Il est vrai que les risques étaient grands, nous l'avons vu. Les quêtes à domicile, même accomplies à deux, exposaient les quêteuses à bien des mésaventures. Les Filles de la Charité de Monsieur Vincent, quand elles furent installées dans leur maison du faubourg Saint-Denis, se virent obligées de solliciter de la ville une adduction d'eau, parce qu'elles ne pouvaient se rendre à la fontaine sans être importunées par les porteurs d'eau et autres garnements : ou bien ils leur faisaient des avances, prenaient un malin plaisir à leur dire des horreurs, ou bien, parfois, ils les empêchaient par la force de remplir leurs récipients. Comportement archaïque de mâles dominateurs, incapables de considérer la femme autrement que comme un objet de convoitise ou de mépris. Faut-il s'en étonner quand aujourd'hui encore, après trois cents ans, ce comportement subsiste, atténué peut-être en Europe, mais si fort en d'autres parties du monde? Dans les pays d'Islam, bien des religieuses sécularisées se plaignent de ne pouvoir exercer librement leur apostolat sans s'exposer aux quolibets, voire aux agressions masculines.

Que l'Église du XVIIe siècle ait voulu protéger ses brebis n'a rien que de louable. Mais elle a eu tort de croire que des filles séculières seraient plus troublées, et plus tentées, que les régulières par des contacts avec le monde extérieur, donc avec les hommes. On pourrait même dire qu'elles devaient l'être *moins*, parce qu'à la différence des régulières, elles avaient toutes la vocation; c'est librement et volontairement qu'elles s'étaient données à Dieu; on ne les y avait pas contraintes.

Ce fut encore un des grands et nombreux mérites de saint Vincent de Paul que de réussir, le premier en France, à imposer, établir et maintenir dans le siècle ces congrégations féminines d'un type nouveau avec ses Filles de la Charité. Il réussit là où François de Sales avait échoué, peut-être parce que les esprits avaient commencé d'évoluer, peut-être aussi parce que sous son humilité (réelle – ô combien!) il était plus obstiné et plus combatif; peut-être enfin parce que les hautes relations qu'il avait nouées dans ses divers emplois appuyèrent ses initiatives. La Compagnie du Saint-Sacrement, trop injustement décriée, lui fut, en cela comme dans le reste, d'un puissant secours, avant qu'il ne réussît à obtenir la protection d'Anne d'Autriche (une femme, encore...) qui ne l'abandonna jamais, malgré Mazarin qui s'inquiétait de toutes les influences, même les plus sanctifiantes, que pouvait subir la régente de laquelle il tenait son pouvoir et à travers laquelle il l'exerçait.

C'est du succès des Dames de la Charité que

naquirent les Filles de la Charité. Les premières, nous l'avons vu, n'étaient que des laïques de bonne volonté qui se groupaient pour secourir les pauvres, mais sans renoncer (sauf pour quelques-unes qui le voulaient ainsi) à leurs devoirs et occupations habituels. Quand des Charités se furent créées dans les grandes villes et particulièrement à Paris, les femmes de qualité s'y trouvèrent plus nombreuses et à celles-ci il était moins facile de concilier leurs obligations sociales et leurs activités charitables. Pouvait-on d'ailleurs demander à une duchesse ou à l'épouse d'un président au Parlement d'aller dans les quartiers les plus mal famés visiter les plus affreux taudis? Et quand bien même elles eussent accepté d'y accomplir auprès des pauvres malades toutes les basses besognes (donner les lavements, vider les pots de chambre, laver les linges souillés) qui ne rebutaient point quelques êtres exceptionnels, comme Louise de Marillac, leur inexpérience les y aurait rendues malhabiles. Aussi certaines se déchargeaient-elles de ces tâches sur leurs servantes qui, n'ayant aucune vocation pour ce travail ingrat et supplémentaire, l'accomplissaient de mauvais gré, certaines rudoyant les malades, ou, pire, les exploitant.

D'où l'idée de mettre à la disposition des dames des servantes bénévoles, animées comme elles par l'amour des pauvres, mais habituées de par leur origine aux travaux les plus rudes. Puis il apparut nécessaire, pour raisons pratiques et morales, de regrouper et d'unir ces filles sous une même autorité. Raisons pratiques parce qu'on disposerait ainsi d'une sorte de corps de réserve de dévouements où puiser des servantes, des infirmières, des enseignantes, qu'on enverrait là où les besoins étaient les plus pressants. Raisons morales, parce qu'il fallait s'assurer de la vocation de ces filles, l'éprouver et la fortifier, puisque, comme le leur disait Monsieur Vincent, elles n'auraient pour monastère que les maisons des malades, pour cellules que leurs chambres de louage, pour cloître que les rues de la ville, pour grilles que la crainte de Dieu, pour voile que la sainte modestie.

On prit, pour se concilier la hiérarchie ecclésiastique, des précautions extrêmes qui s'étendirent jusqu'au vocabulaire. Les filles ne seraient pas regroupées dans des couvents mais dans des *maisons*; elles n'auraient pas à leur tête une mère, mais une *supérieure*, et l'on qualifierait de *séminaire* et non de noviciat leur temps de formation. L'approbation de l'archevêque de Paris fut accordée à la fin de 1646, alors que les Filles de la Charité travaillaient depuis près de quinze ans déjà à leurs diverses tâches sous l'autorité de Louise de Marillac.

C'était d'humbles filles et qu'on voulait telles; accepter des « demoiselles » sous prétexte qu'elles auraient pu apporter quelque bien à la communauté n'eût abouti qu'à ruiner l'esprit de pauvreté qui devait être de règle. De la plupart d'entre elles nous ne connaissons que les prénoms, parfois accompagnés de qualificatifs qui servaient à les différencier : « la grande Jeanne, la petite Barbe... ». Beaucoup étaient des servantes qui avaient préféré servir les pauvres que leurs maîtres.

Marguerite Naseau, qui vint s'offrir la première pour aider les dames de la confrérie de l'Hôtel-Dieu, était une vachère de Suresnes. Elle avait appris à lire toute seule, s'étant procuré un alphabet et se faisant montrer les lettres par le curé; plus tard, arrêtant des passants pour leur demander la prononciation des mots difficiles. Elle ne souhaitait rien tant que d'instruire ses compagnes et les enfants; mais elle y renonça pour se consacrer aux pauvres malades. Elle mourut dès 1633 pour avoir partagé sa couche avec une pestiférée.

Barbe Angiboust était la fille d'un petit propriétaire de la Beauce. Elle fut un temps servante des forçats, les plus déshérités des prisonniers, qui attendaient dans des conditions effroyables d'abandon physique et moral le départ de la chaîne vers les galères de

Marseille. Jamais elle ne se rebuta des injures qu'elle recevait d'eux, des écuelles que parfois ils lui lançaient à la tête. On voulut la placer chez la duchesse d'Aiguillon qui avait souhaité avoir une Fille de la Charité dans sa maison [1]. Mais elle fut saisie d'effroi en voyant le nombre des carrosses qui stationnaient dans la cour de la demeure (le Petit-Luxembourg) et sa maîtresse ne put jamais l'apprivoiser. « Madame, lui disait-elle, je suis sortie de chez mon père pour servir les pauvres et vous êtes une grande dame, puissante et riche. Si vous étiez pauvre, madame, je vous servirais volontiers. »

Une autre, une certaine Andrée, se confessa à sa mort d'avoir pris trop de satisfaction à faire la charité : « Quand j'allais dans les villages voir ces bonnes gens, je volais, tant j'avais de la joie à les servir! »

Ces simples filles, avec une remarquable faculté d'adaptation, ne faisaient pas que servir : elles tenaient les apothicaireries des hôpitaux, préparaient elles-mêmes des médicaments, se montraient capables de panser, de saigner et même de pratiquer de la petite chirurgie. A la fin du siècle on les avait appelées dans presque tous les hôpitaux du royaume. Pas seulement – hélas! – à cause de leur efficacité et de leur dévouement, mais parce qu'elles ne coûtaient rien (que leur frugale nourriture). Les notables qui administraient les établissements d'assistance étaient trop heureux de remplacer par ces bénévoles au courage sans limites les servantes mercenaires qu'ils payaient – si peu pourtant! On peut même dire qu'ils exploitèrent sans vergogne cette main-d'œuvre gratuite, l'hôtel-Dieu d'Angers, par exemple, demandant à douze Filles de la Charité d'accomplir le travail des *vingt-sept* servantes et lavan-

1. Ce qui n'était pas dans les usages, mais comment refuser ce service à une si puissante protectrice de la confrérie? De même, on n'osa pas refuser à Anne d'Autriche les deux Filles de la Charité qu'elle demanda pour soigner une sœur du cardinal Mazarin et, remarquons-le en passant, cette demande en dit long sur la sollicitude que portait la reine à son ministre et à tous les siens.

dières qu'il employait avant elles!... On prit ainsi l'habitude de les voir dans tout le royaume, vêtues du costume qu'elles avaient peu à peu adopté – ample robe de serge grise, petit bonnet blanc – et qui n'était à peu de choses près que celui des paysannes de l'Ile-de-France. La grande cornette à ailes blanches et empesées, que ma génération a encore connue, fut une invention du XVIIIe siècle.

Il est étrange que des historiens aient émis des réserves sur cette charité féminine (comme d'ailleurs masculine) du XVIIe siècle. Ils la jugent sélective et orientée. Les catholiques auraient-ils donc par principe refusé de secourir des « hérétiques »? Non, mais quand la pénurie forçait au choix, il est vrai qu'on secourait d'abord ses coreligionnaires. L'autre camp faisait de même. J'ai évoqué ailleurs l'action charitable de la riche Mme Hervart, femme d'un banquier huguenot : on ne sache pas qu'elle se soit jamais étendue à des catholiques [1].

Répétons-le : il faut juger du siècle qu'on étudie selon ses critères et non selon les nôtres. Dans cette optique, la seconde critique – charité orientée – ne paraît guère plus fondée. Certes nous trouverions abusif, aujourd'hui, qu'on fasse entendre la messe à des affamés avant de leur distribuer du bouillon, qu'on s'efforce de tirer leurs filles du « péché » en s'enquérant de leurs fréquentations, en les contraignant à apprendre un métier, etc. Mais peut-on reprocher au XVIIe siècle d'avoir cru à l'âme? L'assistance spirituelle lui paraissait indissociable de l'assistance corporelle; il fallait « consoler » autant que soigner et, faute de pouvoir guérir, il fallait au moins sauver. Ce serait ignorer la rudesse d'une époque, où la guérison, comme le bonheur terrestre, était si rare, que de ne pas comprendre que, seule, la perspective du bonheur céleste pouvait

1. C. BADALO-DULONG, *Banquier du Roi, Bathélemy Hervart, 1606-1676*, Ségur, 1951, pp. 198-200.

aider les « pauvres malades » (et tous les pauvres étaient malades) à ne pas désespérer.

Don Juan, avant de donner une pièce d'or à un mendiant, s'efforce de le faire blasphémer. N'y parvenant pas, il lui jette tout de même le louis, en disant : « Va, va, je te le donne pour l'amour de l'humanité. » Ce faisant, est-il plus charitable que toutes celles et tous ceux qui donnaient pour l'amour de Dieu?...

Le Grand Siècle de la France ne fut peut-être pas le grand siècle des Françaises, mais il fut à coup sûr le grand siècle des âmes.

BIBLIOGRAPHIE SOMMAIRE

Trop de lectures diverses concourent à l'élaboration d'une tentative comme celle-ci pour qu'il soit possible d'en donner la liste dans le cadre de cette collection. Nous avons donc choisi d'être injuste envers les meilleures sources, celles que nous offrent, dans leurs correspondances, mémoires, journaux, ou indirectement à travers leurs ouvrages de fiction, les témoins de l'époque étudiée. Mais le lecteur saura bien où trouver les écrits de Mme de Sévigné, La Bruyère, Tallemant des Réaux, Molière et autres seigneurs ou dames d'égale ou de moindre importance, mentionnés tout au long de ces pages. Nous nous sommes borné à indiquer des textes plus spécifiques, tels, par exemple, les traités de médecins et chirurgiens. Quant aux travaux contemporains, qui sont nombreux et de qualité, nous n'avons pu retenir que les plus utiles et utilisés par nous. On y trouvera d'ailleurs des compléments bibliographiques, de même que dans notre *Amour au XVIIe siècle* (Hachette, 1969), qui était aussi un ouvrage sur les femmes et le féminisme.

Dans le même souci d'allégement, nous n'avons pas, dans le cours du livre, donné de références en bas de page, sauf en quelques cas particuliers, notamment lorsqu'il s'agissait de renvois à des documents inédits.

CIVILISATION, MŒURS ET CONDITION DE LA FEMME

Histoire de la France urbaine, sous la direction de G. DUBY, t. IV, *La Ville classique. De la Renaissance à la Révolution,* par R. CHARTIER, G. CHAUSSINAND-NOGARET, H. NEVEUX, E. LE ROY LADURIE, B. QUILLIET, Paris, Seuil, 1981.

Histoire de la France rurale, sous la direction de G. DUBY et A. WALLON, t. II, *L'Age classique des paysans,* par H. NEVEUX, J. JACQUART, E. LE ROY LADURIE, Paris, Seuil, 1975.

« Les Éléments de longue durée dans la France du XVIIe siècle », *XVIIe Siècle,* n° 106-107, 1975 (contributions de P. CHAUNU, J. MEYER, R. MOUSNIER, J.-R. ARMOGATHE).

ABENSOUR (L.), *La Femme et le féminisme avant la Révolution,* Paris, E. Leroux, 1923.

BERCÉ (Y.-M.), *La Vie quotidienne dans l'Aquitaine du XVIIe siècle,* Paris, Hachette, 1978.

BERRIOT (F.), « Mentalités, mœurs et vie quotidienne au XVIIe siècle d'après un manuscrit d'*Entretiens spirituels* », dans *Travaux récents sur le XVIIe siècle, Actes du 8e colloque de Marseille (janvier 1978),* C.M.R. 17, 1979, pp. 209-220.

BROSSEL (C.), « Anne de la Vaux. Une authentique guerrière lilloise au XVIIe siècle », extr. *Revue du Nord,* Lille, 1967.

CABOURDIN (G.), *Terres et hommes en Lorraine, 1550-1630,* Université de Lille III, 1975.

CHARTIER (R.), COMPÈRE (M.-M.), JULIA (D.), *L'Éducation en France du XVIe au XVIIe siècle,* Paris, S.E.D.E.S., 1975.

CHAUNU (P.), *La Civilisation de l'Europe classique,* Paris, Arthaud, 1966.

Crimes et criminalité en France XVIIe-XVIIIe siècles (A. ABBIATECI, F. BILLACOIS, Y. CASTAN, P. PETROVITCH, Y. BONGERT, N. CASTAN), Cahiers des Annales, 33, Paris, Armand Colin, 1971.

DELUMEAU (J.), *La Peur en Occident (XIVe-XVIIIe siècles),* Paris, Fayard, 1978.

– *Le Péché et la peur (XIIIe-XVIIIe siècles), ibid.,* 1983.

FLEURY (M.) et VALMARY (P.), « Les Progrès de l'instruction élémentaire de Louis XIV à Napoléon III », *Population,* t. XII, 1957, pp. 71-92.

GAUSSIN (P.-R.) et VALLET (M.), « L'Instruction secondaire des filles en Forez aux XVIIe et XVIIIe siècles », *Mélanges André Latreille,* Centre d'histoire du catholicisme, Université de Lyon II, Audin, Lyon, vol. 10, 1972, pp. 455-471.

GOUBERT (P.), *Beauvais et le Beauvaisis de 1600 à 1730...,* Paris, S.E.V.P.E.N., 1960.

GOUBERT (P.), *La Vie quotidienne des paysans français au XVIIe siècle,* Paris, Hachette, 1982.

GOUSSAULT (abbé), *Le Portrait d'une femme honneste...,* Paris, M. Brunet, 1694.

GRENAILLE (F. de), *L'Honneste Fille,* 3 vol., Paris, Y. Paslé, 1639-1640.

JEANBLANC (H.), « Charles Démia et l'enseignement primaire à Lyon au XVIIe siècle », *Mélanges André Latreille,* Centre d'histoire du catholicisme, Université de Lyon II, Audin, Lyon, vol. 10, 1972, pp. 423-454.

JEGOU (M.-A.), *Les Ursulines du faubourg Saint-Jacques à Paris,* Paris, P.U.F., 1981.

LE BRET (C.), *De la souveraineté du roy, de son domaine et de sa couronne,* 2 vol., Paris, J. Quesnel, 1632.

LEBRUN (F.), *Les Hommes et la mort en Anjou aux XVIIe et XVIIIe siècles,* Paris, Mouton, 1971.

LE ROY LADURIE (E.), *Le Territoire de l'historien,* Paris, Gallimard, 1973.

LESPINASSE (R. de), *Histoire générale de Paris. Les Métiers et corporations de la ville de Paris,* t. I, *XIVe-XVIIIe siècles,* Paris, Imp. nat., 1886.

LOTTIN (A.), *Vie et mentalité d'un Lillois sous Louis XIV* (journal d'E. Chavatte), Lille, E. Raoust, 1968.

MONGRÉDIEN (G.), *La Vie quotidienne sous Louis XIV,* Paris, Hachette, 1948.

OURLIAC (P.) et MALAFOSSE (J. de), *Histoire du droit privé,* t. III, *Le Droit familial,* Paris, P.U.F., 1968.

PASCAL (J., Sœur Sainte-Euphémie), *Règlement pour les enfants,* dans FAUGÈRE (P.), *Lettres, opuscules et mémoires de Madame Périer et de Jacqueline, sœurs de Pascal...,* Paris, A. Vaton, 1845.

PERNOT (M.), *Étude sur la vie religieuse de la campagne lorraine à la fin du XVIIe siècle. Le visage religieux du Xaintois d'après la visite canonique de 1687,* Nancy, Faculté des Lettres et Sciences humaines, 1971 (*Annales de l'Est,* n° 39).

PORTEMER (J.), « Le statut de la femme en France », *Recueil de la société Jean Bodin,* n° 12 : *La Femme,* Bruxelles, Librairie encyclopédique, 1962, t. II, pp. 447-497.

POUTET (Y.), « L'Enseignement des pauvres dans la France du XVIIe siècle », *XVIIe Siècle,* n° 90-91, 1971, pp. 87-110.

« La Qualité de la vie au XVIIe siècle », *Actes du VIIe colloque de Marseille,* C.M.R. 17 (janvier 1977), Revue *Marseille,* n° 109.

RONZEAUD (P.), « La Femme au pouvoir ou le monde à l'envers », *XVIIe Siècle,* n° 108, 1975, pp. 9-32.

ROUCHE (M.), « La Recherche historique sur la femme, l'amour et le mariage », *Revue du Nord,* t. 53, avril-juin, 1971, pp. 313-317.

La Vie quotidienne sous Louis XIV, par François BLUCHE, dans cette même collection, est parue trop tardivement pour que je puisse la consulter.

MARIAGE, SEXUALITÉ, MATERNITÉ

ARIÈS (P.), *L'Enfant et la vie familiale sous l'Ancien Régime,* Paris, Seuil, 1973.

– « Deux contributions à l'histoire des pratiques contraceptives », *Population,* t. IX, 1954, pp. 683-698.

ARMENGAUD (A.), *La Famille et l'enfant en France et en Angleterre du XVIe au XVIIe siècle, aspects démographiques,* Paris, S.E.D.E.S., 1975.

BAUDERON (B.), *Pharmacopée augmentée de plusieurs compositions nécessaires... Avec un traité des plus usitez et célèbres medicamens chymiques,* nouvelle éd. par G. SAUVAGEON, Lyon, Guillaume Chaunod et César Chappuis, 1681.

BENEDICTI (J.), *La Somme des péchez,* Paris, C. Chappelet, 1601.

CHARAS (M.), *Pharmacopée royale, galénique et chimique...,* Paris, L. d'Houy, 1691.

CHAULEUR (A.), « Le Rôle des traitants dans l'administration financière de la France de 1943 *(sic)* à 1653 », *XVIIe Siècle,* n° 65, 1964, pp. 16-49.

DARMON (P.), *Le Mythe de la procréation à l'âge baroque,* Paris, Seuil, 1981.

DIGBY (K.), *Nouveaux Secrets expérimentés pour conserver la beauté des dames et pour guérir plusieurs sortes de maladies,* La Haye, Foulque, 1700.

« Enfant et sociétés », dans *Annales de démographie historique,* 1973, (voir les contributions de J.-N. BIRABEN, E. HÉLIN, J.-M. GOUESSE).

FERNANDES DE MOURE (A.), *L'Examen de la théologie morale,* Rouen, T. Daré, 1638.

FLANDRIN (J.-L.), *Les Amours paysannes (XVIe-XIXe siècle),* Paris, Gallimard-Julliard, 1975.

– *L'Église et le contrôle des naissances,* Paris, Flammarion, 1970.

– *Familles, parenté, maison, sexualité dans l'ancienne société,* Paris, Hachette, 1976.

GÉLIS (J.), « La Formation des accoucheurs et des sages-femmes aux XVIIe et XVIIIe siècles », *Annales de démographie historique,* 1977, pp. 154-180.

GRIMMER (C.), « Les Bâtards de la noblesse auvergnate au XVIIe siècle », *XVIIe Siècle,* n° 117, 1977, pp. 35-48.

GUILLEMEAU (J.), *De la grossesse et de l'accouchement des femmes,* éd. revue par C. GUILLEMEAU, Paris, Pacard, 1621.

HILDESHEIMER (F.), *L'Organisation familiale à Nice au XVIIe siècle,* Paris, Sirey, 1976.

– *Le Décor de la vie à Nice au XVIIe siècle,* s.l.n.d. (extr. de *Nice historique,* n° 4, octobre-décembre 1974).

JURGENS (M.), « Une fille inconnue de Molière », *Revue d'histoire du théâtre,* n° spécial « Molière », 1973.

KNIBIEHLER (Y.) et FOUQUET (C.), *L'Histoire des mères du Moyen Age à nos jours,* Paris, Montalba, 1980.

LACHIVER (M.), *La Population de Meulan du XVIIe siècle au XIXe siècle,* préface de P. GOUBERT, Paris, S.E.V.P.E.N., 1969.

LEBRUN (F.), *La Vie conjugale sous l'Ancien Régime,* Paris, Armand Colin, 1975.

LEHOUX (F.), *Le Cadre de vie des médecins parisiens aux XVIe et XVIIe siècles,* avant-propos de P. CHAUNU, Paris, Picard, 1976.

« Le XVIIe siècle et la famille », *XVIIe Siècle,* n° 102-103, 1974 (P. ARIÈS, J.-L. FLANDRIN, J. GAUDEMET, Y. CASTAN, J.-M. GOUESSE, A. LOTTIN).

LINOCIER (G.), *L'Histoire des plantes...,* 2e éd., Paris, Guillaume Macé, 1620.

LOTTIN (A.), « Naissances illégitimes et filles mères à Lille au XVIIIe siècle », *Revue d'histoire moderne et contemporaine,* t. XVII, avril-juin 1970, pp. 278-322.

– « Un mémoire des curés de Lille... », *Revue du Nord,* n° 208, janvier-mars 1971, pp. 21-30.

LOTTIN (A.), en collaboration avec J. R. MACHUELLE, S. MALOLEPSY, K. PASQUIER, G. SAVELON, *La Désunion du couple sous l'Ancien Régime. L'exemple du Nord,* Université de Lille III, Paris, Éd. universitaires, 1975.

MASSIP (C.), *La Vie des musiciens de Paris au temps de Mazarin, (1643-1661). Essai d'histoire sociale,* Paris, Picard, 1976.

MAURICEAU (F.), *Traité des maladies des femmes grosses et de celles qui sont accouchées...,* 3e éd. corrigée par l'auteur, Paris, chez l'auteur, 1681.

MILLEPIERRES (F.), *La Vie quotidienne des médecins au temps de Molière,* Paris, Hachette, 1964.

MONDOR (H.), *Les Avortements mortels,* Paris, Masson, 1936.

MOUSNIER (R.), *La Famille, l'enfant et l'éducation en France et en Grande-Bretagne, du XVIe au XVIIIe siècle,* Cours de Sorbonne, 2 fasc., Paris, 1975.

NOONAN (J.-T.), *Contraception et mariage,* Paris, Cerf, 1969.

La Prévention des naissances dans la famille, I.N.E.D., cahier 34-35, Paris, P.U.F., 1960 (P. ARIÈS, H. BERGUES, E. HÉLIN, L. HENRY, M. RIQUET, A. SAUVY, J. SUTTER).

RENAUDOT (E.), *Journal..., Mémoires de la Société de l'histoire de Paris et de l'Ile-de-France,* t. IV, 1877, pp. 239-269.

RICHARD (M.), *La Vie quotidienne des protestants sous l'Ancien Régime,* Paris, Hachette, 1967.

RULEAU (J.), *Traité de l'opération césarienne et des accouchemens difficiles...,* Paris, imp. de Le Febvre, 1704.

SAINT-GERMAIN (C. de), *L'Eschole méthodique et parfaite des sages-femmes...,* Paris, Clousier, 1650.

– *Traité des fausses couches...,* Paris, Besongne, 1655.

SAUZET (R.), *Les Visites pastorales dans le diocèse de Chartres pendant la première moitié du XVIIe siècle,* Ed. di storia et litteratura, Istituto per le ricerche di storia sociale et di storia religiosa, Roma, 1975.

VAN FOREEST (P., dit Pietrus Forestus), *Observationum et curationum medicinalium liber 28us, de mulierum morbis...,* Lugduni Batavorum, ex officina Plantiniana, apud C. Raphelengium, 1599.

VARANDÉE (J.), *Traité des maladies des femmes,* éd. revue, augmentée et traduite en français par I.B., Paris, Robert de Ninville, 1666.

VENETTE (N.), *Tableau de l'amour considéré dans l'Estat de mariage*, Amsterdam, Jean et Gilles Iansson, 1687.
ZEMON DAVIS (N.), *Society and Culture in Early Modern France*, Stanford University Press, 1975.

Je remercie Mme Nicole WILLK-BROCARD des renseignements qu'elle m'a fournis quant à la fécondité des Hallé (sur lesquels elle achève une thèse d'État); le professeur J. DEBEYRE et le docteur J.-P. GOIRAN, qui m'ont éclairée sur les effets des procédés contraceptifs et abortifs employés par les femmes de jadis.

MONDANITÉ

BUFFET (M.), *Nouvelles observations sur la langue françoise avec les Éloges des illustres sçavantes*, Paris, imp. de J. Cusson, 1668.
DUPLEIX (S.), *Liberté de la langue françoise dans sa pureté et Discussion des Remarques du sieur de Vaugelas sur la mesme langue*, Paris, D. Béchet, 1651.
FABRE-LUCE (A.) et DULONG (C.), *Un amour déchiffré, La Rochefoucauld et Mme de la Fayette*, Paris, Grasset, 1951.
GODARD DE DONVILLE (L.), *De la signification de la mode sous Louis XIII*, Université de Provence, EDISUD, Aix-en-Provence, 1978.
LATHUILLIÈRE (R.), *La Préciosité, étude historique et linguistique*, Genève, Droz, 1966.
MACLEAN (I.), *Woman Triumphant, Feminism in French Literature 1610-1652*, Oxford, Clarendon Press, 1978.
MAGNE (E.), « Louis de Lesclache, philosophe et réformateur de l'orthographe... », *Mélanges de philosophie et d'histoire littéraire offerts à Edmond Huguet*, Paris, Boivin, s.d., pp. 287-303.
– *Voiture et l'Hôtel de Rambouillet : les origines, 1597-1635*, nouvelle éd., Paris, Émile-Paul, 1929.
– *Voiture et les années de gloire de l'Hôtel de Rambouillet, 1635-1648*, nouvelle éd., *ibid.*, 1930.
MARTIN (H.-J.), *Livre, pouvoirs et société à Paris au XVII*e *siècle (1598-1701)*, 2 vol., Genève, Droz, 1969.

NIDERST (A.), *Madeleine de Scudéry, Paul Pellisson et leur monde,* Paris, P.U.F., 1976.
PELOUS (J.-M.), *Amour précieux, amour galant : 1654-1675, essai sur la représentation de l'amour dans la littérature et la société mondaine,* Paris, Klincksieck, 1980.
RENAUDOT (E. et T.), *Recueil général des questions traitées ès Conférences du Bureau d'Adresse...,* 4 vol., Paris, L. Chamhoudry, 1655-1656.
REYNIER (G.), *La Femme au XVIIe siècle...,* Paris, J. Tallandier, 1929.
ROWAN (D. M.), « La Conversion chez quelques grandes dames du XVIIe siècle », *La Conversion au XVIIe siècle, Actes du XIIe Colloque de Marseille* (janvier 1982), pp. 347-357.
VAUGELAS (C. de), *Remarques sur la langue françoise,* Paris, Vve J. Camusat et P. Le Petit, 1647.
Les Visages de l'amour au XVIIe siècle, 13e Colloque du C.M.R. 17, Université de Toulouse-Le Mirail, 1984.

FEMMES CÉLÈBRES

(Marquise Du Parc, Anne d'Autriche, Ninon de Lenclos)

DUCHÊNE (R.), *Ninon de Lenclos, la courtisane du Grand Siècle,* Paris, Fayard, 1984.
DULONG (C.), *L'Amour au XVIIe siècle,* Paris, Hachette, 1969, pp. 178-202.
– *Anne d'Autriche, mère de Louis XIV,* Paris, Hachette, 1980 (bibliographie).
– « L'Assassinat de la Du Parc », *La Revue des Deux Mondes,* avril 1965, pp. 335-344.
– *Les Signes cryptiques dans la correspondance d'Anne d'Autriche avec Mazarin. Contribution à l'emblématique du XVIIe siècle* (extr. *Bibliothèque de l'École des Chartes,* t. 140), Paris, 1982.
JURGENS (M.) et MAXFIELD-MILLER (E.), *Cent ans de recherches sur Molière...,* Paris, S.E.V.P.E.N., 1963.
MAGNE (E.), *Ninon de Lanclos,* Paris, Émile-Paul, 1948.
MONGRÉDIEN (G.), *La Vie quotidienne des comédiens au temps de Molière,* Paris, Hachette, 1966.

LES FEMMES ET LE DIABLE

Le Dr Yves ROUMAJON a bien voulu relire ce chapitre et nous faire bénéficier de sa science toxicologique et psychiatrique. Qu'il en soit remercié.

AGRIPPA (H. C.), *La Philosophie occulte...*, 2 vol., La Haye, R. C. Alberts, 1727.

BERNOU (J.), *La Chasse aux sorcières dans le Labourd (1609)*, Agen, imp. de Calvet et Célerié, 1897.

Bibliothèque nationale, *Les Sorcières* (catalogue d'exposition), notices par M. PRÉAUD, Paris, 1973.

BILLICH (A.), « Un procès de sorcellerie à Turckheim en 1628 », *Actes du 104ᵉ Congrès national des sociétés savantes*, t. II, Bordeaux, 1979, pp. 407-410.

DELCAMBRE (E.) et LHERMITTE (J.), *Un cas énigmatique de possession diabolique en Lorraine au XVIIᵉ siècle : Elisabeth de Ranfaing*, Nancy, Société d'archéologie lorraine, 1956.

DELUMEAU (J.), *La Peur en Occident (XIVᵉ-XVIIIᵉ siècle)*, *op. cit.*, pp. 305-388.

DEL RIO (M.-A.), *Disquisitionum magicarum libri sex...*, Lyon, J. Pillehotte, 1608.

DURIEUX (A.), « Sorciers et sorcières à Cambrai », *Mémoires de la Société d'émulation d'Abbeville*, t. XLVI, pp. 119-142.

GAYRAL (L.-L.) et GAYRAL (J.), *Les Délires de possession diabolique*, Paris, Vigot, 1944.

GOMARD (C.), « La Sorcière de Ribemont, épisode historique de 1579 », *Archives historiques et littéraires du Nord de la France et du Midi de la Belgique*, 3ᵉ série, t. I, Valenciennes, 1850, pp. 276-296.

L'ANCRE (P. de), *Tableau de l'inconstance des mauvais anges et démons...*, Paris, J. Berjon, 1623.

LE ROY LADURIE (E.), *La Sorcière de Jasmin*, Paris, Seuil, 1983.

LOUÏSE (T.), *De la Sorcellerie et de la justice criminelle à Valenciennes, XVIᵉ et XVIIᵉ siècles*, Valenciennes, typogr. de E. Prignet, 1861.

MANDROU (R.), *Magistrats et sorciers en France au XVIIᵉ siècle*, Paris, Plon, 1968.

MICHAELIS (S.), *Discours des esprits...*, Lyon et Paris, C. Chastelain, 1614.

MUCHEMBLED (R.), « La Femme au village dans la région du Nord, XVIIe-XVIIIe siècles », *Revue du Nord*, t. LXIII, juillet-septembre 1981, pp. 585-593.
– *La Sorcière au village (XVe-XVIIIe siècles)*, Paris, Julliard-Gallimard, 1979.
– *Les Derniers Bûchers. Un village de Flandre et ses sorcières sous Louis XIV*, Paris, Ramsay, 1981 (avec la collaboration de Martine DESMONS).
RAVIART (G.), *Sorcières et possédées. La démonomanie dans le Nord de la France*, Lille, E. Raoust, 1936.
SOLÉ (J.), *L'Amour en Occident à l'époque moderne*, Paris, Albin Michel, 1976.
SOMAN (A.), « La Sorcellerie vue du Parlement de Paris au début du XVIIe siècle », *Actes du 104e congrès national des Sociétés savantes*, t. II, Bordeaux, 1979, pp. 393-405.
– « Aux origines de l'appel de droit dans l'ordonnance criminelle de 1670 », *XVIIe Siècle*, n° 126, janvier-mars 1980, pp. 22-35.
THIERS (J.-B.), *Traité des superstitions selon l'Écriture sainte, les décrets des conciles et les sentiments des saints pères et des théologiens*, Paris, A. Dezallier, 1679.
VILLETTE (P.), « La Sorcellerie dans le nord de la France du milieu du XVe à la fin du XVIIIe siècle », *Mélanges de science religieuse*, 1956, n° 1, pp. 1-26, n° 2, pp. 157-186.
WAGNER (R.-L.), *« Sorcier et magicien », contribution à l'histoire du vocabulaire de la magie*, Paris, Droz, 1939.

LES FEMMES DE MISÉRICORDE

BLOND (G.), *La Mère des pauvres, Jeanne Delanoue, 1660-1736*, Saint-Hilaire - Saint-Florent, 1968 (contient le *Cahier* de Marie LAIGLE).
BREMOND (H.), *Histoire littéraire du sentiment religieux en France*, Paris, Bloud et Gay, 12 vol. 1916-1936. Voir notamment le vol. VI, *La Conquête mystique*, t. III.
CAHEN (L.), « Les idées charitables à Paris au XVIIe et au XVIIIe siècle d'après les règlements des compagnies

paroissiales », *Revue d'histoire moderne et contemporaine,* 1900, t. II, pp. 5-22.

CHALENDARD (M.), *La Promotion de la femme à l'apostolat, 1540-1650,* Paris, Alsatia, 1950.

COSTE (P.), *Monsieur Vincent, le grand saint du grand siècle,* 3 vol., Paris, Desclée de Brouwer, 1934.

DAVELUY (M.-C.), *Jeanne Mance (1606-1673),* Montréal-Paris, Fides, 1962.

DOUVILLE (R.) et CASANOVA (J.-D.), *La Vie quotidienne en Nouvelle-France. Le Canada, de Champlain à Montcalm,* Paris, Hachette, 1964.

FAGNIEZ (G.), « L'Assistance publique et la charité féminine dans la première moitié du XVIIe siècle », *Revue des questions historiques,* 1924, pp. 7-38, 258-304.

FAILLON (E.-M.), *Vie de la Sœur Bourgeoys, fondatrice de la Congrégation de Notre-Dame de Villemarie au Canada,* Villemarie, 1853, 2 vol.

GRANDET (J.), *La Vie de Mademoiselle de Melun..., fondatrice des religieuses hospitalières de Baugé en Anjou,* nouvelle éd. revue et annotée par le chanoine PORTAIS, Angers, Germain et G. Grassin, 1898.

GUEUDRÉ (M.-C.), « La Femme et la vie spirituelle », *XVIIe Siècle,* n° 62-63, 1964, pp. 47-76.

GUTTON (J.-P.), *La Société et les pauvres. L'exemple de la Généralité de Lyon, 1534-1789,* Paris, Les Belles-Lettres, 1971.

JAMET (A.), *Marguerite Bourgeoys, 1620-1700,* Ile de Montréal, Presse catholique panaméricaine, 2 vol., 1947.

LEBRUN (F.), *Les Hommes et la mort en Anjou, op. cit.,* chap. VI et VII, « La lutte contre la maladie et la mort ».

LIMOUZIN-LAMOTHE (R.), *Le Diocèse de Limoges du XVIe siècle à nos jours (1510-1950),* Strasbourg-Paris, F.-X. Le Roux, 1953.

PLATELLE (H.), *Journal d'un curé de campagne au XVIIe siècle* (journal d'Alexandre DUBOIS, curé de Rumegies), Paris, Cerf, 1965.

POINSENET (M.-D.), *France religieuse du XVIIe siècle, romanesque et sainteté,* Paris, Casterman, 1952.

SAINT-GERMAIN (J.), *La Vie quotidienne en France à la fin du Grand Siècle* (d'après les archives inédites d'Argenson), Paris, Hachette, 1965.

WILLAERT (L.), *La Restauration catholique (1563-1648)*, t. XVIII de l'*Histoire de l'Église* par FLICHE (A.), MARTIN (V.), DUROSELLE (J.-B.) et JARRY (E.), Paris, Bloud et Gay, 1960.

Je remercie Lucienne PLANTE, de la Congrégation de Notre-Dame, directrice du Centre Marguerite-Bourgeoys à Troyes, qui a bien voulu faciliter mes recherches bibliographiques sur ce sujet.

TABLE DES MATIÈRES

Cet ouvrage a été réalisé sur
SYSTÈME CAMERON
par la Société Nouvelle Firmin-Didot
Mesnil-sur-l'Estrée
pour le compte des éditions Hachette
le 6 septembre 1984

Imprimé en France
Dépôt légal : septembre 1984
N° d'édition : 9019 – N° d'impression : 1162
ISBN 2.01.008530.2
23.42.3717.01